(Conserver la Couverture)

1950

LA MISSION

DU

CONVENTIONNEL PIERRET

DANS LA HAUTE-LOIRE

En l'an III (1794-1795)

PAR

Ernest JOVY
CORRESPONDANT
DU MINISTÈRE DE L'INSTRUCTION PUBLIQUE

Julien PEYRILLER
RÉDACTEUR EN CHEF
DE « LA HAUTE-LOIRE »

LE PUY

IMPRIMERIE PEYRILLER, ROUCHON ET GAMON

23, BOULEVARD CARNOT, 23

1908

À Monsieur Léopold Delisle, Membre de l'Institut,
Administrateur général honoraire de la Bibliothèque Nationale

Très honoré Monsieur,

J'ai l'honneur de vous adresser une étude sur la mission du Conventionnel Pierret dans la Haute-Loire. J'avais entre les mains le dossier formé par ce conventionnel lui-même sur ses opérations dans ce département. J'avais demandé à un journaliste et imprimeur du Puy, Mr Julien Peyrillier, de vouloir bien imprimer ce recueil de pièces et de vouloir bien aussi compléter les documents que je possédais par ceux que pouvaient contenir les archives du Puy et de la Haute-Loire. Pour moi, je suis toujours demeuré sur le terrain documentaire. Le caractère un peu fougueux et

BIBLIOTHÈQUE NATIONALE DON

journalistique de mon collaborateur lui a peut-être fait
émettre ici et là quelques idées un peu juvéniles que je ne
partage pas; mais j'ai réussi pourtant à lui faire
louer dans Pierret le représentant d'une politique
modéré et, somme toute, il y a là un répertoire de documents,
surtout les miens, qu'on ne pourra trouver que là.

Je vous adresse un autre exemplaire que je vous
serais infiniment reconnaissant de vouloir bien offrir en
mon nom au Comité des travaux historiques.

Daignez agréer, très honoré Monsieur, l'assurance
des sentiments de profond respect et d'entier attachement
avec lesquels je suis très humble et très obéissant admirateur,

Ernest Jovy
Professeur au Collège de
Vitry - le - François
(Marne).

BIBLIOTHÈQUE
DON
IMPRIMÉS

Membre l'Institut,
Administrateur général honoraire de la
Bibliothèque Nationale,
très humble et très respectueux hommage
d'Ernest Jovy.

LA MISSION

DU

CONVENTIONNEL PIERRET

DANS LA HAUTE-LOIRE

5485

Le Conventionnel N.-J. PIERRET
(1758-1825)

LA MISSION

DU

CONVENTIONNEL PIERRET

DANS LA HAUTE-LOIRE

En l'an III (1794-1795)

PAR

ERNEST JOVY
CORRESPONDANT
DU MINISTÈRE DE L'INSTRUCTION PUBLIQUE

JULIEN PEYRILLER
RÉDACTEUR EN CHEF
DE « LA HAUTE-LOIRE »

LE PUY
IMPRIMERIE PEYRILLER, ROUCHON ET GAMON
23, BOULEVARD CARNOT, 23

1908

PRÉFACE

—

BIBLIOTHÈQUE NATIONALE — DON

Au moment où l'autocrate Russie était secouée par l'agitation révolutionnaire, où les bombes des nihilistes jetaient la terreur et l'épouvante dans l'empire des tsars, un attaché de l'ambassade française à Saint-Pétersbourg, disait à M. Anatole Leroy-Beaulieu : « Nous apprenons ici l'histoire de notre Révolution française ». En France, et dans le département de la Haute-Loire plus particulièrement, la période agitée et sanglante des inventaires avait fait elle aussi revivre quelques épisodes de notre passé révolutionnaire. Aujourd'hui, encore, en présence de la lutte toujours ardente mais sournoise que les adversaires des institutions républicaines, unis aux membres du clergé, mènent contre le régime démocratique, les esprits sont souvent entraînés à reporter leurs souvenirs vers cette époque lointaine où royalistes, princes émigrés ou non, membres du clergé, unissaient leurs efforts contre la République, où nos gentilshommes royalistes, « jusque-là pour la plupart voltairiens de langage ou indifférents en religion, affectaient une piété exaltée pour obtenir l'appui de l'Eglise catholique romaine dans leur entreprise de restauration du trône (1) ».

L'histoire se recommence sans cesse ; les événements ramènent sur le théâtre du monde dans de mêmes conflits les mêmes acteurs ; les passions politiques ou religieuses, rendues plus aiguës peut-être par le développement de l'instruction populaire et l'émancipation des consciences, des ferments de discorde, étouffés et non détruits entièrement, provoquent sur la scène de l'Histoire des situations et parfois des dénouements analogues. Cet éternel recommencement ravive les espérances des uns, les inquiétudes des autres. Dans le cœur de ceux qui aiment leur petit pays, qui voudraient en connaître le passé pour rechercher, dans les jours troublés d'autrefois, un exemple pour le présent, une leçon pour l'avenir, ce renouvellement suscite aussi d'amers et de profonds regrets, s'ils ne peuvent satisfaire leur désir de savoir, apaiser leur soif de vérité. Ces regrets, nos concitoyens les éprouvent. Notre trésor historique local est, en effet, privé de toute histoire générale de la Révolution dans la Haute-Loire. C'est pourquoi toutes les contributions documentaires, indispensables pour l'édi-

(1) Aulard, *Histoire de la Révolution française*, le Royalisme, p. 376.

fication solide de cette œuvre, sont accueillies avec empressement, même avec une certaine joie.

Pour les historiens, elles éclaircissent un point encore resté dans l'ombre ; elles ouvrent de nouveaux accès sur un champ jusque-là inexploré ; elles apportent leur pierre à l'édifice définitif. Malgré leur aridité, elles soulèvent aussi la curiosité sympathique du grand public ; elles répondent encore aux espérances, au but poursuivi par les amis de la jeunesse qui voudraient voir l'étude de l'histoire *locale* pénétrer enfin dans nos écoles et devenir un précieux auxiliaire de l'histoire générale de la France. L'enseignement de cette histoire locale serait-il sans valeur pour l'éducation civique des jeunes générations? Ne contribuerait-il pas à rendre à chaque petit pays, cette physionomie particulière qu'une centralisation à outrance et une uniformité administrative ont presque entièrement fait disparaître?

Les origines, le passé féodal et moyen âgeux de notre Velay, la période des temps modernes ont tenté nombre de nos érudits. Les Chassaing, les Mandet, les Arnaud, pour citer ces seuls noms parmi les disparus, ont consacré leurs veilles et leur science à nous laisser des travaux qui leur méritent la reconnaissance de tous. Ils resteront une mine précieuse, une source intarissable où peuvent sûrement puiser tous ceux qui veulent raconter plus longuement certains épisodes plus particuliers ou quelques chroniques de notre vieille petite patrie. Ils sont des guides certains, indispensables même pour tous ceux qui, s'engageant dans les innombrables sentiers qu'ils ont ouverts sur leur grande route, voudraient ajouter un nouveau paragraphe à leur histoire. Mais la fin du XVIIIe siècle, la période révolutionnaire, la période contemporaine n'ont ni trouvé la même faveur, ni soulevé une pareille émulation parmi nos historiens locaux.

Cependant notre Velay, le département de la Haute-Loire, ont, eux aussi, pris part aux événements mémorables qui ont bouleversé la France et marqué l'avènement des jours contemporains. Ils ont ressenti les contre-coups de l'orage révolutionnaire, partagé les joies de la victoire comme les tristesses de la défaite et des malheurs de la Nation. Les élections de 89, la chute de la Royauté, le Fédéralisme, la lutte des partis Brissotin et Jacobin, les événements qui se succédèrent du 10 août au 9 thermidor, la réaction thermidorienne, Vendémiaire et Brumaire, ont eu leur retentissement dans nos montagnes. Notre région des hauts plateaux, si propice aux escarmouches et à la résistance, nos vastes forêts, chemin caché qui nous reliait à l'Ardèche et à la Lozère, n'offrirent-elles pas des retraites sûres, pour la plupart inaccessibles, aux adversaires de la Révolution : émigrés, prètres ou conscrits réfractaires, bandes des compagnons de Jehu, que l'on pourrait appeler les « apaches » des princes émigrés puisqu'ils partageaient le produit de leurs rapines?

Notre département fut, en effet, entraîné dans les conspirations du comte de Saillans, du camp de Jallès et du camp du Pertuis, dans les insurrections provoquées par l'ex-constituant Charrier, par le marquis de Surville ou par Dominique Allier. Il prit part à ces mouvements qui firent courir de grands dangers à la République, surtout en septembre 1793, quand sur Toulon et sur Lyon révoltés flottait le drapeau royal. Cet état d'esprit ressort bien de la correspondance échangée à maintes reprises entre les administrateurs du département et le Directoire exécutif : « Le département de la Haute-Loire, lisons-nous dans une lettre de Brumaire an VI (1) a été, dès le principe de la Révolution, un de ceux sur lesquels les brigands royaux ont cru pouvoir compter pour le succès de leurs entreprises... L'esprit public est bon dans le district de Brioude, mais très mauvais dans les montagnes des circonscriptions du Puy et de Monistrol. » Centre de

(1) Archives nationales, F 1° III. Haute-Loire, 4.

résistance des contre-révolutionnaires, notre département ressentit doublement les effets des principaux événements qui caractérisèrent la Révolution française. Les luttes prirent même chez nous un caractère plus aigu de provocation et de répression, car la Haute-Loire compta aussi de fervents amis de la liberté, des patriotes ardents, des défenseurs enthousiastes et opiniâtres des idées révolutionnaires.

Comment expliquer l'absence presque complète de toute relation historique de ces grands événements?

Les raisons qui pendant longtemps ont paralysé, qui paralysent même encore la manifestation des bonnes volontés de nos historiens peuvent se trouver, les unes dans un sentiment de réserve et de susceptibilité, bien excusable; les autres, dans l'impossibilité matérielle d'aborder une étude aussi vaste avant que des travaux de moindre haleine, plus restreints et plus particuliers, avant que des monographies spéciales et la publication des documents que renferment nos archives communales et départementales, n'aient permis d'asseoir solidement une œuvre sérieuse et impartiale et de connaître les principaux détails de cette phase historique pour les embrasser et les mieux juger dans leur ensemble.

C'est un sentiment de réserve qui empêcha le docteur Arnaud de continuer son histoire; elle s'arrête à la fin du règne de Louis XV, en 1774 :

« Peut-être, dit-il dans sa préface, selon quelques lecteurs, cet ouvrage aurait dû embrasser le règne suivant jusqu'à l'époque de la Révolution; mais pour une plume moins habile que vouée à la vérité, c'était assez et trop sans doute, d'avoir eu à surmonter les obstacles que rencontre sur ses pas celui qui veut écrire l'histoire de ses compatriotes. En retraçant les événements passés sous les yeux de nos contemporains, j'aurais trouvé plusieurs personnages encore vivants. Également éloigné de la flatterie et de la causticité, je ne me suis pas senti néanmoins assez de force d'âme pour m'exposer au risque d'entendre l'imputation de l'un ou de l'autre, même sans la mériter. »

Actuellement, après plus d'un siècle, cette réserve perd peut-être de sa raison d'être, ou du moins de sa force; cependant dans plusieurs familles vellaves d'aujourd'hui, on trouve encore des descendants des patriotes révolutionnaires ou des adversaires de la Révolution. Mais, de nos jours, tout historien, malgré son talent et son ardeur au travail, ne peut encore écrire l'histoire de notre révolution. Le champ documentaire n'est pas assez profondément ni entièrement défriché pour permettre une récolte fructueuse (1).

Des efforts isolés ont été cependant tentés dans notre département; notre bibliographie locale s'est augmentée de plusieurs travaux sur notre période révolutionnaire. Quelques-uns sont dus à des membres du clergé : les *Conférences* de l'abbé Péala, les *Causeries historiques sur le Velay* de l'abbé Cornut, écrites « dans l'esprit le moins impartial et le plus hostile à la Révolution que l'on puisse voir » (2). Parmi les autres, en dehors des documents publiés par les journaux locaux, l'ancien *Echo du Velay* et notamment la *Haute-Loire*, *Velay Revue* ou la

(1) Cette situation ne nous est d'ailleurs pas particulière, elle est presque générale à tous les départements. C'est pour la faire disparaître que la Chambre des députés, dans sa séance du 27 novembre 1903, votait un crédit nécessaire pour commencer le classement et la publication des documents d'archives relatifs à la vie sociale et économique de la Révolution française. « Ces documents, disait M. Jaurès dans le discours qu'il prononçait au moment de la discussion, sont dispersés dans les archives : ils ne sont même pas classés, et fussent-ils classés, il serait impossible à un travailleur isolé d'en prendre connaissance ».

Un comité général de l'Histoire de la Révolution fut constitué à Paris et des comités locaux organisés dans chaque département.

(2) Maxime Rioufol, *La Révolution de 1789 dans le Velay*, page 334, note 1.

Semaine religieuse, nous pourrions citer : *les Municipalités révolutionnaires* de M. Boudon, quelques petites plaquettes de MM. Jacotin, Chassaing, Vissaguet, Henry Monnier; *la Révolution de 1789 dans le Velay*, de M. Maxime Rioufol; *Saugues sous la Révolution*, par l'abbé Fabre ; *le Conseil général, le directoire et l'administration départementale de 1790 à 1800*, de M. Godard, ancien professeur d'histoire au lycée du Puy, en cours de publication dans les Mémoires de la Société agricole et scientifique de la Haute-Loire. Ces études aplanissent déjà la route du futur historien et lui rendent la voie plus facile; mais elles ne sauraient suffire pour permettre d'aborder enfin l'histoire de la Révolution dans notre département. Quelques parties sont encore inexplorées et trop inconnues, notamment le rôle des représentants envoyés en mission dans le département par la Constituante, la Législative ou la Convention.

Après la monographie de Bonnet de Treiches par M. Henry Monnier, cette étude sur le conventionnel Pierret ouvre plus large la voie aux travaux des chercheurs. Lorsque les conventionnels envoyés dans la Haute-Loire : Lacoste et Faure, en mars 1793; Rovère et Poultier, en juillet de la même année;

Solon Reynaud surtout, qui joua un rôle actif

et prépondérant dans la conduite de nos événements locaux, soit comme maire ou comme représentant du peuple, soit comme conventionnel en mission de septembre 1793 à décembre 1794, ou ensuite comme commissaire du Directoire exécutif;

Puis Pierret, en 1794-1795, Chazal et Bonnet en juin 1795; Poultier en octobre de la même année ;

Petret, en février 1796, qui faisait arrêter M. de Lacoste père, prévenu de complicité avec les conspirateurs qui devaient livrer la Franche-Comté aux émigrés,

Lorsque tous ces Conventionnels auront été chacun l'objet d'une monographie — et la mode historique est actuellement à de tels travaux — le jour sera peut-être proche où notre département pourra enfin compter sur une histoire complète de sa période révolutionnaire.

.

Si nous avons ouvert un nouveau sentier, nous ne nous faisons cependant aucune illusion trompeuse sur la valeur de notre œuvre (1). Elle pêche

(1) La première partie, strictement documentaire, composée du dossier formé par Pierret lui-même, auquel nous avons ajouté des documents tirés de nos archives locales ou empruntés à des collections privées, est plus spécialement l'œuvre de M. Jovy; la seconde partie est entièrement due à M. J. Peyriller (note des auteurs).

surtout peut-être par son mode de publication comme aussi cette divulgation dans un journal de province, au milieu même du théâtre des événements auxquels fut mêlé Pierret, augmente peut-être son importance et atténue les fautes inhérentes à ce mode de publication. Tirage à part du journal *La Haute-Loire*, dont la fondation remonte à 1813, elle ne se recommande pas aux bibliophiles ou aux historiens par son exécution matérielle, par son impression, mais plutôt par les documents inédits qu'elle renferme. Elle donne même davantage que son titre ne le laisserait supposer. Autour de Pierret, nous avons groupé quelques rapports et des lettres des divers conventionnels qui appréciaient ou critiquaient le rôle joué par ce représentant dans le département de la Haute-Loire.

Aussi pouvons-nous dire, sans hésitation et sans fausse modestie, qu'elle apportera une utile contribution à l'étude d'une époque généralement défigurée chez nous par la passion et par la légende. Elle sera nécessaire sinon indispensable aux futurs historiens de notre période révolutionnaire. Elle répondra encore aux espérances formulées par M. Aulard dans l'introduction de son *Recueil des Actes du Comité de Salut public* (1) :

(1) T. I, p. LXXVI-LXXVII.

« Il arrivera aussi que des personnes occupées d'une recherche spéciale trouveront dans des archives publiques ou particulières des documents qui nous auront échappé, surtout des lettres de représentants en mission : dans l'état de classement encore imparfait où se trouvent les Archives nationales, pour les parties qui nous occupent, en présence des difficultés que présente l'accès des collections particulières, surtout des archives privées des descendants des conventionnels, il n'y aura pas trop à s'étonner de ces lacunes, ni même peut-être à nous les reprocher outre-mesure, d'autant plus que notre ambition a été seulement de donner tout ce qu'il était possible de donner en l'état actuel des choses. Heureux si notre travail, en provoquant des curiosités, amène à la lumière des faits et des textes ignorés et que, nous l'espérons, complèteront plutôt notre recueil qu'ils n'en infirmeront l'autorité. »

Notre seul souhait est qu'elle trouve des imitateurs et qu'elle soulève des critiques, qu'elle suscite parmi nos concitoyens un mouvement durable en faveur de notre histoire révolutionnaire dans le département de la Haute-Loire, et qu'elle donne une impulsion nouvelle à nos études historiques locales.

Julien PEYRILLER.

Le Puy, 1ᵉʳ mars 1908.

Nous nous faisons un plaisir de remercier M. Vagbaux, de Brienne-le-Château, de l'extrême obligeance avec laquelle il a bien voulu nous communiquer le portrait au pastel qu'il possède de son grand-oncle, le Conventionnel Pierret.

LA MISSION

DU

CONVENTIONNEL PIERRET

DANS LA HAUTE-LOIRE

En l'an III (1794-1795)

Nicolas-Joseph Pierret, député de l'Aube à la Convention nationale, était né à Valentigny (Aube), le 15 mars 1758. Il exerça la profession de notaire à Brienne-le-Château (Aube). Cette petite ville, que devait rendre célèbre son Ecole militaire et l'illustre élève qui en sortit, Napoléon, était toute proche de Valentigny. Au moment de la Révolution, Pierret devint administrateur du district de Bar-sur-Aube.

Le 2 septembre 1702, l'assemblée électorale de l'Aube qui se réunit à Nogent-sur-Seine, choisit Pierret pour l'envoyer à la Convention nationale. Dans la députation de l'Aube on distinguait deux amis et deux admirateurs de Danton, leur compatriote : Courtois, d'Arcis-sur-Aube, qui fut l'irréductible adversaire de Robespierre dont il examina les papiers dans des rapports bien connus, et Garnier, de Troyes, qui est si fameux par son apostrophe à ce même Robespierre : « Le sang de Danton t'étouffe ! », et aussi Rabaut-Saint-Etienne, le célèbre pasteur protestant qui avait été déjà député de Nîmes. Quant aux autres députés, ils étaient d'opinions modérées. Ils répugnaient aux mesures violentes, et s'honorèrent souvent par leurs votes. Ils siégèrent au centre et, quoique sympathiques aux Girondins, ils surent pour la plupart ne point se compromettre dans leur cause (1).

Pierret, qui partageait ces idées, vota la détention de Louis XVI pendant la guerre et son bannissement à la paix. Les biographies contemporaines disent de lui que « c'était un homme de caractère » et qu'il « fut toujours l'ennemi des terroristes » (2). L'une d'elles le fait figurer parmi les « conventionnels qui ont eu le courage, malgré les menaces des montagnards, d'émettre librement leur opinion modérée ».

A l'époque du 9 thermidor, la ville du Puy et le département de la Haute-Loire se trouvaient sous l'influence de Reynaud (3), qui avait adopté avec enthou-

(1) C. Albert Babeau, *Histoire de Troyes pendant la Révolution*, Paris, 1873, t. I, p. 518.

(2) Voir par exemple : *Vie politique de tous les députés à la Convention nationale pendant et après la Révolution*, ouvrage dans lequel on trouve la preuve que, dans le procès de Louis XVI, la peine de mort avait été rejetée à une majorité de six voix, par M. Robert, Paris, chez L. Saint-Michel, quai des Grands Augustins, n° 49, 1814, p. 333, et *Petite biographie conventionnelle ou tableau moral et raisonné de 749 députés qui composaient l'assemblée dite de la Convention dont l'ouverture eut lieu le 21 septembre 1792 et la clôture le 26 octobre 1795, et dans laquelle on voit figurer des comtes, des curés, des marquis, des bouchers, des évêques, des comédiens, des médecins, des huissiers, des peintres, des moines, des apothicaires, des avocats, des cardeurs de laine, etc., et précédée d'un coup d'œil rapide sur les principales causes de la Révolution de 1789, suivi du résultat des votes dans le procès de Louis XVI et d'une notice curieuse sur ceux des conventionnels qui ont été depuis rejetés de la société pour quelque cause que ce soit ou qui ont eu le courage d'émettre une opinion libre dans le fameux procès*, Paris, Eymery, 1845, p. 218 et 270.

(3) Sur Reynaud, cf. Robert, *Vie politique de tous les députés à la Convention nationale*, Paris, 1814, p 355; *Biographie moderne*, Paris, Eymery, 1815, t. II, p. 438.

siasme les idées de la Révolution, avait été nommé,
en 1780, maire du Puy et élu, en 1791, député à
l'Assemblée légi-lative. Il fut ensuite député à la Convention nationale où il vota la mort de Louis XVI.
Envoyé dans son département pendant le règne de la
Montagne, il s'y montra partisan des mesures de
terreur qu'il y faisait encore exécuter, lorsque le
9 thermidor vint mettre un terme à ses opérations
révolutionnaires. Le sort fit de lui, en octobre 1794,
l'un des commissaires chargés d'examiner la conduite
de Carrier. Il se prononça même contre lui. Après la
session, il passa au Conseil des Anciens et mourut en
novembre 1796.

Pierret s'était fait remarquer le 14 brumaire an III
(4 novembre 1794), au moment de la discussion du
rapport de Romme, si nettement favorable à Carrier.
Il avait jeté à la face du rapporteur ces mots : « Romme, tu te conduis lâchement ! » (1). Aussi la Convention l'envoya-t-elle en mission, le 23 frimaire an III
(10 décembre 1794), pour réagir contre l'influence de
Reynaud dans la Haute-Loire.

Pierret a formé lui-même le dossier, que nous avons
entre les mains, des documents qui se rapportaient à
sa mission. C'est ce dossier que nous avons l'intention
de publier ici, persuadé qu'il jette une vive lumière
sur une heure de la période révolutionnaire dans ce
département. En tête de ces pièces, Pierret a écrit
ces mots :

*Décret de la Convention nationale qui m'a envoyé en
mission dans le département de la Haute Loire en
l'an III, et autres pièces qui me font honneur dans cette
mission pénible (à conserver).*

(1) Cf. Le comte Fleury, *Carrier à Nantes*, Paris, Plon,
1901, p. 255. Cet écrivain dit par erreur : *Perret*.

Voici le procès-verbal de la délibération et le texte
de la loi qui envoyaient Pierret dans la Haute-Loire :

[23 frimaire an III — 13 décembre 1794].

EXTRAIT

du procès-verbal
de la Convention nationale
du *vingt-troisième* jour de *frimaire* l'an troisième
de la République française une et indivisible.

La Convention nationale, sur la proposition de son
Comité de sûreté générale, décrète que le Représentant
du Peuple Pierret se rendra dans le département de la
Haute-Loire.

Ledit représentant sera investi des mêmes pouvoirs que
les autres représentans envoyés en mission dans les Départemens.

Visé par le Représentant du peuple
Inspecteur aux procès-verbaux,

Viquy.

Collationné à l'original par nous Représentans du peuple, secrétaires de la Convention à Paris le 24 frimaire l'an susdit,

Dubois du Bois

J.-J. Roderer.

.*.

LOI

*Qui envoye des Représentans du Peuple en mission à
Lyon et dans le département de la Haute-Loire.
Du vingt-troisième jour de frimaire, l'an troisième de la
République Française, une et indivisible.*

LA CONVENTION NATIONALE, sur la proposition
de son Comité de sûreté générale décrète que le représentant du peuple Alquier se rendra à Lyon, et le Représentant du Peuple Pierret dans le Département de la
Haute-Loire.

Les dits Représentans seront investis des mêmes pouvoirs que les autres Représentans envoyés en mission
dans les départemens.

Visé par le Représentant du Peuple, Inspecteur
aux Procès-Verbaux,

Signé Viquy.

Collationné à l'original par Nous Président et secrétaires de la Convention Nationale à Paris ce 25 frimaire
l'an 3e de la République française.

Signé : REUBELL, président, LE TOURNEUR (de la
Manche), et DUBOIS DU BOIS, secretaire.

Pour copie conforme.

La Commission des administrations civiles, Police et
Tribunaux.

Le chargé provisoire,

DUMONT.

[Cachet rouge : figure de la République entourée de
ces mots : AU NOM DE LA RÉPUBLIQUE
FRANÇAISE.]

Deux documents conservés par Pierret, le premier imprimé, le second manuscrit, peuvent donner une idée de l'état d'esprit qui avait dû se développer dans la Haute-Loire sous la prépondérance de Reynaud, soit en faveur de ses idées, soit en sens contraire :

[27 germinal an II. — 17 avril 1793]

**Egalité, Liberté
ou la mort.**

LE REPRESENTANT
du
PEUPLE FRANÇAIS

Envoyé par la Convention Nationale dans les départemens de la Haute-Loire, de la Lozère et autres.

Vu l'arrêté de notre collègue Albite, représentant du peuple, envoyé pour l'exécution des mesures de salut public et l'établissement du gouvernement révolutionnaire dans les départemens de l'Ain et Mont-Blanc, sur les mesures à prendre contre les prêtres, dont la grande majorité, quoique prêtres constitutionnels, se couvre du masque odieux et hypocrite du fanatisme, pour servir la cause des tyrans et des despotes, et se coalisent pour faire circuler dans le sein de la République le poison dangereux et mortel des anciens préjugés, sous la domination desquels trop longtemps nous avons vécu ; et voulant, ainsi que mon collègue, faire usage dans le département de la Haute-Loire des moyens qu'il a combinés, pour réduire enfin cette classe d'hommes perfides et funestes à l'humanité,

Arrête :

ARTICLE PREMIER

Que l'arrêté de notre collègue Albite, en datte du 8 pluviôse à Bourg Régénéré, sera exécuté dans tout son contenu, dans le département de la Haute-Loire ;

II

Convaincu qu'une autre espèce de personnes, telles que les filles connues sous le nom de béates qui sont les colporteuses des œuvres fanatiques et les agentes des prêtres, qui veillent sans cesse pour trouver les moyens de nuire à la République et de vouloir l'anéantir à jamais, sous le faux prétexte de conserver une religion que des vrais républicains ne peuvent considérer que comme un aliment moral, indigeste pour ces âmes pures et capable d'égarer l'esprit humain ; et que ces filles désignées sous le nom de dévotes ou béates, seront tenues de se rendre dans le délai d'une décade, à compter du jour de la publication du présent, par devers leurs municipalités respectives, pour prêter le serment de fidélité envers la nation, pour maintenir l'égalité et la liberté.

III

Toutes celles d'entr'elles qui ne se conformeront point au précédent article, seront réputées suspectes et recluses jusqu'à la paix.

IV

Les municipalités seront tenues de faire passer après la décade révolue à l'administration du district, la liste de celles qui auront prêté le serment ci-dessus désigné, et de celles qui ne l'auront pas prêté; les municipalités seront également tenues, sous leur responsabilité solidaire, de faire exécuter le contenu du présent arrêté ; et à défaut par elles d'y satisfaire, elles seront de suite destituées de leurs fonctions, et reputées comme complices de désobéissance et de révolte contre les loix de la convention et des [= les] arrêtés des Représentans.

V

Comme les signes do fanatisme sont absolument proscrits et que néanmoins des personnes affectent encore de les conserver, et notamment des femmes qui s'en servent sous le prétexte d'embellir leur parure, les municipalités seront tenues, la décade après la publication du présent arrêté, de faire mettre en état d'arrestation toutes celles qui, dans leurs ajustemens, se serviront à l'avenir des signes représentatifs qui tiennent ou rappellent les vieux préjugés ; lesquels signes seront confisqués au profit des dénonciateurs, et les municipalités pourront infliger une amende proportionnée aux facultés des contrevenans. Les citoyennes pourront néanmoins porter tous autres objets désignés ci-dessus, et ceux qui, sans fondement, se permetroient de les en empêcher seront punis sévèrement.

VI

Le présent arrêté, ensemble celui de notre collègue Albite, seront sans délai imprimés, lus et affichés dans toute l'étendue des districts, lesquels parviendront à ces dernières administrations à la diligence de l'administration du département et aux municipalités par celles des districts.

Au Puy, ce vingt-sept germinal, an second de la République Française une et indivisible.

Signé REYNAUD, *Représentant du peuple Français.*
AU PUY, de l'Imprimerie de CRESPY et GUILHAUME, Imprimeurs du Département.

[22 brumaire an III. — 13 novembre 1793].

Egalité, liberté ou la mort.

Le Représentant du peuple français envoyé par la Convention nationale dans le département de la Haute-Loire et autres,

Considérant la nécessité d'établir dans la ville et canton d'Yssingeaux un commité de surveillance qui veille au salut public ; qui exerce la sévérité des lois contre des hommes qui auraient voulu annéantir la République : et qui enfin protege la liberté et l'égalité contre lesquelles tant d'hommes perfides ont dirigés leurs sentimens de haine et de vengeance, et reconnaissant enfin l'indispensable nécessité d'en créer un sans delai et sans s'attacher aux formes prescrites par la loi du 21 mars dernier, attendu qu'il en résulterait peut-être un mauvais choix, si l'élection se faisait par la voie du scrutin, et dont le résultat serait plus tot funeste à la chose publique qu'avantageux, arrête :

1° Il est formé dans la ville d'Yssingeaux un commité de surveillance composé de neuf membres auxquels nous conférons tous les pouvoirs attribués auxdits commités par les décrets de la Convention.

2° Le Commité exercera son authorité dans toute l'étendue du canton et de la ville d'Yssingeaux ainsi que dans les cantons voisins en se concertant avec les commités qui peuvent y être établis.

3° Les membres dudit comité sont : Rocher, juge, Privat Peyrot, Panelier, Chareyre, juge de paix, Ravaste père, Raislot, tailleur, Gire, maire, Berjad, Jamon Cadet, capitaine dans la garde nationale.

4° Les membres surveilleront les méchants et fairont exécuter les loix dont les pouvoirs leur sont confiés, avec justice et sévérité; ils surveilleront la partie des grains et veilleront à ce que les accapareurs et les malveillans n'empêchent les approvisionnemens des marchés; à cet égard le comité se concertera avec les municipalités.

5° Le présent sera lu, publié et affiché dans toute l'étendue du canton;

6° Le citoyen Chareire, juge de paix, installera sans délai ledit commité de surveillance ; la municipalité lui procurera un local affin qu'il puisse tenir ses séances.

Au Puy, le vingt-deux brumaire de l'an second de la République française une et indivisible.

B. REYNAUD.

J'approuve les ratures.
          B. R.
[Cachet en cire : REPRÉSENTANT DU PEUPLE FRANÇAIS, autour d'une figure de la République.]

Pierret fit à son arrivée dans l. Haute-Loire une proclamation qui fut accueillie avec joie par la population modérée, comme le prouvent les deux pièces manuscrites suivantes : — un extrait des délibérations du Conseil général de Brioude et la lettre qui accompagnait l'envoi de cet extrait au représentant en mission :

Extrait du registre des Délibérations du Conseil général de la Commune de Brioude. Séance du dix-sept nivôse l'an troisième de la République une et indivisible.
L'assemblée formée, etc. . . . .

. . . .

. . . .

La proclamation du représentant du peuple en mission dans le département ayant été lue, le Conseil et les Citoyens présens se sont livrés à l'entousiasme de la joie et la sale a retenti des plus vifs applaudissements et des cris redoub'és de : *Vive la République ! Vive la Convention nationale !*

. . . .

Sur quoi le Conseil a arrêté à l'unanimité et par acclamation qu'il seroit écrit audit représentant du peuple pour lui témoigner combien sa proclamation est consolante pour les bons citoyens, que le conseil est au comble de la satisfaction par les principes de fraternité, de vertu et de justice qu'elle renferme, et par amendement, qu'il sera invité à envoyer quelques exemplaires à la commune, n'en ayant reçu de l'administration que deux en in 4° et deux en placard. Ce qui la met dans l'impossibilité de lui donner toute la publicité qu'il mérite.

Fait et arrêté les jours et an susdits, et au registre sont les signatures.

Pour extrait conforme
NORIN
maire

CALDAGNÉE
secrétaire.

[Cachet en noir imprimé dans le papier : MUNICIPALITE DE BRIOUDE. Un Hercule s'appuie sur sa massue et un écusson qui porte une devise, et au-dessous on lit : REPUBLIQUE FRANÇAISE.]

.˙.

Brioude, ce 28 nivôse, l'an 3e de la république une et indivisible.

Au citoyen Pierret, représentant du peuple en mission dans le département de la Haute-Loire.

Représentant du peuple,

La Commune de Brioude a sollicité avec persévérance auprès de la Convention l'envoi d'un représentant qui pût guérir les plaies profondes qu'un régime affreux avait faites. Elle nous en a envoyé un. Et nous avons de doubles actions de grâces à lui rendre d'avoir envoyé dans ce département un représentant animé des principes exposés en sa proclamation.

Elle a été lue hier au Conseil général assemblé dans le calme d'une douce satisfaction. Elle a été ensuite couverte d'applaudissemens unanimes. Chacun y a vu la règle de ses jugemens et de sa conduite. Aujourd'hui elle a été lue dans tous les carrefours, et partout cette lecture a été suivie des cris réitérés de : *Vive la République ! Vive la Convention !* Nous nous empressons, représentant du peuple, de te transmettre ce témoignage avec la délibération de la Commune du jour d'hier. Vive la République ! Vive la Convention ! Respect et confiance en son envoyé.

Les officiers municipaux de la commune de Brioude,

BAUNE [?]
maire   SATURNIN

Mozerine
aîné

... [?], agent national par intérim   BOUQUET

Le 30 nivôse an III (10 janvier 1795), Reynaud rendait compte à la Convention de ses opérations pendant la mission qu'il avait lui-même remplie dans le département. Ce compte rendu fut imprimé, en pluviôse an III à l'Imprimerie nationale, sur l'ordre de la Convention. Il est rempli de détails intéressants pour l'histoire départementale.

CONVENTION NATIONALE
Liberté, Egalité, Fraternité
Probité, Justice et Sévérité

Telles doivent être les bases immuables d'une République démocratique, et sur lesquelles les fonctionnaires publics, particulièrement, doivent mouler leur conduite.

Compte que rend Reynaud (de la Haute-Loire), représentant du peuple français, pour obéir au décret du

21 Nivôse, des fonds qu'il a touchés lors de sa mission, pour l'exécution des décrets des 14 et du 23 août 1793 (vieux style).

RECETTE

A l'époque de mon départ (1) j'ai reçu la lettre de la Trésorerie nationale, à laquelle j'ai donné acquit, la somme de six mille livres, ci ... 6.000 L.

Le 28 germinal, l'an deuxième de la République, j'ai pris chez le payeur général du département de la Haute-Loire, suivant mon acquit, la somme de six mille livres, ci ... 6.000 L.

Total ... 12.000 L.

Il me fut remis par les reclus de la commune du Puy, le jour que la nouvelle de la prise de Toulon y fut annoncée, la somme de quinze cents livres, ci ... 1.500 L.

Il me fut remis aussi par le geolier de la maison des prêtres réfractaires quatre pièces en or de quarante-huit livres, qu'on envoyoit clandestinement à un prêtre, et dont le nom ne fut jamais connu : lequel numéraire j'envoyai de suite chez le receveur du district du Puy, pour échanger avec des assignats, la somme de cent quatre-vingt-douze livres, ci ... 192 L.

Total des sommes reçues... 13.692 L.

DÉPENSE

Du 9 prairial, l'an 2 de la République, époque de mon retour, j'ai remis au bureau des

(1) C'est sur la fin d'août que je partis.

mandats mon compte, pour frais de mon voyage dans le département de la Haute-Loire, et
de retour ; frais de celui que j'ai fait à Lyon
lors du siège pour partager les travaux et les
dangers de mes collègues ; frais d'impression,
frais de bureau, secrétaire et commissionnaire ;
pour des secours distribués à des nécessi-
teux et à des défenseurs dépourvus quelquefois de moyens pour suivre leur route ; pour
frais de voyage dans la Lozère, et autres objets enfin, dont les détails minutieux ne permettent pas de les rappeler : déclarant en
mon âme et conscience que j'ai employé
toujours la plus scrupuleuse économie dans
mes dépenses. D'après lequel compte je me
suis trouvé avoir dépensé onze mille six cent
soixante et dix-huit livres, ci ... 11.678 L.

Du 2 prairial, l'an 2 de la République française, remis à la Trésorerie nationale la somme de quinze cents livres, provenant des reclus du Puy, portée sur le compte des recettes.
La quittance de la trésorerie est transcrite ci-
après, Nº I, ci ... 1.500 L.

Du 7 germinal, remis au citoyen Bertrand,
maire du Puy, suivant sa quittance ci-après
transcrite sous le nº II, la somme de cent qua-
tre-vingt-quinze livres (1), prise sur le produit
de l'échange des quatre pièces d'or en assi-
gnat, provenant de l'envoi fait à un prêtre
réfractaire qui allait être déporté, ci ... 195 L.

Du 9 prairial, remis au secrétariat du bureau des mandats, en remettant mon compte
pour reliquat des fonds énoncés dans la recette, et ce suivant la quittance ci-après
transcrite sous le nº III, la somme de 322 livres,
ci ... 322 L.
____

Total de l'emploi ... 13.695 L.

(1) Cette somme a été employée par le dit maire, pour
gratifier les canonniers qui avaient surveillé et escorté les
prêtres réfractaires lors de leur départ.

Il m'a été remis une somme de 880 livres en numéraire, saisie chez un fanatique de la commune de Saugues, district du Puy ; lequel avoit affecté de discréditer les assignats ; et, pour l'en punir, je lui échangeai ce même numéraire en assignats, qui lui furent remis.

La déclaration du receveur du district sera transcrite sous le numéro IV pour justifier le fait.

La municipalité de Saint-Vénérant, canton de Saugues, favorisant des jeunes gens de la levée, depuis 18 jusqu'à 25 ans, à se soustraire à la réquisition, fut condamnée par un de mes arrêtés à deux cents livres d'amendes ; cette même somme fut distribuée d'après les dispositions de ce même arrêté.

Par différentes fois, j'ai reçu de l'argenterie provenant des dépouilles des églises ; j'en ai dressé chaque fois procès-verbal dont copie a été remise aux communes ; avant mon départ, j'en ai fait imprimer le tableau, afin que chacune d'elles pût être convaincue de mon exactitude à envoyer leurs dons faits à la patrie.

Je transcris ci-après les acquis sous les n°° V, VI et VII, qui m'ont été donnés par les bureaux chargés des dépouilles des églises.

L'administration des voitures m'en avoit remis une pour mon voyage. La déclaration ci-après, sous le n° VIII, prouve que je l'ai rendue.

Arrivé dans le département de la Haute-Loire, je me servis, pendant mon séjour, d'un cheval de la réquisition, afin de voyager plus économiquement. La déclaration ci-après sous le n° IX. prouve que le cheval est rentré au dépôt de la levée des chevaux.

Actuellement je déclare n'avoir jamais reçu de taxe révolutionnaire. Il en a été établi une sur les reclus riches, de conformité à la loi, pour fournir à leur nourriture et à celle des indigents reclus aussi ; mais n'ayant jamais rien touché de cet objet, je ne dois aucun compte.

Ayant donc démontré avec évidence, pour mon compte, que jamais je n'avais mis la main dans le sac ; pouvant démontrer également que je n'ai jamais bu le sang humain et moins encore fait verser, car je n'ai envoyé personne directement au tribunal révolutionnaire ; je dois m'attendre désormais de jouir paisiblement, comme par le passé, de l'estime et de la confiance publique.

Je ne devrois plus craindre enfin que des hommes dominés par la passion de nuire à leurs semblables, voulussent m'enlever un droit si précieux, que j'ai acquis par une conduite politique et une moralité irréprochable dans tous les sens.

Une dernière déclaration vient à l'appui de mes réclamations. Souvent on désire connoître la situation présente, ainsi que celle antérieure à la Révolution, de la fortune des députés, et fonctionnaires publics. Je déclare donc à la république entière sans craindre de contradiction, même de la part de mes détracteurs mercenaires, que ma fortune actuelle n'est pas ce qu'elle étoit avant. Mon absence depuis trois ans, et les fonctions publiques auxquelles la confiance de mes concitoyens m'avait appelé dès les premiers momens de notre heureuse révolution, ont beaucoup contribué à sa défection; mais ces sacrifices ne sont rien en comparaison d'une liberté éternelle qui doit mettre le comble à la félicité commune.

A Paris, le 30 Nivôse, l'an 3 de la République, indivisible et démocratique, *ou la mort.*

Signé : REYNAUD (de la Haute-Loire).

No I

Du 2 prairial, l'an 2 de la République une et indivisible.

Reconnoissance donnée par la Trésorie Nationale de la somme de 1500 livres, provenans du don fait par les reclus du Puy.

Je, caissier de la recette journalière de la Trésorie Nationale, soussigné, reconnois avoir reçu du citoyen Reynaud, député de la Haute-Loire à la Convention nationale, la somme de quinze cents livres, provenant d'un don fait par les personnes suspectes et recluses dans la maison des ci-devant dames de Sainte-Clairé, au Puy, au sujet de la reprise de Toulon, pour les parens des défenseurs de la patrie, dans les valeurs ici énoncées.

A Paris, le 2 prairial de l'an second de la République, une et indivisible.

Signé, VIAL.

Enregistré au Contrôle, n° 18.

Vu par moi, Contrôleur général des caisses de la trésorerie nationale.

Signé, MAUBACH.

N° II.

Du 7 germinal.

Reconnoissance de la somme de 195 livres, donnée par Bertrand, maire du Puy.

Note des sommes fournies pour le compte du citoyen Représentant.

Du premier germinal

Départ des prêtres.

Payé aux canonniers.   ...   100 liv.
Plus payé à la garde de Saint-Maurice.   ...   25 liv.

Du 3 germinal

Départ des bataillons

Aux canonniers.   ...   50 liv.
Aux tambours.   ...   20 liv.

Distribué d'après les ordres du citoyen représentant, et reçu ladite somme de cent quatre-vingt quinze livres, ci. ... 195 liv.

Le 7 germinal, l'an second de la République une et indivisible

Signé, Math. BERTRAND, maire.

N° III

Du 9 Floréal, l'an second de la République.

Reconnoissance de la somme de 322 livres, donnée par le secrétaire commis du bureau des mandats.

CONVENTION NATIONALE

Bureau des mandats

Je soussigné, secrétaire commis de la Convention nationale au bureau des mandats, reconnois avoir reçu, au nom des citoyens commissaires inspecteurs de la Convention, du citoyen Reynaud, représentant du peuple près les départemens de la Lozère, la Haute-Loire, etc., la somme de trois cent vingt-deux livres dix sous, restant de celle de douze mille livres prise pour les frais de cette commission.

Paris, le 9 Floréal, l'an second de la République, une et indivisible.

Signé, PETITVIENET.

N° IV

Le 6 ventôse, l'an second de la République.

Déclaration du receveur du district du Puy sur l'échange d'une somme de 880 livres d'écus en assignats.

Je soussigné, receveur du district du Puy, département de la Haute-Loire, déclare avoir reçu du citoyen Jean-François Bereaud, notaire public de la commune de Saugues, assisté du citoyen Brunel, secrétaire du représentant Solon Reynaud, la somme de huit cent quatre vingt livres en écus de six livres, pièces de vingt-quatre sous et de douze sous, laquelle somme je lui ai remboursée en assignats, d'après l'arrêté du représentant du peuple Solon Reynaud, en date du 6 ventôse, avec promesse d'en faire compte en mêmes espèces à la trésorerie nationale, de conformité audit arrêté.

Le Puy, 6 ventôse, l'an second de la République française une et indivisible.

Signé, BESQUEUT.

N° V

Le 5 vendémiaire, l'an 2 de la République, une et indivisible.

Acquit de l'argenterie que j'ai envoyée au magasin des dépouilles.

Extrait des registres des matières d'or et d'argent reçues à l'atelier monétaire, le 6 vendémiaire, l'an 3 de la République française une et indivisible.

Le garde comptable a représenté une caisse plate et

carrée en bon état, ficelée et aux cachets : Représentant du peuple français, marquée : J. D. L. S. D. L. C., poids 5, et encore des messageries 16 nivôse, n° 28; transportée de la trésorerie nationale à l'atelier monétaire le 9 pluviôse, sans procès-verbal, ni bordereau du contenu.

Ouverture faite, présence du citoyen Reville préposé des messageries nationales, il s'est trouvé, savoir :

Argenterie d'églises, brisée.

Trente deux marcs quatre onces cinq gros, distraction faite au feu de cinq onces environ d'huile, mastic et ordures.

Le garde comptable s'est chargé des argenteries pour en compter à la trésorerie nationale; le vermeil est entré en dépôt du change pour, par lui, en faire la remise lors des fontes sous la surveillance de l'Agence monétaire. Et ont ledit citoyen Reville, et les citoyens Morel, garde-comptable, Mongez, agent, Dorigny, contrôleur et Sommé, orfèvre, signé au registre.

Signé, MOREL, garde-comptable.

Vu par moi, contrôleur à l'atelier monétaire, Dorigny.

Acquits de l'argenterie que j'ai envoyée au magasin des dépouilles, à Paris.

Du 30 nivôse, envoyé 33 marcs cinq onces quatre gros provenant de l'argenterie de Pradelles, et de laquelle je n'ai point d'acquit.

RECEPISSÉ

Magasin général des dépouilles des églises, établi par le décret du 8 frimaire de l'an 2 de la république française, une et indivisible.

Je soussigné, garde-magasin général des dépouilles des

églises, nommé par le conseil executif, en conformité du décret du 18 frimaire, certifie avoir reçu du citoyen Solon Reynaud, représentant du peuple dans le département de la Haute-Loire, et par la voie de la messagerie, les objets ci-après ; lesquels duement vérifiés et pesés en présence du citoyen Bavoillot, facteur des messageries nationales, il en a été dressé acte qu'il a signé avec moi, garde magasin général, pour tenir lieu d'inventaire.

Savoir :

Or

Divers objets, tels que bracelets, boucles d'oreilles, cadenas, bagues et autres, le tout du poids de deux onces, ci. ... 2 onces.

Vermeil

Divers objets, servant ci-devant au culte, ensemble du poids de 104 m 5 onces, ci. ... 104 m. 5 o.

Argenterie

Divers objets tels que dessus, ensemble du poids de 398 marcs, ci. ... 398 m.

Cuivre nud

Une médaille et une patène, ensemble du poids d'une demi-livre, ci. ... 1 demi-liv.

Objets divers

Vingt-deux croix dites Saint-Louis, dont 20 de grandeur ordinaire, et deux de moyenne grandeur, une petite croix dite de la Rédemption des Captifs.
Desquels objets je quitte et decharge le citoyen repré-

sentant susnommé, observant que les matières contiennent des corps étrangers tels que cuivre, plomb, ciment, sable et huile, qui n'ont pu être distraits de la pesée.

A Paris, ce 4 germinal, l'an 2 de la République une et indivisible.

Signé THÉVENIN.

Vu par moi contrôleur du magasin, lesdits jour et an.

Signé, CAMUS.

N° VII

Du 22 Floréal, l'an 2.

Acquit de l'argenterie que j'ai envoyée au magasin des dépouilles.

Récépissé

Magasin général des dépouilles des églises, établi par le décret du 8 frimaire de l'an deux de la République française une et indivisible.

Je soussigné, garde magasin général des dépouilles des églises, nommé par le conseil exécutif, en conformité du décret du 18 frimaire, certifie avoir reçu de la commune du Puy, et par la messagerie, les objets ci-après adressés à la Convention, desquels dument vérifiés et pesés en présence du citoyen Bavoillot, facteur des messageries nationales, il a été dressé acte, qu'il a signé avec moi, garde-magasin général, pour tenir lieu d'inventaire,

Savoir :

Or

Boucles d'oreilles du poids d'un gros huit grains, ci : 1 gros 8 grains.

Vermeil

Divers objets servant ci-devant au culte, ensemble du poids de dix-sept marcs une once, ci : 17 marcs 1 once.

Argenterie

Divers objets, tels que dessus, du poids de deux cent quarante-six marcs six onces, ci : 246 marcs 6 onces.

Cuivre plaqué d'argent

Flambeaux et sabliers brisés trouvés dans l'argenterie, du poids d'une livre et demie, ci : 1 liv. 1|2.

Galon fin doré

Un marc sept onces deux gros, ci : 1 m. 7 o. 2 gr.

Objets divers

Une croix dite Saint-Louis, de grandeur ordinaire, à laquelle il manque un médaillon et une fleur-de-lys.

Dont je quitte et décharge la commune du Puy susnommée, observant que dans l'argenterie il s'est trouvé quelques corps étrangers, tels que fer et plombs, qu'il y avoit en numéraire cinquante-cinq livres quatre sols, lesquels ont été remis au dit citoyen Bavoillot, pour être par lui versés à la trésorerie nationale; observant, de plus, que la caisse renfermant les objets ci dessus étoit en bon état, duement cordée et ficelée.

A Paris, ce vingt-deux floreal, l'an deux de la République une et indivisible.

Signé, THÉVENIN.

Vu par moi contrôleur du magasin. Lesdits jour et an.

Signé, CAMUS.

No VIII

Du 8 Floréal, l'an 2.

Reconnoissance de l'administration des voitures, pour la remise de celle que j'avois prise pour mon voyage.

Paris, le 8 floréal, au deuxième de la République française une et indivisible.

Reçu à l'administration des voitures et selleries de la République, confiée à la surveillance du citoyen Trouville une berline du citoyen Reynaud, représentant du peuple, qui lui avait été livrée le 3 août dernier.

Bon pour décharge. A Paris, les même jour, mois et an.
VACQUERIE, secrétaire de l'administration.

N° IX

Du 12 messidor.

Reconnoissance des commissaires de la levée des chevaux, de la remise d'une jument grise que j'avois réservée pour mon usage pendant mon séjour.

Je soussigné, commissaire inspecteur pour l'exécution de la loi du 18 germinal relative à la levée du vingt-cinquième des chevaux dans l'étendue de la vingtième division, reconnois avoir reçu du citoyen Seranne, préposé aux subsistances militaires, une jument poil gris, taille de quatre pieds sept pouces, qui lui avait été remise par le citoyen Reynaud, représentant du peuple, au moment de son départ pour Paris, l'ayant chargé de représenter la dite jument à la première réquisition qui lui en seroit faite.

Au Puy, le 12 messidor, an deuxième de l'ère républicaine.
Signé DANDELIN, MEYSONNET, AGE;
DURIVAUX, secrétaire.

C'est certainement à ces documents que Reynaud

fait allusion dans la lettre suivante qu'il adressait aux citoyens composant l'administration du département de la Haute-Loire, pour protester contre certaines accusations.

Paris, le 18 pluviose, an 3.

Reynaud, représentant du peuple français et député à la Convention par le département de la Haute-Loire, aux citoyens composant l'administration dudit département.

Mes concitoyens,

Des malveillans ont tout imaginé pour épuiser contre moi tous les ressorts de la calomnie : une diatribe, tissue d'impostures ou de faits tronqués et arrangée à leur guise est le produit de leur perfidie.

Craignant encore que cet écrit, imprimé et répandu avec profusion, plus digne de mépris que de confiance ne produise pas tous les effets qu'ils se sont proposés, et pour atteindre leur but, ils insinuent aux citoyens crédules tout ce que la malignité la plus audacieuse peut leur suggérer, et avec le poison mortel qu'ils distillent, en cachant sous le masque de la justice et du républicanisme toute la noirceur de leurs trames odieuses, ils veulent étouffer toute l'énergie d'un représentant du peuple que vous avez si souvent investi de votre confiance avec une générosité spontanée.

Mes concitoyens, si ma conscience me reprochait sur la moindre chose, soyez assurés que je ne saurais vous soutenir avec cette impudeur familière à mes détracteurs, qu'elle jouit de tout le calme que tout homme probe peut désirer.

Je travaille à répondre à ce fameux exposé des motifs de mon exclusion de la Société populaire du Puy. Mon but n'est pas celui de déterminer votre sentiment de mépris contre les auteurs de cette intrigue, puisque déjà et depuis longtemps vous les avez *encombrés*; mais mon dessein est celui de vous démontrer que je suis toujours digne de votre estime, qui dirigea et fixa constamment votre confiance pour m'élever aux fonctions les plus honorables, à l'envi même de mes détracteurs.

On a voulu exciter vos regrets sur votre choix. Certes!

Bientôt il vous sera facile de connaître, d'après votre réponse, le degré d'envie qui les provoque, au surplus, il est bien agréable pour moi de croire que dans la liste des signatures qui ont voté mon exclusion, il est deux classes d'individus : la première, de bons citoyens égarés par le mensonge ou par la terreur, et la seconde, d'hommes qui ont comprimé les premiers. Je rends grâce à l'Etre éternel de ce que cette seconde classe est peu nombreuse.

En attendant le travail que je vous annonce et que l'amour de la paix et de la tranquilité me faisait suspendre, je vous envoie pour la garentie de mes sentimens de probité, mon compte imprimé, que j'ai rendu à la nation entière sur les fonds et objets qui m'ont passé dans les mains lors de ma mission.

Je dois ce témoignage à mes commettans pour effacer l'impression que pourrait faire mon silence sur les attrocités continuelles que des intriguans déhontés (*sic*) se permettent pour avilir des représentans du peuple et par eux la représentation nationale.

Salut et fraternité.

Signé : REYNAUD.

P. S. Comme j'ai à me plaindre que des lettres m'ont manqué ainsi que mon épouse fait charger aujourd'hui ses paquets ou les envoie à Brioude ou à Lyon, je vous invite à m'accuser la réception du présent.

*
* *

Reynaud reçut des administrateurs du département cet accusé de réception :

Au Puy, le 24 pluviose, l'an 3.

Les administrateurs du département de la Haute-Loire, au représentant du peuple Reynaud.

Nous avons reçu, citoyen, ta lettre en date du 18 du présent avec les deux pièces qui l'accompagnaient.

Signés : RICHOND, GUEYFFIER et
CHABERT, administrateur.

DE L'IMPRIMERIE NATIONALE
Pluviôse l'an III

Le 10 pluviôse an III (20 janvier 1705) Pierret nommait, au Puy, par un arrêté, de nouvelles autorités administratives et judiciaires, et, à ce propos, prononçait le discours que nous reproduisons ainsi que l'arrêté d'après une pièce imprimée :

DISCOURS

PRONONCÉ *lors du renouvellement des Autorités constituées, dans une Assemblée générale de Citoyens de la commune du Puy, chef-lieu du Département de la Haute Loire, le 10 Pluviôse, l'an III de la République Française, une et indivisible, par le* Représentant du Peuple PIERRET, envoyé en mission dans ce Département.

LIBERTÉ, ÉGALITÉ, JUSTICE,

CITOYENS,

Au règne désastreux de la terreur qui mit la République à deux doigts de sa perte, a succédé celui de la Justice et de l'Humanité, sans lesquelles il n'est point de Gouvernement libre, point de Société.

La Convention qui fut longtems en butte aux plus indignes Factions, et qui se vit réduite à recevoir la Loi des hommes de sang, parce que les foibles, les égoïstes la livrèrent à leurs poignards; la Convention ne veut pas se borner à des Proclamations; elle veut mettre partout l'exécution à côté des Principes ; et rien ne peut détourner ses intentions, fruit de l'expérience et du malheur.

Le Peuple, qui seul fait la force de la Représentation Nationale, a vu dans la journée mémorable du 9 Thermidor, tomber le bandeau qui couvrait ses yeux ; dès cet instant il a juré de ne plus adorer les individus ; il s'est rallié à la majorité de ses Représentants ; et tout ce qui tendit à les diviser, tout ce qui appelle les partis, lui est en horreur : il ne souffrira plus que la Convention soit réduite à un *décemvirat* honteux, voisin de la Dictature et de l'Esclavage.

Je viens mettre en pratique parmi vous les maximes fondamentales de la République ; je viens rectifier l'esprit public, et débrouiller le cahos qu'épaississent sur vous l'anarchie et l'arbitraire ; je viens arracher le gouvernail de leurs mains. Instruit à l'école des évènemens qui se sont succédés sous mes yeux, depuis les premiers jours de la Convention, j'ai réuni aux méditations qui en furent la suite, mes observations particulières sur vos localités. Il ne m'a pas été difficile de reconnoître d'où partent les racines que le terrorisme a jetées dans ces contrées ; je saurai les extirper, et j'y porterai la hache d'une main d'autant plus sûre que j'ai été plus lent à les découvrir.

J'ai scrupuleusement consulté l'opinion publique. Un simple Comité, ou quelques individus isolés, n'ont pas été mes seuls guides ; j'ai donné accès à tous les Citoyens indistinctement ; je ne m'en suis rapporté qu'aux règles certaines de la morale, ou à des preuves matérielles. Il n'est personne qui puisse dire que j'aie suivi son impulsion, dans telle ou telle circonstance, parce que j'ai fait plusieurs rapprochemens sur chaque objet ; j'ai suivi ma conviction intime, et tel a cru me suggérer ses sentimens, qui m'en a fait naître de diamétralement opposés.

On a prétendu que la présence d'un Représentant du Peuple étoit inutile dans la Haute-Loire : ce propos n'appartient qu'à des hommes jaloux de retenir le pouvoir dont ils ont abusé Pour moi, je ne pense pas comme eux, et plus j'avance, et plus je découvre de maux à réparer, des malheureux à consoler et des scélérats à punir !

J'ai vu des égorgeurs laissés impunis, sous prétexte qu'ils allaient rondement en révolution, tandis que des familles entières étoient condamnées à périr sur de simples présomptions ; j'ai vu des incendiaires marcher la tête haute, tandis qu'on incarceroit le citoyen paisible sur des soupçons inventés par la malice, ou l'inimitié ; j'ai vu que des administrations ont fermé les yeux sur les dilapidations de biens nationaux, tandis que toute la rigueur de la loi s'appesantissoit sur les fautes légères de l'imprévoyance ; enfin, j'ai vu de prétendus patriotes appellés à faire exécuter les lois, ne suivre que celles de leur caprice et de leurs passions, se transformer en vils délateurs, et fermer la bouche à l'innocence opprimée : je les ai vu s'unir à des êtres capables de tous les excès, et provoquer le meurtre et le brigandage.

D'autres non moins méprisables désertoient les enseignes de la vertu, pour chercher un abri sous celles du vice. Ils entendoient calomnier la probité, et le sourire de la peur ou de la trahison étoit sur leurs lèvres ; ils entendoient proscrire les talens, et ils s'empressoient de renier une profession libre, fondée sur l'étude et sur les preuves du savoir. Que dirai-je ? des dénominations machiavélistes, des injures grossières et dégoûtantes avilissoient à leurs oreilles la majorité de la Convention ; et ils y applaudissoient, et ils en étoient les vils échos.

Si ces tableaux et d'autres que je pourrois faire encore, sont fidèles, qu'on me dispense de les particulariser ; il est déjà assez douloureux de voir en masse le crime et la bassesse se partager l'empire.

Partisans de la tyrannie, et vous ses lâches complaisans, n'attendez aucune indulgence. C'est en vain que vous vous appuyés sur les circonstances ; je sais distinguer le tribut que leur devoit la foiblesse humaine, de ce que votre naturel mal-faisant savoit y ajouter. Ne vous rejetez pas non plus, comme vous le faites, sur la Convention Nationale ; c'est vous et vos pareils qui aidiez de toutes vos forces à la subjuguer. Vous étiez toujours au-dessous de ses Décrets de bienfaisance et de justice, tandis que vous aggraviez sans cesse les mesures de rigueur, que les circonstances, et trop souvent les conspirateurs que vous souteniez, lui avoient arrachés : c'est vous qui lui aviez aliéné tous les cœurs, et qui cherchez encore à lui ravir la confiance des Patriotes.

Je vous entends déjà vous écrier : « Nous avons détruit le fanatisme » ; et moi, fondé sur l'expérience des siècles,

je vous repond que vous l'avez rendu plus difficile à détruire, en violaut à son égard toutes les règles de la philosophie et toutes les loix positives. Quel est le décret qui
vous ordonnoit de mutiler les femmes sous prétexte de
fanatisme, de piller et de dévaster les maisons, de taxer
arbitrairement les Citoyens, parce qu'ils tenoient à des
préjugés inaccessibles à vos baïonnettes ? Si ce sont là
vos preuves de civisme, je vous en dispense et je vous
déclare que la Convention Nationale ne veut pas plus
des persécuteurs qu'elle ne veut des Eglises et des Prêtres (1).

Les Citoyens, amis de l'ordre et de la tranquillité, sauront bien, sans vous, prévenir ou dissoudre les rassemblemens défendus; ils feront plus, ils combattront le fanatisme
avec les armes de la raison, et par l'exemple d'une conduite sage, digne des vrais Républicains.

Ne dites pas que je me suis laissé surprendre par
la malveillance, que ce sont des Reclus qui m'ont instruits,
l'homme injustement persécuté n'est, je l'avoue, que plus
recommendable à nos yeux; mais ce n'est point d'après ce
sentiment que je calcule les degrés de la vérité, les faits
sont notoires, et je ne reconnois dans vos propos que le
désespoir de la méchanceté démasquée.

Une nation peut s'assurer dans certains cas des personnes qu'elle croit opposées à son gouvernement, et qui lui
paroissent dangereuses ; mais dès-lors que les Niveleurs
ont voulu faire tourner cette mesure au profit de leurs
projets sinistres ; mais dès lors qu'elle est devenue une
source d'injustice et l'arme la plus puissante de l'arbitraire, c'est être mal intentionné que d'en vouloir faire une
flétrissure et une ligne de démarcation entre les Citoyens;
c'est annoncer qu'on regrete le règne de la tyrannie. Pensez-vous que l'intérêt de l'Etat voulût qu'un père fût arra-
ché à ses enfans, qu'il fût ruiné et mis en butte aux plus
sanglans outrages, parce qu'il avoit montré quelques regrets aux pertes que lui occasionnoit le nouvel état de
choses? Etiez-vous bien convaincus que des hommes qui
s'étoient toujours montrés dans les sentiers de la Révolu-

(1) Pierret a corrigé, plus tard, sans doute, cette phrase
ainsi à la main : « Je vous déclare que la Convention Nationale ne veut plus de persécuteurs ».

tion, et qui l'avoient devancée par leur philanthropie et leurs connoissances dussent être voués aux fers et à la mort pour n'avoir point partagé vos exagérations ultra-révolutionnaires? L'indigent a-t-il vécu plus à son aise pendant que vous fleurissiez, pendant que le commerce et l'industrie étoient éprouvés et anéantis? Le Peuple a-t-il été plus heureux et plus content? Quel usage faisiez-vous du produit de vos vexations?

Croyez-moi, jetez au feu votre vocabulaire de proscriptions. Les mots ont une signification nouvelle; celui qui prit plaisir à tourmenter ses semblables, à inventer des crimes et des supplices; l'homme crapuleux et débauché n'est plus le Patriote par excellence, c'est un vil mercenaire qui, sous les dehors de la popularité, vouloit bâtir sa fortune aux dépens d'autrui. Les actes de républicanisme ne se comptent plus par le nombre des cruautés, mais par les sacrifices réels faits à la Liberté, mais par les connoissances utilement employées pour la chose publique, par la subordination et par la soumission aux Lois.

C'est sur ces bases que le gouvernement républicain s'organise et se consolide. La Convention appelle aux emplois les lumières et l'intégrité ; elle instruit par là les Français à faire un digne usage de leurs droits qu'il lui tarde de leur rendre. Quelques terroristes appellent cela une contre-révolution ; à la vérité, c'en est une dans leur sens : elle tourne au profit de tous les citoyens, tandis que celle qu'ils provoquoient eux-mêmes, ne servoit qu'un vil conspirateur et *ses infâmes Lieutenans.*

Le Département de la Haute-Loire, je ne crains pas de le dire, me semble être un de ceux où le vrai civisme a été étouffé avec le plus d'audace par cette espèce d'hommes ignares et impudens, qui ne furent jamais connus que par leur inconduite. Partout j'apperçois l'empreinte de leurs mains impures ; partout je vois les plus beaux élans arrêtés et comprimés par l'intrigue et l'avarice, toujours prêtes à usurper les Privilèges exclusifs sous le règne de l'Egalité, comme sous celui du Despotisme.

Il est temps que le désorganisateur soit réduit à l'impuissance de nuire, et, s'il fut accoutumé à être flagorné, je lui ferai entendre la vérité toute entière. J'ai appris

que des hommes, forts de leurs canons, ont osé murmurer dans cette enceinte, et se rassembler secrètement à
la voix de quelques agitateurs déhontés ; eh bien ! je dé-
ploierai contre eux toute la sévérité nationale. Ils
se prétendent Républicains, et moi je dis que ce sont
des hommes perdus de débauche qui n'ont pas fait un pas
sans outrepasser la Loi. Je les connais, et le jour est venu
où ils vont rendre compte de leur conduite, je saurai
s'ils n'ont été que des instrumens aveugles, ou si c'est de
leur pur mouvement qu'ils ont transgressé toutes les
règles, devancé le cours naturel de la justice, et fait
trembler jusqu'aux autorités constituées elles-mêmes. La
majorité des cannoniers a rempli strictement son devoir :
la masse de la Garde nationale de cette Commune s'est
toujours bien comportée ; mais ceux qui ne prirent conseil que de la licence la plus effrenée, la Nation les réprouve ; et ils ne sont pas assez punis, s'ils ne sont voués
qu'à l'oubli de leurs Concitoyens.

Patriotes, soyons justes et humains, et bientôt nous
verrons l'utile Cultivateur, l'honnête Artisant et l'homme à
préjugés reconnoître les prestiges d'une éducation mensongère ; bientôt nous les verrons rappelés à leurs travaux par leur propre intérêt, s'y livrer paisiblement, en
bénissant les Lois protectrices des personnes et des propriétés, et se ranger avec transport sous les drapeaux de
la Liberté et de l'Egalité.

Unissez-vous plus que jamais à la Convention Nationale ;
elle appelle tous les Citoyens autour d'elle, et tous sont
intéressés à écouter sa voix ; elle ne reconnoît que deux
classes de Citoyens, les bons et les méchans ; elle pardonne
à l'erreur, et poursuivra le crime à outrance. Ferme et
inébranlable dans ses résolutions, elle fera régner la Justice en dépit des clameurs des hommes de sang ; et le
vaisseau de la République qu'ils poussoient contre le
rocher, arrivera triomphant dans le port.

Maintenant, Citoyens, je viens vous faire part du résultat
de mes opérations depuis que je suis parmi vous ; elles
sont, je vous le répète, le fruit d'un travail assidu et des
renseignemens que j'ai pris avec soin. Je viens soumettre
ce travail à la censure de tous les bons Citoyens qui m'entendent ; si je me suis trompé, empressez-vous de me le
faire connoître. Ne me laissez pas commettre d'injustice,

elle retomberoit sur vous, et je n'aurois que le regret d'avoir été l'instrument avec lequel on auroit opéré la perte d'un seul Citoyen : cette crainte est pour moi un tourment ; tranquillisez ma conscience, et faites que je ne sorte d'avec vous que bien convaincu que j'ai rendu justice à tous.

VIVE LA RÉPUBLIQUE.

Arrêté
du
Représentant du peuple
envoyé en mission dans le
département
de la Haute-Loire

Relatif au renouvellement des Autorités constituées, du 10 Pluviôse, l'an III de la République Française, une et indivisible.

AU NOM DE LA RÉPUBLIQUE FRANÇAISE, le Représentant du Peuple, près le Département de la Haute-Loire,

Considérant qu'il importe au bonheur du Peuple Français que tous les Fonctionnaires publics, auxquels la Loi confie le pouvoir de régir et administrer la fortune des Citoyens, de prononcer sur leur sort, soient les zélés partisans de la Liberté, de la Justice et de l'Humanité ;

Considérant que les différents événemens qui ont eu lieu depuis la Révolution, et sur-tout depuis celle du 9 Thermidor, qui a rendu au Peuple Français sa dignité, ont nécessité dans toute la République l'épuration des Autorités constituées, où il ne s'est que trop souvent trouvé de ces hommes qui avoient su usurper la confiance du Peuple, pour mieux le tromper ;

Considérant aussi que plusieurs Fonctionnaires publics se sont souvent reconnus eux-mêmes peu propres à occuper des places qu'ils ne pouvoient remplir, que quelques-uns ont donné leur démission, que d'autres sont décédés :

Considérant enfin qu'après avoir eu différentes conférences avec les citoyens qui m'ont été désignés par le Peuple de cette Commune, pour me procurer les renseignemens nécessaires, afin de donner à tous les citoyens, des Fonctionnaires publics dignes de la confiance ; qu'après avoir consulté l'opinion publique, par tous les moyens possibles, il importe de répondre au vœu du Peuple et de la Convention,

Arrête ce qui suit :

ARTICLE PREMIER

L'Administration du Département de la Haute-Loire sera composée des Citoyens ci-après nommés :
Richond, *Président;* Duranson Ier; Guigonnet, de *Montfranc;* Gros, de *Langeac;* Moulin Ier, de *Tence;* Gueffier, de *Brioude;* Chabert. *Géomètre;* Marnas, de *Dunières;* Gaubert, *Secrétaire-Général.*

II

Administration du District du Puy

Dauthier, *Président;* Liogier 2e, ci-devant *Agent National;* Borne, de *Pradelles;* Giron, de *Saugues;* Lazhermes.

Membres du Conseil.

Bertrand-Morel ; Masson, de *Saugues;* Bertrand-Farges; Armand, de *Velone;* Desbrus fils, de *Monastier;* Hugon, ci-devant, *Municipal;* Galien ; Boulangier, de *Saugues, Agent National;* Digonnet, *secrétaire*

III

Tribunal Criminel

Lemore, *Président;* Costet, ci-devant Administrateur

du Département, *Accusateur public*; Jousserand, *Greffier*.

Les citoyens Molade et Pelissier fils y rempliront les fonctions d'*Huissiers*.

IV

Tribunal du District du Puy

Lobeyrac père, *Président*; Dorlhac; Monnier; Rousson; Sauzet, de *Nay*; Laurent, *Commissaire National*; Giraud fils, *Greffier*.

Suppléans.

Gallet fils; Garron; Tholance; Borie.

V

Les Membres composant le Tribunal de Commerce sont continués dans leurs fonctions.

VI

Les deux Juges de Paix de la commune du Puy sont également continués dans leurs fonctions.

Les Assesseurs sont :

Bernard fils *premier*; Assézat 2e *Marchand*; Brun; Richond; Benoît 2e; Entier 2e; Lepage; Pagès-Montagne-Champagnac; Dessaignes neveu 1er; Chapuis, père; Souchon, *Géomètre*; Lobeyrac fils; Servel, *Secrétaire-Greffier de la partie occidentale.*

VII

Comité de Surveillance du District du Puy.

Boudinhon fils. *Président* ; Beaumont, *Orfèvre* ; Brunel ; Sollier, *Officier de santé* ; Ballard ; Bousquet 2° ; Vallat-Desaignes ; Ranc, *Toilier* ; Beraud, de *Saugues* ; Boule 2°, de *Craponne* ; Chaussende fils, de *Monastier* ; Descours l'unique, de *Fay.*

VIII

Tous les fonctionnaires publics qui se trouvent dans le cas de cesser leurs fonctions en vertu du présent Arrêté, sont tenus de les exercer chacun à leur égard, jusqu'à l'installation de leurs successeurs.

IX

Les Officiers Municipaux de la Commune du Puy sont spécialement chargés de l'exécution du présent Arrêté ; en conséquence, ils demeurent autorisés à faire les convocations nécessaires pour que l'installation de toutes les Autorités constituées, énoncées au présent Arrêté, ait lieu le 21 du présent mois.

X

Tous ceux des Fonctionnaires publics qui se trouveront destitués par le présent Arrêté, et qui par leurs fonctions sont comptables de la gestion et administration qu'ils ont pu faire des deniers publics, sont tenus de présenter leurs comptes dans le délai de deux mois, aux nouvelles administrations, en ce qui les concerne ; et ne pourront néanmoins lesdits Fonctionnaires publics comptables, sortir de la Commune du Puy, avant l'épuration de leurs comptes, sous peine d'être déclarés suspects et poursuivis comme tels.

XI

Le présent Arrêté sera imprimé, publié et affiché dans toutes les Communes du Département de la Haute-Loire.

Pour copie conforme.

Signé PIERRET, Représentant du peuple.

AU PUY

De l'Imprimerie de J. B. Lacombe et Compagnie.

.*.

Le discours de Pierret eut, sans aucun doute, un heureux retentissement, puisque, le lendemain, la commune du Puy adressait à la Convention nationale l'adresse suivante, toute à l'honneur de Pierret :

Egalité, liberté. Le Puy, 11 pluviôse
an 3 de la République
française une et indivisible.

Les Citoyens de la Commune du Puy,
département de la Haute-Loire, réunis en
Société populaire,
A la Convention Nationale

Citoyens Représentans,

En envoiant en mission au département de la Haute-Loire votre collègue Pierret, vous avés si bien répondu à notre demande et si parfaitement rempli nos vœux que nous nous empressons de vous témoigner notre reconnoissance et de vous apprendre les heureux effets qu'a produit dans nos contrées la présence de ce représentant. Depuis trop longtems le peuple étoit plongé dans la consternation, gémissant sous le glaive sans cesse menaçant de ses assassins. Les hommes les plus immoraux, les fripons, les

terroristes levoient insolament une tête altière et promenoient leurs regards farouches sur les hommes vertueux
qu'ils destinoient au sacrifice. Mais Pierret a paru, il s'est
déclaré l'ennemi des terroristes, des fripons, des dilapidateurs, des méchans, le libérateur des opprimés, l'ami de la
justice et de l'humanité ; alors les terroristes, les hommes
couverts de crimes ont pâli ; néanmoins ils se sont agités,
les uns à la faveur des ténèbres, les autres ont eu l'audace de le faire ouvertement et de publier que ce département n'avoit pas besoin d'un représentant. Les scélérats !
Ils craignent jusqu'à l'ombre de la justice. Ils comptoient
sans doute sur la faiblesse de Pierret ; mais qu'ils ont mal
calculé ! Son dévouement sans bornes au bonheur du
peuple, son horreur pour les méchans, son caractère humain et énergique leur ont appris, à leurs frais, à le connaître. Pierret, en homme sage et prudent, n'a voulu rien
précipiter, mais une fois instruit, bien assuré des faits et
de leurs auteurs, il s'est prononcé avec intrépidité, et
comme d'un seul coup de massue, il a abbatu la puissance
des hommes de sang et de leurs adhérans. L'opinion publique leur a déjà donné la chasse ; ils sont en pleine déroute. Leur règne n'est plus. L'épuration principale des
autorités constituées est déjà faite. Le peuple se livre à la
joie la plus pure. Il répète sans cesse : « Vive la République ! Vive la Convention ! Vive le règne de la justice et
de l'humanité ! ».

Le Représentant Pierret encourage et rassure les bons
citoyens ; il sait faire respecter et aimer les loix ; il ne né-
glige rien pour faire jouir le peuple des bienfaits de la
Révolution, en lui faisant oublier par cette jouissance les
maux qui l'avoient affligé. Nous devons cet hommage à la
vérité, pères du peuple. Nous avons cru de notre devoir
de vous annoncer cette vérité consolante. Nos vœux,
comme les vôtres, sont dirigés vers le bien public.

Salut et fraternité.

(Suivent les signatures).

Certifié conforme :

Rome Duplain.

Reynaud, fort irrité du discours qu'avait prononcé Pierret « lors du renouvellement des autorités constituées », lui écrivit la lettre suivante dont nous possédons l'autographe :

> Paris, le 12 pluviôse de l'an troisième de la République une, indivisible et démocratique ou la mort.

Reynaud, de la Haute-Loire, représentant du peuple français,

A son Collègue Pierret, commissaire dans le département de Haute-Loire.

J'ai lu avec plaisir, citoyen collègue, le discours que tu as prononcé dans la commune du Puy et dont tu m'as envoyé un exemplaire. Comme toi et avant toi, j'y avais prononcé les mots consolants de justice et de paix ; comme toi j'y avais proffessé les principes ; ma conduite pendant ma mission dans ce département comme représentant, et celle que j'y avais tenue pendant les fo[nctions diverses que] (1) j'ai exercées seize mois avant que de passer dans l'Assemblée législative, ma conduite, dis-je, prouvera mon amour constant pour le bien public : dans l'une et l'autre époque elle a été universellement approuvée par mes détracteurs, même de ceux qui forment aujourd'hui le Comité que tu as demandé à la Commune pour te donner les renseignemens propres à t'aider, à faire le bien. La confiance, d'ailleurs, qui m'a porté depuis les premiers momens de la Révolution aux fonctions publiques, garantissent (sic) assez sans doute la véracité de mon assertion.

Bientôt, par ma réponse à la sote et mensongère diatribe, divisée par plusieurs articles, et provoquée par plusieurs des individus que je viens de te désigner pour activer mon exclusion de la Société, exclusion dont je m'honorerai tant

(1) Déchirure. Mots suppléés.

que des intriguants, ou des républicains à plusieurs faces,
la régulariseront, je démontrerai que c'est le poison pur
de la haine et de la vengeance ou de la cupidité [plutôt] (1)
que le beaume de la vérité qui est distillé par cet imprimé
infâme. Je produirai des lettres et autres pièces des Aulagnier, des Liogier, de la Poste, des Bertrand ; j'en rappor-
terai de la Société populaire et enfin du Comité de Surveillance qui ne s'est attaché à déchirer ma réputation que
depuis le moment que je menaçai de le dénoncer au Comité de sûreté générale de ce qu'il s'occupait de faire
mettre en liberté des nobles, des pères d'émigrés, etenfin
des hommes suspects distingués, tandis qu'ils dédaignaient
des cultivateurs reclus pour quelques erreurs et qu'ils
faisaient envoyer au tribunal révolutionnaire vingt-six
femmes de la campagne et trois hommes qui n'avaient
commis d'autre délit que celui de refuser avec violence un
serment que la loi ni aucun de mes arrêtés n'exigeaient
pas d'elles. Il est vrai qu'elles violentèrent le maire. Certes c'était une résistance à l'oppresssion.

Tu as vu ces femmes à la barre après que mon collègue
Faure et moi eûmes obtenu leur liberté, et, comme tout le
reste de la Convention, tu dus être indigné et en même
temps pressé par le besoin de leur donner des secours pour
retourner entre les bras de leur mari qui avaient été privés
d'elles pendant le temps le plus précieux de l'année, la moisson. Eh bien ! au moment que la Convention les comblait
de ses bienfaits, les sieurs Bousquet et Hedde, présents à
cette séance [admirable](2) pour tous les autres spectateurs,
curent la cruelle et barbare impudeur de dire à voix assez
élevée que leur donner des secours était une atrocité, puisque parmi elles, il y en avait qui méritaient la guillotine.
Ces deux hommes qui, sans doute, doivent t'approcher souvent avec leur hipocrisie ordinaire, osent dire que je suis
homme de sang. Certes avant le neuf thermidor j'avais
sollicité leur liberté et avant le neuf thermidor, j'avais
tonné contre le Comité ; j'interpelle les cannoniers qui
conduisirent ces femmes, de répéter les sentimens d'indignation que je manifestai sur la traduction de ces malheu-

(1) Mot suppléé à cause d'une déchirure.
(2) Déchirure. Mot suppléé.

reuses victhimes abbandonnées parce qu'elles [étaient] (1)
nues, tandis que la Société et le Comité tournaient les
regards bienfaisants de Guyardin, notre collègue, en faveur
d'hommes qui n'avoient d'autres vertus que leur aversion
pour la [Révolution] (2) et d'autre mérite que leurs richesses.
Il est bon que je te dise quelque chose de la moralité de ce
Bousquet et de l'opinion d'Hedde, affin que tu en fasse
l'usage que tu jugeras à propos, pour la chose publique
surtout. Bousquet est un homme sans délicatesse et sans
mœurs. Un fait consigné au greffe de la police correctionnelle te metra plus au fait ; demandes en des notions. Mais
entre autre[s] chose[s], c'est l'individu de la Société qui y
faisait le plus souvent des motions exagérées et incendiaires, et plusieurs [fois] (3) j'avais réclamé contre lui le
rapel à l'ordre pour le contenir dans ses idées strava-
guantes *(sic)*. Quant à Hedde, c'est un homme d'une oppinion vassilante et calculant pour ses intérêts particuliers
toutes les chances ; d'ailleurs honnête en société.

J'en reviens au Comité de surveillance et je vai[s] te
raporter, entre autres, un fait qui caractérise leur partialité
et leurs passions. Dans la maison de réclusion se trouvaient
plusieurs individus prévenus de correspondre avec des
émigrés. La loi devait donc les fraper tous également ;
mais point du tout. Des considérations parlent en faveur
des uns et endurcissent le cœur des membres du Comité
contre un seul malheureux qui fut frappé de mort (c'est
Maraval), tandis que d'autres, plus coupables que lui, jouis-
sent de la vie et de leur liberté. A ce malheureux fut uni le
sort d'un jeune abbé, plus étourdi peut être que coupable.

La reclusion eût suffi pour le punir de ses étourderies,
mais il plut à M. Talleyras, [?] un de ses plus cruels ennemis, de se servir de son autorité et de son crédit sur ses
collègues, pour le faire envoyer au tribunal révolutionnaire
où il a été condamné à mort d'après la seule deposition par
écrit dudit sieur Talleyras [?], l'indulgent du tems.

Bertrand, ex-maire, devait subir le même sort. Certes,
d'après les dénonciations contre lui, je n'eusse jamais cru
le voir venir au tribunal de Paris où il fallait en envoyer

(1) Mot supp'éé.
(2) Déchirure. Mot suppléé.
(3) Mot suppléé, oublié par Reynaud.

bien d'autres aussi coupables, pour ne pas dire plus. Celui-[ci] doit son salut à son évasion de la maison d'arrêt. C'était aussi le Comité de surveillance qui le faisait envoyer par notre collègue Guyardin, trompé et flagorné par le Comité qui dirigeait ses actions. Il est bien d'autres faits que je pourrois encore faire entrer dans le cadre de sa conduitte ; mais je m'occupe de les déveloper dans ma réponse à la suitte de laquelle je placerai les lettres et les petitions que j'ai receu de ces hommes si indulgents aujourd'hui et qu'il m'a fallu contenir pendant mon séjour dans leurs vues exaspérées, tout comme dans leurs motions faittes et souvent répétées dans la Société. Je suis bien aise, cependant, de te donner une connoissance particulière de ces êtres à plusieurs faces ; si l'intérêt public exige que je t'en prévienne, ma conscience aussi me l'ordonne. Nul autre sentiment [ne] dirige ma conduitte. Ces hommes qui composaient ce comité que j'avois formé moi-même d'après le vœu de la Société, sont Talleyras, Lavialle, Chard, Liogier, de la poste, etc., qui sont aujourd'hui de ton conseil.

Ce sont eux surtout qui ont perverti l'esprit public contre moi, après avoir prodigué, depuis même mon retour dans le sein de la Convention, les plus grands éloges sur ma conduite. Ce sont eux qui ont provoqué par des mesures plus tiranniques encore que celles inventées par Robespierre, la depravation de l'oppinion et de l'estime de mes concitoyens, bien méritée par ma moralité et par mes principes plus philantropiques que sanguinaires. Ce sont eux aussi qui ont provoqué mon exclusion en faisant prendre par la Société une délibération qui excluait ceux qui ne voteraient pas la mienne.

Voilà donc cette justice sublime et si hautement demandée de la part de ces hommes ; et puisque j'étais un si grand coupable, pourquoi avoir recours à la violence pour diriger contre moi les opinions ? Ces mêmes hommes sont les provocateurs à toutes les insultes faittes à ma réputation qu'ils jalousent sans doute, parce qu'elle m'a attiré la confiance publique. Ils ont également [été] les provocateurs des indécentes sorties envers mon épouse, mère respectable à tous égards, puisqu'elle a le courage de supporter, à elle seule, les fatigues de son ménage, que ses fils qu'elle a offert[s] généreusement à la patrie partageaient ainsi que son mari absent depuis plus de trois années.

Je ne sais quelle aura été ton opinion sur les faits contenus dans mes deux dernières lettres. Je me confie à ta sagesse et à ta justice, mais telle qu'elle puisse être ta détermination, je serais toujours assez satisfait de ma conviction sur ton intention de rendre justice à qui elle est due. Si je ne l'obtiens pas de toi, je dirai que je suis plus malheureux que bien d'autres.

Des persécutions d'un nouveau genre sont établies contre moi. Aujourd'hui, il est question d'affaires d'intérêt. Après avoir attaqué et diffamé ma réputation, c'est le tour de mes propriétés, et la rage de mes détracteurs s'accomplira sur ma personne. Certes, je ne les crains dans aucun sens, parce que je n'ai jamais réclamé, ni ne réclamerai que ce qui est juste. Ma maison doit être démolie pour la commodité et l'agrément (1) publiques. Certes, j'en ai fait le sacrifice malgré ses comodités et agrémens particuliers. On a procédé à son estimation : et parce que j'ai destitué l'homme qui doit procéder à l'estimation, ma maison vaut moins. On porte la barbarie plus loin, on veut que mon épouse déloge de suitte sans qu'elle ait fait régler mes prétentions et qu'elle se soit pourvu[e] de logement. La société populaire, enfin, a nommé des députés auprès de l'administration pour exiger contre tous les droits des gens, que ma maison soit démolie sans autre forme. Cette conduite de la part des intriguans prouve qu'ils n'ont jamais eu de respect pour les propriétés et qu'ils ne connaissent pas les principes consignés dans le 10ᵉ article des *Droits de l'Homme*, surtout le sʳ Rousson à qui l'inconvénient est arrivé plus souvent que la délicatesse ne le permet. Il est étonnant qu'un fripon avéré et connu puisse avoir du crédit auprès de tant d'hommes probes qui forment la Société et qui le connaissent aussi bien que moi. J'ai franchi le pas et je te le nomme par son nom, en te faisant connaître ses qualités et son audacieuse impudence. Dans le cadre que je fais, il y trouvera son tableau dans lequel il s'y reconnaîtra.

Une commune, dans ses contributions, fait une erreur conséquante à mon préjudice. Elle me taxe pour la totalité du revenu de mon domaine, sans égard à la partie taxée par une autre commune de laquelle elle relève, et sans en défalquer les frais d'exploitation aux termes de la loi. Je

---

(1) Reynaud avait d'abord écrit : *convenance*.

réclamai, lors de mon départ seulement, pour le dégrève-
ment, n'ayant pas voulu le faire pendant ma mission,
crainte d'être calomnié et accusé d'avoir voulu profiter de
mon autorité Mon epouse est à attendre la justice de l'administration. C'est donc ainsi qu'on récompense les représentans du peuple, les fermes appuis de la République,
mais le tems viendra qu'ils l'obtiendront.

Je reviens à ton discours sur lequel, en ami et collèg
tu me permettras quelques observations. Dans la page ı
tu dis que le departement de Haute-Loire a été traité eı
rebelle. On t'a donc trompé, car jamais force nationalle
n'a été employée contre ce département. Au contraire,
ainsi que tu le dis, plus haut, c'est lui qui a abbattu le royalisme dans la Lozère et dans Rhône et Loire. C'est ce que
j'ai proclamé dans toutes les circonstances malgré l'assertion contraire de mes ennemis. Dans la page 15, tu dis que
tu connais quels ont été les commencemens, les progrès
et le comble de la terreur, ainsi que la légèreté avec laquelle les citoyens ont été entasiés dans les prisons. Ce
paragraphe semblerait désigner mes opérations. Si cela
est, il est bon que je t'en instruise. Le decret du 17 septembre arriva, et personne n'étoit encore incarcéré. Je fus à
la Société pour lui annoncer que, ne voulant frapper que
les coupables, je demandais de me les désigner. J'invitai
tous les membres de faire des listes des hommes suspects.
Je leur recommandai surtout d'écarter tout esprit de haine
et de vengeance et, pour éviter cet inconvénient, je pro-
clamai hautement que nul citoyen [ne] serait reclus, s'il
n'avait six dénonciations. Cela fait, je demandai six membres pour former une commission pour le depouillement
des listes. La liste générale me fut remise sans être revêtue
de signature. Je la reportai alors à la Société pour lui demander qu'elle fut certifiée de la signature des membres de
la Commission, avec une nouvelle invitation envers ceux
qui avaient remis des listes, d'examiner s'ils n'avaient pas
involontairement fait des erreurs.

Quelques jours après, elle me fut portée par une deputation avec vive invitation de la mettre sans délai à execution. De cette deputation étaient Aulagnier et Bertrand-
Morel. Pour donner encore le tems du retour aux remords,
je laissai la liste sans execution pendant trois ou quatre
jours. La Société impatiente m'envoie une seconde depu-

tation pour me témoigner sa surprise sur ce que je ne faisais pas exécuter la loi contre les suspects dont on m'avait
remis la liste. Je répondis allors que j'allais remplir ma
mission et que pour écarter toute espèce de considération,
j'alais donner les premiers mandats d'arrêt contre mes
parens et amis qui se trouvaient dans la liste. Aucun
citoyen de ceux compris dans cette liste [n'] a été incarcéré avec confusion. Loudes et Giriac, commandans
e la Garde Nationalle, en furent chargés, je dirai constamment et à leur louange que tout le monde se louait de
leur urbanité,

Si tu as trouvé des bergers dans les maisons d'arrêt, ce
n'est pas de mon fait. Au surplus, si le comité de surveillance et l'agent national du district avaient mis à exécution
la loi en faveur des cultivateurs et ouvriers, tu n'aurais
pas trouvé ces malheureux entassés. Mais leur affection
était seulement pour les grands et personnes de haut pa-
rage.

A l'égard des dénonciations et arrestations sans motifs,
on t'a tronqué les faits. Il existe au Comité de Sureté gene-
ralle des tableaux dont les motifs avaient été donnés par
Richond à la Société et par celle ci au Comité de surveillance.

Quant au surplus des faits rapellés dans ton discours, je
ne [me] permets aucune réflexion, puisqu'ils se sont passés
en mon absence et depuis mon retour ; mais, s'ils ont eu
lieu, ceux qui sont près de toi aujourd'hui et qui affectent
le langage de la justice, sont ceux qui ont provoqué le
plus souvent les effets du terrorisme. Ce fait m'est facille à
prouver par des pieces que je vais faire imprimer dans ma
reponse. Alors, peut-être, donneras-tu un peu de confiance
à ce que je te dis.

Derniere reflexion sur le paragraphe de ta lettre à la
Convention. Tu dis que les prisons de la commune du Puy
sont [dans] le plus pitoyable état et qu'il est instant que la
Convention tourne ses regards sur elles. Il te sera facile
de concevoir qu'on n'éclaire pas ta religion, puisqu'on t'a
laisser ignorer que depuis plus de six mois, j'ait fai rendre
un décret qui accorde la faculté au département d'établir
sa maison d'arrêt dans celle des ci-devant visitandines et
que, pour les fonds propres aux réparations, on attend l'estimation qui doit etre faitte par des commissaires nommés

par l'agence des domaines, tant des réparations que du montant de la maison cédée par la nation et de celle donnée en reprise, qui est celle de l'ancienne maison d'arrêt. Si les employés aux enregistrements s'étaient occupés de cet objet, au lieu de s'unir aux intrigants pour me calomnier, M. Goyon surtout, tu aurais trouvé une maison d'arrêt où le malheureux eût été plus à l'aise. C'est cependant mon ouvrage, et le décret, le fruit de mes soins. Voilà ce qu'on t'a laissé ignorer.

REYNAUD
Représentant et ton collègue.

Je te fais [tenir] des exemplaires de mon compte. Tu concevras aisément par la dépense de dix mois et plusieurs voyages, que si je [me] suis gorgé pendant que je prêchais l'abstinence aux autres, ce n'était pas en dilapidant les trésors de la République, ni des particuliers.

*
* *

Si Reynaud protestait contre les agissements de Pierret, celui-ci rencontrait toujours d'enthousiastes approbations. Le document manuscrit suivant le prouve :

[24 pluviôse an III. — 12 février 1795].

Citoyen Représentant,

Un énergumène de la Crête vient de jeter un odieux sur vos opérations dans notre département. Châles, dans son n° du 15, reçu par Hillaire Egreñn et son ami André, dit à peu près qu'on organise une Vendée dans la Haute-Loire et que l'aristocratie y domine. Je n'ai pu me retenir cette feuille, parce que le propriétaire l'est venue réclamer, et qu'il est impossible de la ratraper. Nos coquins s'agitent en tout sens et sont secondés par l'autheur de tous nos maux qui est à Paris. Notre horison politique paraît se charger de vapeur, notre thermomètre nous annonce quelque crise à Paris, car tous nos buveurs de sang, ont le verbe haut. Je crois, citoyen représentant, qu'il est nécessaire que vous déployez toute la sévérité qu'exigent les circonstances. Des demi-mesures nous laisseraient dans une fluctuation de crainte et d'espérance qui pourrait enfin ammener une explosion dangereuse. Veuillez hatter vos opérations à Brioude, et venez achever de consolider votre ouvrage. Johanny Galaval agite toujours les campagnes. chaque jour il vient prendre langue de ses partisans, Vous feriez bien de le faire remplacer de suite et installer son successeur par quelque membre du Distric[t]. L'apathie et l'insouciance commencent à gagner nos concitoyens. Nous n'avons pas plus d'énergie que si nous étions en paix, sans ennemis et sans agitateurs. Cependant les coquins tendent tous leurs ressor[t]s, combinent leurs mouvements en attendant un moment favorable de renouveller leurs scènes d'horreur. Salut, fraternité, bienveillance.

ALPHONSE AULAGNIER.

Au Puy, le 24 pluviôse de l'an 3 de la République une et indivisible.

*
* *

Comme le prouve le document précédent, les ennemis de Pierret faisaient courir le bruit qu'il voulait organiser dans la Haute-Loire une nouvelle Vendée. L'adresse suivante, envoyée à la Convention par la commune de Brioude pour démentir cette malveillante assertion, montre à quel point le représentant du peuple avait su gagner les sympathies d'une partie de la population :

[4 ventôse an III — 22 février 1795]

Copie de l'adresse envoyée à la Convention nationale

par la Commune de Brioude, département de la Haute-
Loire, le 4 ventôse, l'an 3 de la République,

Citoyens représentants,

La foudre a frappé les décemvirs. L'éclat du tonnerre a
brisé les instruments de la tyrannie. La terreur s'est emparée des terroristes. Ils fuyent épouvantés. Vainement
ont-ils cru trouver un asile pour cacher leurs complots et
leur honte : ils ne sauraient échapper aux recherches de
la Convention. Il n'est pas un coin de la République qui
se dérobe à sa vigilance. Vous les avez anéantis dans le
département de la Haute-Loire, sages législateurs, en y
envoyant le citoyen Pierret, votre collègue. Il nous a fait
en pluviôse une révolution du 9 thermidor : il a fait de
grandes conquêtes à la République ; il a fertilisé, par sa
conduite et ses principes, les sentiments d'amour que nous
ressentons pour la Convention.
Le terrorisme ne fait que des esclaves et des tyrans. La
France ne veut que des hommes libres et égaux.
Pierret a abattu parmi nous ce monstre, enfant de la
chimère : il nous a rendu la liberté : il nous l'a fait connaître avec tous ses charmes, il l'a crue assez belle pour
être aimée d'elle-même, et sans l'impression de la crainte.
Il a senti qu'elle ne pouvait fleurir sous le méphitisme de
la terreur. Il nous a rappelé à cette énergie qui caractérise le vrai républicain, à ce courage qui accompagne la
vertu, à cette force d'âme qui élève l'homme au-dessus
de l'esclave.
Ils inventèrent la terreur, ceux qui l'employèrent. Ils
l'inventèrent pour nous dégrader au-dessous de la dignité
humaine et pour s'élever eux mêmes jusqu'à la Divinité.
C'est la terreur, dit un ancien, qui fit les Dieux, *Terror
fecit deos*. Mais quels Dieux ! Des Dieux semblables aux
terroristes, les dieux de la fable, des dieux qui exigeaient
des victimes humaines, des dieux qui s'abreuvaient de sang,
des dieux qui avaient des oreilles et qui n'écoutaient pas,
des cœurs et ne sentaient pas ! Pierret n'a pas voulu d'une
telle divinité, mais il a été homme et c'est assez d'honneur
pour lui et de bonheur pour nous. Tous ses pas ont été
marqués par la justice et la bienfaisance. Le terrorisme

porte ses coups dans l'obscurité. Il nous a entourés de lumières. Le terrorisme voulait perdre la République par l'ignorance. Pierret a appelé les talents. Les ténèbres favorisent la peur. Pierret les a dissipées. Il a pensé que, si des oies sauvèrent autrefois la liberté romaine, des ânes n'étaient pas destinés aujourd'hui à sauver la liberté française.

Deux des plus ardents terroristes de ces contrées ont voulu entrer en convulsion. Il s'est contenté de les séparer de nous pour quelques jours et de les mettre au bagne qu'ils avaient eux-mêmes bâti. Nous espérons qu'ils en seront plus sages ; comme Pierret, nous ne voulons que leur conversion.

Il a pourvu aux subsistances, il a enlevé aux terroristes, aux ennemis de la République, cette dernière ressource dans leurs projets criminels. Après cela, il a été calomnié : il a dû l'être. Les ennemis de la Patrie ont dû se mettre en fureur ; on a osé dire et écrire qu'il organisait une Vendée. Ah ! si dans la Vendée on a un aussi si vif amour pour la liberté, un aussi grand attachement pour la République, un aussi parfait dévouement à la Convention, que toute la France soit donc bientôt une Vendée ; et si Pierret l'a organisée, il aura bientôt la gloire d'avoir uni toute la République. Pierret a été calomnié, mais Caton le fut cinquante fois en sa vie, et certes, Caton était républicain. Au reste, nous jurons tous de soutenir nos âmes dans les sentiments de fermeté que nous a inspirés Pierret, de ne jamais nous laisser surprendre aux faiblesses de la peur et de préférer la mort de Burrhus à la vie de Pallas.

Vive la République ! Vive la Convention !

[Suivent trois pages de signatures]

Pour copie conforme, signé, SATURNIN, officier municipal et Caldaguet, secrétaire.

* *
*

Au même moment, le Comité de surveillance de Brioude envoyait à la Convention l'adresse suivante, animée du même esprit que celle du conseil de cette commune que nous venons de reproduire.

Liberté   Mort aux Tyrans   Egalité

Les membres composant le Comité de surveillance de Brioude à la Convention Nationale

Le 4 Ventôse, l'an 3ᵉ de la République française

LÉGISLATEURS

Vous avez sauvé la patrie : grâces éternelles vous soient rendues ! Vous avez foudroyé ces Titans audacieux qui s'élevoient sur des montagnes de cadavres pour usurper la souveraineté du Peuple. Le crime, enfin, est attendu sur l'échafaud où il accumuloit tant de victimes ; la vertu ose reprendre sa place ; la sérénité renaît dans tous les cœurs ; la justice ramène la confiance et la sécurité et, pendant que nos guerriers dispersent au dehors les vils satellites des tyrans coalisés, vos bienfaits au-dedans aspirent tous les jours de nouvelles conquêtes de la Liberté.

Ici, comme ailleurs, les Catilinas avoient une agence. Ici comme ailleurs, il s'est trouvé de ces hommes vils et féroces qui, au nom de la Patrie qui les réprouve, se sont empressés de grossir l'armée des terroristes pour opprimer la Patrie et qui, fiers de l'impunité, se frayoient par le crime un chemin à la domination.

La révolution du 9 thermidor nous faisoit sentir faiblement ses heureux effets, et il falloit une impulsion supérieure pour rendre à l'homme de bien son énergie et sa dignité. Pierret a paru parmi nous : il a développé les grands principes de justice et d'humanité que la Convention nationale a ramenés à l'ordre du jour : il nous a parlé de la Liberté et nous l'a présentée avec ces charmes qui la font adorer. A sa voix tous les cœurs se sont épanouis ; les méchans ont trouvé leur supplice dans la féli-

cité publique ; le faible s'est senti plein de zèle et de cou
rage ; le malheureux, si long-tems victime de l'oppression
a oublié ses maux, et s'est écrié : J'ai donc une Patrie

Législateurs, cette commune à qui vous avez rendu
un témoignage éclatant, sera toujours la même, toujours
brûlante d'amour pour la Liberté et pour la Convention
nationale. En vain les méchans espereroient-ils d'égarer
le Peuple : les Autorités constituées sont à leur poste, et
par leur parfaite harmonie, elles le préserveront des
embûches que l'on tendroit à sa bonne foi. Le peuple ne
connoîtra jamais que le langage et l'autorité de la loi ; il
saura frapper de son mépris ceux qui voudroient le tromper ; les sacrifices ne lui coûteront rien, et s'il souffre
quelques maux passagers, toujours inséparables d'une
grande révolution, il les regarde comme des épreuves
momentanées de son courage et de sa constance, [et
n'ignore pas que la tige de la rose est couverte d'épines.

Pour nous, législateurs, qui venons d'être désignés
pour former le Comité de surveillance de ce District,
nous jurons de ne laisser jamais porter atteinte aux principes, d'employer toute l'autorité que la Loi nous confie
pour réprimer l'audace des malveillans, pour assurer le
bon ordre, le respect aux lois et aux autorités constituées,
la liberté et l'indépendance de la République une et indivisible. Vive la Convention !

*Les membres composant le Comité de surveillance
de Brioude,*

Biffet	Loute, *président,* Beauchamp,
Laporte *second*	Mathieu,
Bonnet	Rabany, Beauregard, *secrétaire.*

La Société populaire du Puy encourageait Pierret
dans son ambition de rétablir l'ordre dans le départ-
tement, comme le démontre la pièce manuscrite
suivante :

[8 ventôse, an III. — 26 février 1795]

Les membres composant la Société populaire du Puy.

Au Citoyen Pierret, Représentant du peuple en mission dans le département de la Haute-Loire.

Sentinelle vigilante pour l'exécution des loix, nous venons t'inviter à vouloir bien t'occuper le plutôt possible du licenciement des deux compagnies de cannoniers qui' au mépris de la loi du 29 septembre 1791 (vieux stile)' se sont organisées d'elles-mêmes. L'intérêt et la tranquillité publique commandent impérieusement cette mesure. Nous connaissons trop ton zèle et ton dévouement à la chose publique, pour n'être pas persuadés d'avance que tu t'empressera [s] d'accéder au vœu de la Société qui est fondé sur la loi, et pour te mettre mieux à même de juger de la légitimité de notre réclamation, nous allons transcrire ici les articles des loix sur lesquels nous basons notre demande.

La loi du 18 mars 1792 (v. st.), relative aux cannonniers et sapeurs attachés aux bataillons des gardes nationales, porte, article 5 :

« Les compagnies de cannoniers gardes nationaux se-
« ront formées de la manière prescrite par l'article 4 de
« la section 2 du décret du 27 septembre 1791 (v. st.) rela-
« tive à l'organisation de la garde nationale. »

L'article 4 de la section 2 du décret du 29 septembre 1791, relative à l'organisation de la garde nationale, dit :

« Il sera pris sur les 4 compagnies de quoi en former
« une cinquième de grenadiers. »

Comme les deux compagnies de cannoniers n'ont pas été organisées de conformité à ces deux articles, nous réclamons de plus fort leur exécution, et nous avons lieu d'espérer que tu t'empressera[s] de faire triompher la loi qu'on a cherché à méconnaître et dont on a abusé.

Au Puy, ce 8e ventôse, l'an troisième de la République française une et indivisible.

Signé : Brunet, André, Lepage,

Chomel, Rano, Sabatier, Bonderoux, Ballard, Charreyre, Laurent, Aulanier, Maurin, Liabœuf, Assezat second, Delisle fils, Lavialle, etc.

Il s'agissait, comme on voit, de venir à bout de ces compagnies de canonniers dont l'indiscipline audacieuse avait, dès l'abord, indigné Pierret : « J'ai appris, avait-il dit dans son « Discours pro- « noncé lors du renouvellement des Autorités « constituées », que des hommes forts de leurs ca- « nons ont osé murmurer dans cette enceinte, et « se rassembler secrétement à la voix de quelques « agitateurs, déhontés. Ils se prétendent républi- « cains, et moi, je dis que ce sont des hommes per- « dus de débauche, qui n'ont pas fait un pas sans « outrepasser la Loi..... »

Le 5 germinal an III mars (1705), Pierret terminait sa mission et adressait [de Monistrol la proclamation suivante et ses adieux à ses administrés de quelques mois :

Liberté   Egalité   Fraternité

Au nom du peuple français.

PROCLAMATION
DU REPRÉSENTANT DU PEUPLE
PIERRET,
EN MISSION DANS LE DÉPARTEMENT
DE LA HAUTE-LOIRE,
A TOUS LES CITOYENS DE CE DÉPARTEMENT (1)

CITOYENS,

Je fus envoyé parmi vous pour établir le règne de la jus- tice et de l'humanité; plein de l'importance de ma mission,

(1) Cette brochure a un faux titre avec ces mots : *Procla- mation du représentant du peuple Pierret.*

J'ai fait mon possible pour monter mon courage au niveau de vos besoins qui étaient grands. Je me suis livré au travail qui m'était ordonné avec tout l'abandon d'une âme qui ne peut composer avec l'apparence même du crime ; c'est à vous à m'apprendre si j'ai réussi ; mais écoutez mes derniers avis, et les vœux que je forme pour votre bonheur.

La Révolution française est un théâtre où toutes les passions ont été mises en jeu, trois espèces d'hommes ont tour à tour figuré sur la scène : les uns voulaient cette révolution pour le Peuple entier ; les autres ne la voulaient que pour eux seuls, et les troisièmes faisaient tous leurs efforts pour en arrêter le cours.

Dans cette lutte de sentimens et d'intérêts opposés, il était dans la nature des choses que les amis des anciens abus succombassent les premiers ; ils combattaient pour un régime odieux à la masse entière des Citoyens, et la pique de nos preux féodaux était vermoulue dans la main de leurs descendans énervés et corrompus.

Les seconds, ceux qui voulaient profiter de l'impulsion donnée à la machine pour la faire échouer et pour régner sur ses débris, devaient être plus difficiles à détruire ; ils n'étaient pas encore connus du Peuple, et ils n'en avaient que plus de facilité à le tromper pour le faire servir à leurs projets sinistres. Habiles à flatter les passions des hommes cupides et intéressés, à décevoir et à intimider les ignorans et les faibles, forts de l'insouciance des uns et de l'inexpérience des autres, inquiets par oisiveté, entreprenans par avarice, audacieux et impudens par caractère, rien ne pouvait les empêcher d'établir pour un temps leur domination féroce, et ils ne devaient périr que par leurs propres excès ; c'est ce qui est arrivé, ils se sont perdus par eux-mêmes.

La Révolution du 9 Thermidor a pulvérisé leur système de sang, et les principes fondamentaux des Sociétés succèdent enfin à l'immoralité et à l'anarchie qui firent tant de ravages parmi nous, mais qui n'eurent jamais qu'un temps. Le philosophe, l'ami sincère de la liberté, jouit enfin de l'assurance touchante de voir ses semblables heureux et rendus à leur dignité.

Tel a été, Citoyens, le cours nécessaire des choses ; ainsi que le cèdre du Liban, l'arbre de la Liberté devait germer et prendre son premier développement dans la fermentation ; déjà il étend au loin ses racines ; déjà il fleurit, et vous ne tarderez pas d'en goûter les fruits, si, appliqués à les cultiver, vous savez le garantir de la morsure des bêtes venimeuses.

Que la concorde plane au milieu de vous; ne souffrez pas que des hommes connus de tout temps par leurs excès et leur crapule, vous gouvernent désormais : rappelez-vous sans cesse les tourmens qu'ils vous ont fait endurer, et combien ils étaient faux dans les promesses qu'ils vous faisaient. Quelle foi pourriez-vous encore ajouter à des hommes qui furent *enfans dénaturés, mauvais pères, mauvais époux, mauvais amis,* ou des hommes sans cesse *noyés dans le vin,* ou dont la fortune rapide sera toujours une *énigme pour l'artisan* qui travaille du matin au soir, et peut à peine sustenter sa famille?

Gardez-vous d'adorer désormais ces patriotes exclusifs qui allaient prendre leurs suppôts dans les repaires de l'infâme *patrocine,* dans les *cabarets,* les *tripots* et les *lieux de débauche* : ces patriotes par excellence pour qui tout était contre révolutionnaire; qui proscrivaient le laboureur honnête, parce qu'il ne pouvait renoncer à la religion de ses pères, et le riche parce qu'ils convoitaient son bien, qu'ils s'étaient déjà partagé; enfin, ces républicains incomparables qui attiraient à leur tribunal de sang, le vieillard, l'infirme, les femmes, les enfans et jusqu'aux aveugles: quelle est la chaumière qui fut respectée sous le règne de ces cannibales? Suivez les progrès de leurs machinations perfides, vous les verrez d'abord caressans et flagorneurs, vous éblouir par des espérances chimériques, ensuite, agitateurs adroits, vous exciter contre la probité et la vertu ; et enfin, dominateurs déhontés, s'abandonner à une rage toujours croissante et ne respirant que le carnage et l'effroi.

Tels sont ces hommes que je vous ai signalés tant de fois, lorsque je tonnais dans vos tribunes ; tels sont ceux que vos larmes, vos cris, vos maisons dévastées et incendiées, votre sang répandu m'ont désignés à chaque pas que j'ai fait dans votre département.

Se peut-il que des êtres semblables aient voulu s'arroger le privilège de fonder une République? Depuis quand vit-on naître la vertu de la bassesse et de la corruption? Non, Citoyens, vous ne consentirez plus de retomber sous le joug de fer, et vous préféreriez de vous anéantir.

Et vous, Patriotes de bonne foi, qui fûtes trop longtemps déçus ou terrorisés, que la honte d'être tombés dans leurs embûches ne vous décourage pas ; ne soyez pas retenus par quelques erreurs, ayez la franchise de les reconnaître ; redoutez les effets d'une fausse vanité, surtout ne vous laissez pas égarer par les feintes appréhensions que vous inspirent quelques hommes coupables qui se désespèrent d'avoir perdu l'autorité. Que votre opinion se dégage de tout ce qui n'était que l'effet des circonstances, qu'elle soit basée désormais sur les principes invariables et éternels de la raison.

Justement fatigués des maux que le Sacerdoce avait causés chez tous les peuples et parmi nous, vous n'eûtes pas de peine à prêter l'oreille à ceux qui vous faisaient croire que ses partisans devaient être poursuivis à main armée, et c'est ainsi que la superstition persécutée devint fanatisme ; la raison et l'expérience des siècles vous dictent une marche toute opposée ; celui-là est estimable qui suit sa religion en même temps qu'il se soumet aux lois de son pays.

On vous fit croire que les anciens privilégiés, que les riches devaient tous périr pour cimenter la République ; la raison vous dit que le respect des personnes et des propriétés est le moyen le plus efficace de contenir les Citoyens et de ramener ceux même qui eurent le plus de peine à faire des sacrifices. Tous les hommes ne sont pas philosophes, il en est peu qui supportent patiemment les pertes qu'ils éprouvent ; mais tous finissent par céder à l'empire de la justice, et au besoin de l'ordre et de la tranquillité.

On vouait aussi à la mort tous les hommes instruits, tous les gens à talens, et c'était là le dernier période de la tyrannie, à qui il ne faut que des aveugles ou des scé'érats.

Guérissez-vous donc, Citoyens, de cette roideur de caractère ou de cette pusillanimité qui l'un[e] et l'autre entretiennent le soupçon dans les cœurs ; voyez au dehors nos ennemis vaincus ; voyez au-dedans les mécontents réduits à l'impuissance de nuire, et même ralliés par l'expérience du malheur à l'effet salutaire de la justice. Voyez les égorgeurs et les dilapidateurs punis, pensez-vous que la Convention ait recouvré ses Membres dispersés, qu'elle se soit épurée dans le creuset de l'adversité pour être moins forte et moins vigoureuse que lorsqu'elle décréta la République ? Pensez-vous que nos armées soient impunément victorieuses ? Quel serait l'insensé qui oserait leur présenter des chaînes à leur retour ?

Ne craignez donc que le démon de la défiance, lui seul vous éloigne les uns des autres ; soyez amis, ralliez-vous autour des Autorités constituées et de la Convention nationale ; oubliez ce que fut votre voisin, pourvu qu'il obéisse aux lois ; jouissez de son bonheur, et n'allez pas chercher dans ses entrailles ce qu'il n'appartient qu'à l'Être suprême de connaître ; ne le jugez que par ses actions, et condescendez à ses faiblesses si elles ne sont point dangereuses.

Voilà la marche qui doit conduire au port ; voilà le seul moyen de voir votre sort s'améliorer de jour en jour. La Convention a juré de faire votre bonheur ; secondez ses vues généreuses ; elle ne peut rien qu'entourée des Citoyens, elle ne peut exercer les pouvoirs du Peuple qu'avec le Peuple entier et réuni.

Bientôt, Citoyens, vous allez éprouver que la liberté politique n'est point incompatible avec la religion de vos ancêtres, quelle qu'elle soit ; la liberté politique est fille de la liberté naturelle, sans laquelle tout culte envers l'Être suprême serait vain et illusoire ; sans laquelle les lois civiles ne seraient qu'une cruelle dérision.

Adorez Dieu à votre manière, ce ne sera plus pour vous un sujet de persécution ; mais gardez-vous de jeter vous-mêmes un œil d'intolérance sur vos Concitoyens ; gardez-vous de faire naître parmi vous des troubles religieux par une inquisition fanatique et délirante. Tous les Membres de l'État ont le droit de se livrer aux pratiques de leur religion, quelle que soit leur croyance et leur secte ; un gouvernement libre les protège tous, parce qu'il ne lui appartient pas de scruter leurs cœurs ; il n'en reconnaît aucune, parce que toute religion dominante conduit nécessairement au despotisme ; ainsi que votre culte soit concentré dans l'intérieur, qu'aucun signe ne paraisse au dehors ; que le culte extérieur que les Républicains rendront désormais à la Divinité, soit celui d'une parfaite harmonie entre eux ; une organisation sociale, fondée sur la Liberté et l'Égalité qui nous viennent de la nature, est une véritable religion à laquelle toutes les autres se rapportent.

Le prétexte du fanatisme était l'arme la plus puissante des hommes sans religion, sans foi et sans honneur qui vous tourmentaient, elle vient de leur être arrachée; oubliez les méchans, leur règne est passé quoi qu'ils s'agitent encore; ils épient la moindre imprudence que vous pourriez faire, ils n'ont besoin que de la moindre étincelle pour allumer un grand incendie. Il existe dans les creux de vos montagnes quelques-uns de ces hommes qui préfèrent la vie des bêtes fauves à la gloire de servir leur patrie ; ces hommes désœuvrés, errans, se sont portés dernièrement à quelques excès dans les murs d'Yssingeaux, rien n'est mieux fait pour réjouir vos tyrans et pour leur faire croire au retour de ces temps où ils allaient, à la tête des détachemens, ravager vos propriétés, enlever vos denrées et le produit de vos sueurs : mais les bons citoyens sont tous debout, ils diront aux déserteurs des drapeaux de la liberté qu'il n'existe plus de Vendée que dans le cœur de ceux qui voudraient anéantir la Convention et la République avec elle. Les Chouans eux-mêmes combattent à présent contre le despotisme ; les cruautés qu'on exerça contre eux leur donnèrent une vigueur toujours croissante ; la justice et l'humanité les ont conquis.

Ainsi, vous, déserteurs, vous qui n'êtes utiles ni à vos parens, ni à la République, cessez d'être brigands, revenez de vos erreurs, allez rejoindre vos frères d'armes, qui un jour à venir ne pourront vous pardonner de n'avoir pas combattu avec eux pour l'affermissement de la liberté.

La difficulté des subsistances entretient aussi l'espoir de vos persécuteurs ; ils ne manquent pas d'attribuer aux mesures prises pour rendre la vie au commerce et à l'abolition du *maximum*, la pénurie qui n'est due qu'à leurs abominables vexations, et à ce *maximum* qui fut un présent de la tyrannie. Soyez patiens, donnez aux choses le temps de prendre leur équilibre naturel, songez sur-tout que la moindre insurrection, le moindre mécontentement de votre part fait naître le rire sardonique sur leurs lèvres. C'est à vous de tromper leurs coupables espérances ; que le cultivateur, que celui qui possède des grains se départe d'un égoïsme mal entendu qui le conduirait à sa perte ; qu'il s'abstienne de le vendre ailleurs et en secret, il y va de ses plus chers intérêts.

Votre pays n'est pas aussi dépourvu que les malveillans voudraient le faire accroire, et le gouvernement s'occupe sans relâche de ramener l'abondance. J'ai pris aussi des mesures, et j'ai fait partir des Commissaires intelligens, et des sommes suffisantes leur ont été remises afin de pourvoir à vos besoins ; que l'indigent soit l'objet des sollicitudes de l'homme aisé ; venez à son secours avec cet élan civique dont vous m'avez rendu quelquefois le témoin ; encore un effort, et la paix renaîtra ; la Liberté et l'Egalité triomphantes répandront sur nous leurs bienfaits avec profusion, et le Français jouira enfin de ses hautes destinées.

Voilà, Citoyens, ce qui me restait à vous dire : telle est la morale que je n'ai cessé de vous prêcher, et que je me suis efforcé de mettre en pratique parmi vous, par tous les moyens qui ont été en mon pouvoir ; mes opérations sont connues, je les ai conciliées, autant que les circonstances me l'ont permis, avec les droits du Peuple, je les crois fondées sur les bases éternelles de la justice ; elles ne peuvent donc périr qu'avec les bons citoyens, et c'est entre leurs mains que je les dépose. Je vais me rendre dans le sein de la Convention nationale, j'y parlerai de vos vertus, j'y parlerai aussi de la barbarie et du vandalisme auxquels vous fûtes en proie ; et si la terreur, si les prétentions exclusives en patriotisme élevaient encore quelques nuages sur vos têtes, n'en soyez point épouventés ; la Convention, à qui j'en saurai faire connaître l'origine, les aura bientôt dissipés. J'emporte avec moi la satisfaction de laisser ce département rempli de bons citoyens, vrais amis des Lois ; les méchans y sont en petit nombre et leur masque est tombé ; c'est en vain qu'ils font des efforts pour le reprendre, et ce ne sera pas en vain que vous avez juré devant moi de soutenir le règne de la *Justice* et de l'*Humanité*, seul digne des Français. *Vive la République.*

Signé, PIERRET.

La présente Proclamation sera imprimée, publiée et affichée dans toutes les communes du Département de la Haute-Loire ; charge l'Agent national du district du Puy de l'exécution du présent Arrêté.

A Monistrol, le 5 Germinal, an 3me de la République française, une et indivisible.

Pour copie conforme,

Signé, PIERRET, Représentant du peuple (1) .

[AU PUY, de l'Imprimerie de J.-B. LACOMBE et Cie, Imprimeurs de l'Administration du Département de la Haute-Loire.] (2)

* *

Les regrets les plus vifs semblent avoir suivi le départ de Pierret. Nous trouvons l'expression de ces regrets dans la pièce manuscrite suivante. C'est une lettre des administrateurs du district du Puy qui n'avaient pas encore reçu la proclamation où le représentant du peuple faisait ses adieux au département.

(1) In-4o, 9 p.
(2) On lit dans un *Voyage de Monnet, inspecteur général des mines dans la Haute-Loire et le Puy-de-Dôme, 1703-1704* publié par Henry Mosnier, Le Puy, 1875, p. 27, cette description de Monistrol à l'époque même du passage de Pierret : « La situation de Monistrol est l'une des plus agréables que l'on puisse voir, sur une éminence plate et dominant à droite et à gauche les terrains qui l'entourent. Elle peut ainsi être débarrassée en tout temps des eaux superflues qui incommodent tant d'autres lieux. Aussi trouvai-je cette petite ville fort propre en comparaison de tant d'autres, où, dans une belle saison, on se trouve dans la boue. Quant à la ville en elle-même, au lieu de n'être qu'une rue comme Yssingeaux, elle est un peu ronde et percée de plusieurs rues, à la vérité tortueuses, mais assez larges pour donner passage à l'air. C'était là que résidait le plus souvent l'évêque du Puy. Il y possédait un très beau château, un peu à l'antique, bâti très solidement avec de grands quartiers de granit gris du pays, ou d'une pierre primitive qui se rapproche du granit. Comme le château se trouve à l'une des extrémités de la ville, le fort beau jardin qui se trouvait derrière allait en pente et il semblait que la nature l'eût disposé pour

[6 germinal an III — 31 mars 1795]

Egalité Fraternité
Liberté Vertu

République française

Au Puy, le 6 germinal, l'an 3 de la République
Française, une et indivisible.

Les Administrateurs *du District du Puy*
Au Citoyen Pierret, Representant du peuple
en mission dans le département de la Haute-Loire.

Citoyen Représentant,

Nous chargeons le Citoyen Gallet d'être notre interprète auprès de vous et de vous faire part de notre reconnoissance et de nos regrêts. Il vous instruira de nos opérations depuis votre départ et des moyens que nous venons de prendre pour le renouvellement des municipalités du District. C'est une des mesures les plus importantes pour le retour de la justice, de l'ordre et de la tranquillité. Nous y donnerons tous nos soins : nous conserverons précieusement le souvenir des leçons et des exemples que vous nous avés donnés et nous nous montrerons dignes de votre confiance.

Nous recovons dans l'instant la lettre que vous nous addressés au sujet des volontaires arrêtés par le dernier détachement. Nous nous y conformerons. Le Citoyen Lemore s'occupera de ceux qui sont dans les prisons du

en faire un jardin à la chinoise. Il était fort grand et le rendez-vous habituel des habitants de la ville pour la promenade. Je le parcourus avec grand plaisir et ne m'étonnai pas que les évêques se plussent davantage à Monistrol que dans leur ville épiscopale. Ils en étaient seigneurs, et une grande partie de leurs revenus reposait sur cette seigneurie qui s'étendait au delà de Monistrol. »

tribunal criminel. Nous verrons avec le plus grand intérêt
la proclamation que vous nous annoncés et dans laquelle
vous continués de signaler les scélérats et les fripons ;
mais nous n'i verrons vos adieux qu'avec le plus grand
regret. Recevés en le témoignage, Citoyen Représentant ;
il part du fond de nos cœurs.

Salut et fraternité,

Dauthier, président. Gallet, adm.

J. L. B. Liogier, ad.

P. S. Nous apprenons dans l'instant que les prisonniers
arrêtés par le détachement d'Yssingeaux et dont il est
question dans votre lettre, se sont tous sauvés. L'on re-
gretté surtout trois frères, fameux scélérats.

Au Citoyen
    Pierret, Représentant du
Peuple, en mission dans
le département de la Haute-
Loire.   *A Monistrol.*

On trouve une nouvelle preuve des sympathies
laissées dans le département par Pierret, dans
l'adresse suivante que le Conseil général de la commune du Puy envoya à la Convention. Nous l'empruntons au registre des délibérations de la commune du Puy.

Délibération du 20 germinal, an 3 [9 avril 1705.]

Aujourd'huy vingtième germinal, l'an trois de l'ère républicaine, heure de cinq de l'après midy, le Conseil général de la commune du Puy, chef-lieu du département de
la Haute-Loire, assemblé à la maison commune, ensuite
de la convocation faite en sa forme et manière accoutumée,
président le citoyen Souteyran, maire ; ou étoient présents

les citoyens Augustin Morel , Maurin, Hedde, Baptiste
Pons, Castannet, Bellidentis de Bains, Laussac et Ribay-
ron, officiers municipaux ; Martin, agent national, Dugone,
Heutier, Eyraud, Gardes, Alphonse Aulanhier, Reymond
Charbonnouze, Reymond Defay, Beral, Ballard, Beaumont,
Lavialle, Vallat, Liogier, Charre, Augustin Bon et Mor-
gues, notables ; les autres absents quoique duement in-
vités.

La séance a été ouverte par le chant de deux couplets
de l'hymne patriotique.

Lecture est faite d'un projet d'adresse à la Convention
pour la féliciter de ses travaux et pour la remercier de
nous avoir envoyé le citoyen Pierret dont les travaux dans
cette commune ont tous été dirigés par l'amour du bien
public et la justice.

L'agent national entendu, l'assemblée a adopté ledit
projet et délibéré qu'il sera transcrit dans les registres de
la commune.

Liberté,   Egalité,
          Justice.

Les membres composant le Conseil général de la commune du Puy, chef lieu du département de la Haute-Loire,
À la Convention nationnalle.

Législateurs,

Depuis le 9 thermidor, vous avez terrassé le despotisme,
épouvanté le crime, déjoué l'intrigue, rassuré l'innocence,
encouragé la vertu ; d'une main vous repoussez les satellites des Tirans conjurés contre nôtre Liberté ; de l'autre
vous cicatrizés les playes de la France.

Parmi touts vos bienfaits, il en est un, que nous aime-
rons long temps à nous rappeller : vous nous avez envoyé
un de vos collègues, Pierret, rempli de vos principes et de
vos vertus. Tel qu'un rayon de l'astre du jour, il a dissipé
les derniers nuages du Terrorisme qui obscurcissoient encore nôtre horizon. Le malheureux a trouvé en lui un
consolateur, le foible un appui, l'homme egaré un guide,

le bon citoyen un ami tendre, le méchant un ennemi terrible et irréconciliable. Tous les instans que nous l'avons possédé ont été marqués par des actes éclatants de justice et d'humanité. Il emporte notre reconnoissance et nos regrets.

La consternation et l'effroi s'étoient emparés de tous les esprits, les dernières convulsions de la tirannie expirante avoient pu vous faire désespérer du salut de la patrie et vous inspirer la funeste pensée de remettre en des mains novices et inhabiles, le soin de perfectionner votre ouvrage ; mais bientôt l'énergie de votre courage, a ranimé nos espérances. Le 12 germinal a vu éclairer des nouveaux forfaits. Le même jour a vu l'audace de nos ennemis, et leur anéantissement. Touts les factieux qui vouloient déchirer la France ont disparu avant vous.

Législateurs, parcourés le reste de votre glorieuse carrière, touts les vrais républicains, touts les bons citoyens, attendent de vous leur bonheur ; vous l'assurerez en fixant les bases de la République une et indivisible.

Vive la République ! Vive la Convention nationale !

Fait au Puy en Conseil général le vingt germinal de l'an trois de la République française une et indivisible.

La reconnaissance du département où la modération de Pierret semblait avoir apporté la paix, se manifesta jusque dens le pays natal de Pierret. Les membres du Directoire et le Procureur syndic du District de Brioude tinrent à exprimer leurs sentiments de gratitude aux Administrateurs et au procureur général syndic du département de l'Aube dans la lettre suivante :

[... Fructidor an III — ...août 1795]

*Copie d'une lettre écrite par les membres du
Directoire et Procureur sindic du district de
Brioude aux Citoyens Administrateurs et procureur général sindic du Département de l'Aube, datée dudit Brioude le ... fructidor, 3ᵉ année de la République une et indivisible.*

Citoyens administrateurs,

Le représentant du Peuple Pierret, Membre de la députation de votre Département, fut envoyé en mission dans
celui de la Haute-Loire au mois de Nivôse dernier. Il y a
fait, et particulièrement dans ce district, un bien infini. Le
souvenir de ses vertus, l'impression de ses bienfaits y restera longtemps gravée. Il y a tenu parmi nous la conduite d'un bon, d'un excellent, d'un vertueux patriote,
d'un vrai citoyen, d'un digne républicain. Vous avez, Citoyens Administrateurs, bien des droits à notre reconnoissance. Le Département de qui la Représentation nationale a reçu un tel député, devient cher à toute la France.
Nous tenons de vous le bienfaiteur de notre pays ; nous
vous devons en quelque sorte le bien qui s'y est fait. De
ce jour il s'est établi entre vous et nous une alliance précieuse, celle qui devrait unir tous les hommes ; une alliance qui, en nous authorisant à vous faire part de notre
bonheur, nous permet aussi de vous faire partager nos
allarmes. Nous craignons que le Représentant Pierret ne
proffite de l'occasion du renouvellement de la Représentation pour abdiquer des fonctions qu'il remplit d'une
manière si glorieuse, qu'il a rempli avec tant de zèle, avec
tant de distinction.

Nous craignons qu'il ne cède au désir si naturel de se
rapprocher de vous, Citoyens Administrateurs, de venir
recueillir les bénédictions de ses concitoyens comme il a
recueilli les nôtres. Détournés le, nous vous en prions,
d'une idée si funeste pour le bien public, d'un projet qui
nous jetteroit dans les plus cruelles inquiétudes, s'il ac-
quéroit quelque consistance. Dites-lui, nous vous en conjurons, qu'il n'appartient qu'à l'homme qui se traîne avec
peine dans la carrière du bien, de s'y fatiguer, mais que
celui qui le fait comme Pierret, par sentiment, par bonté
d'âme, par principes, par amour et par plaisir, ne se lasse

point de le faire. Il n'y a pas de terme pour lui. Au nom de la patrie, joignés vous à nous pour le conserver dans la Représentation et, si vous saviés tout ce qu'il a fait qour nous, tout ce qu'il a fait pour nos contrées, tout ce pu'il a produit de bien, toutes les familles qu'il a consolé, tous les malheureux qu'il a soulagé, toutes les vertus qu'il a propagé, vous réuniriés vos efforts aux nôtres pour le conserver dans la Réprésentation. Nous le disons avec éérité, il est difficile, il est impossible qu'il soit remplacé, et, si vous pouviés l'y retenir, vous ne pourriés rendre un plus grand service à la République, vous ne pourriés nous en rendre un plus cher à nos cœurs. Nous l'attendons de votre dévoûment au bien public et du retour de nos sentimens pour vous. Salut et fraternité. Signé.

Martinon St Féreol, Labastide, Pdt, Annys et Suze, Procureur sindic

Certifié conforme par le
Secrétaire général du Département
de l'Aube, soussigné
Dupuis
Pour le Secrétaire général.

Les administrateurs du département de l'Aube répondirent ainsi aux administrateurs du district de Brioude :

[29 fructidor an III. — 28 septembre 1795]

Copie de la réponse des Administrateurs du Département de l'Aube aux Administrateurs du District de Brioude.

A Troyes, le 29 fructidor an III.

Citoyens administrateurs,

En nous parlant de votre estime et de votre reconnoissance pour le représentant du peuple Pierret, vous nous avez prouvé que vous êtes dignes d'aprécier et d'aimer la vertu. Notre Département s'aplaudit et s'honnore d'avoir fourni à la Représentation nationale un homme pur, qui, toujours étranger aux factions, après avoir longtemps pleuré la perte de la Liberté et fortifié son âme à l'école du malheur et dans le silence de l'opression, a dévelopé, dès qu'il en a eu le pouvoir, toutes les qualités morales qui rendent l'homme estimable et qui, dans le législateur, pouvaient sauver la Patrie. Vous avez recueilli les fruits de son humanité et de sa justice. Les consolations qu'il a versées parmi vous, les larmes qu'il a essuyées, et tout le bien qu'il y a fait, sont autant de liens qui nous uniront à nos frères de la Haute-Loire, et nous embrassons avec transport l'honnorable et touchante alliance que vous voulez bien nous offrir.

Nous craignons, comme vous, que le besoin du repos, la fatigue des orages, et le sentiment trop pénible des maux qu'il a vus trop longtemps sans pouvoir les empêcher, ne lui fassent vivement désirer le terme de ses fonctions : mais, nous n'en doutons pas, il sera nommé avec un empressement unanime. Il ne se refusera pas aux vives instances de ses concitoyens. Quel qu'eût été le mode d'élection, il auroit bien certainement recueilli tous les hommages de l'estime et toute la recompense de l'opinion. Il songera sûrement que l'homme de bien, en se dérobant, peut faire un double mal à la patrie, et par son absence, et par la chance hasardeuse de son remplacement. Cette réflexion aura sûrement beaucoup d'empire sur un cœur tel que le sien. Salut et fraternité. *Signé*, Bourgon, président, Rivière, Gouthier, Chaponnet, Couturier, Loyer, Loiselet, Menessier, Pavée, Procureur général sindic, et Dupuis pour le secrétaire général.

Certifié conforme par le Procureur général sindic,

PAVÉE.

Ces deux pièces étaient transmises dans les termes suivants à Pierret par le procureur général sindic près le Département de l'Aube :

[29 fructidor an III — 28 septembre 1795]

Département de l'Aube
—
Bureau du Procureur
général-syndic

EGALITE   LIBERTE

Troyes, le 29 fructidor, an 3ᵉ de la République Française, une et indivisible.

Le Procureur-général-syndic près le Département de l'Aube.

Au Citoyen Pierret, Représentant du Peuple.

Je vous adresse, Mon Cher Représentant, copie d'une lettre à nous écritte par les administrateurs du district de Brioude et copie de la réponse que nous lui avons faite. Vous verrez les sentimens qu'on a pour vous, et ceux que vous nous valez. Vous y verrez de quels liens touchants et rares vous avez pu réunir les rives de l'Aube à celles de la Loire Nous avons tous été pénétres en lisant cette lettre, et en y répondant : mais permettez-moi de prendre toujours ma bonne part de ces impressions, parce qu'aucun ne vous connoît mieux et ne vous aime davantage.

Je ne vous parle pas de ce qui occupe en ce moment tous les esprits et toutes les pensées. Il est des circonstances où l'homme de bien s'enveloppe et recommande la Patrie aux Dieux tutélaires.

Salut et fraternité,   Pavée.

.*.

De retour à Paris, Pierret fit à la Convention le rapport suivant sur sa mission dans la Haute-Loire :

[Vendémiaire an IV — septembre et octobre 1705]

RAPPORT
Fait à la Convention nationale,
Par le Représentant du peuple Pierret,
député du département de l'Aube, sur
sa mission dans le département de la Haute-Loire.
Imprimé par ordre de la Convention nationale.

Citoyens,

J'ai été envoyé en mission dans le département de la Haute-Loire par décret du 23 frimaire dernier ; je m'y suis rendu le 11 nivôse suivant. Les habitans de ces contrées attendoient avec impatience la présence d'un représentant qui les soulageât des maux qu'ils avoient soufferts, qui les consolât dans leurs afflictions, et qui leur fit oublier le régime de fer sous lequel ils avoient passé, ou, pour mieux dire, sous lequel ils gémissoient encore à cette époque.

Dès les premiers pas que je fis dans ce département, je m'apperçus facilement que les partisans de la tyrannie, que les lâches satellites de l'anarchie, qui pesoit sur la France, y avoient trouvé des hommes assez ignorans pour seconder parfaitement leurs vues. Administrations de département, de district et tribunaux, municipalités, comités de surveillance, enfin toutes les autorités constituées recéloient des amis du système affreux de dépopulation. L'homme ignorant, l'homme immoral étoit parvenu à se placer aux premiers emplois. Souvent un jeune homme, après avoir ajouté à son nom celui de *Solon*, de *Bias*, de *Bru-*

tus, et sur-tout celui de *Marat*, se croyoit par là très puissant ; d'autres, d'un âge plus avancé, et avec plus d'expérience, commettoient les mêmes excès, et ne s'occupoient que des moyens de proscrire leurs concitoyens et de les envoyer à l'échafaud.

O vous ennemis du genre humain ! ô vous à qui la postérité refusera le nom de Français ! N'attendez de moi aucune indulgence, je vais retracer tous vos crimes ; il faut qu'ils soient connus ; il faut que celui qui les a commandés, comme celui qui les a exécutés, soit signalé de manière à ne pouvoir plus abuser de la confiance de ses concitoyens ; la raison le veut, la justice l'exige de moi, et j'aurai le courage de tout dire ; car je me suis bien convaincu que d'espérer de convaincre les méchans avec les armes de la raison, c'est perdre son temps et ses peines, et qu'on ne peut croire à leur retour à la vertu sans se faire illusion et sans préparer de nouveaux dangers à la société. Les méchans ne se taisent et ne feignent de changer de conduite que lorsqu'ils voient leurs chefs inquiets et abattus ; mais, sitôt qu'ils reçoivent le signal de l'espoir, ils retournent à leurs poignards, les aiguisent de nouveau, et se tiennent prêts à les plonger dans le sein de l'homme de bien, de celui dont le seul crime, à leurs yeux, est de pratiquer la vertu.

Il se trouvoit des hommes qui ne vouloient pas la présence d'un représentant du peuple dans le département de la Haute-Loire, ce n'étoit pas sans motifs, car il étoit de leur intérêt, et de l'intérêt de tous ceux qui depuis long-temps y jouissoient d'une grande prépondérance, de ne pas voir dévoiler leurs forfaits, et surtout de ne pas se voir retirer des mains les pouvoirs dont ils avoient si cruellement abusé.

Arrivé à la commune du Puy, chef-lieu du département, je m'empressai de faire connoître quels étoient les principes de la Convention nationale, et d'assurer qu'ils serviroient de base aux opérations qui m'étoient confiées. Je fis entrevoir aux partisans de la tyrannie qu'ils ne trouveroient pas dans moi un persécuteur, mais un réformateur sévère des abus, un homme autant inflexible dans la poursuite du crime que bien disposé à pardonner l'erreur.

J'invitai les citoyens de la commune du Puy, assemblés à cet effet, à m'indiquer quelques uns d'entre eux auprès desquels je pourrois puiser les renseignements dont j'avois

besoin pour opérer avec connoissance de cause ; j'ai eu
quelque sujet de me repentir de cette mesure, car, dans le
nombre de ceux qui m'avoient été désignés, il en étoit qui
avoient encore dans le cœur l'esprit de domination, et surtout cette maxime d'intolérance et de persécution, que quiconque ne partageoit pas entièrement leur opinion, n'étoit
pas un patriote.

Je ne fus pas longtemps, après mon arrivée, sans être
assailli de plaintes et de réclamations ; les rigueurs de la
saison n'empêchoient pas les habitans des campagnes de
traverser les montagnes, et de s'exposer à périr dans les
neiges pour venir réclamer contre les vexations en tout
genre qu'on leur avoit fait éprouver ; je n'ai jamais pu tenir note de l'immense quantité de pétitions que j'ai répon-
dues et sur lesquelles j'ai statué ou fait statuer par les
corps administratifs et les tribunaux. J'ai entendu tous
ceux qui se sont présentés à moi, je n'ai repoussé personne ; le jour et la nuit je travaillois sans relâche à consoler
les malheureux, à réparer les injustices qui leur avaient
été faites, à faire aimer la révolution dans un pays où
les persécutions de certains despotes lui avoient donné
peu de partisans, et je me flatte que j'y étois parvenu ; il
peut se faire que cette assertion trouve quelques détracteurs, mais j'en appelle à la masse des habitans de la Haute-Loire.

J'écrirois un *in-folio* si je voulois retracer tous les actes
de tyrannie qui furent exercés dans ce département, chaque commune avoit son *Marat* ; et je suis loin de pouvoir
dire ici ce que disoit un envoyé du pouvoir exécutif dans
le département de l'Aube, qu'il n'y avoit pas rencontré un
seul Maratiste. Ce dieu des tyrans y avoit nombre d'autels : des rues, des places publiques portoient son nom, et
ce n'est qu'à regret que beaucoup d'individus se sont vus
forcés de renoncer à leur digne patron.

Je vais être forcé de parler de quelques représentans du
peuple, dont les principes n'ont jamais été les miens : ce
ne sera pas sans doute par ce motif que je donnerai quelques apperçus de leurs actes ; mais il est de mon devoir
d'indiquer la cause des maux qu'ont soufferts les habitans
de la Haute-Loire, de chercher à en prévenir ainsi le retour, et de faire reconnoître des hommes qui se targuent
aujourd'hui de justice, et qui, en prêchant les principes,

voudroient faire croire qu'ils ne furent jamais les ennemis
de leur pays.

Les représentans du Peuple Faure (de la Haute-Loire) et
Jean-Baptiste Lacoste (du Cantal) (1) furent des premiers
envoyés en mission dans ce département. Tous deux étoient
parfaitement d'accord sur les maximes des maratistes, et ils
les propagèrent avec vigueur; ils firent des prosélytes au
culte de ce premier scélérat de l'Univers, et les apôtres de
ce dieu du temps s'acquittèrent pafaitement de leur mission.
Ni l'un ni l'autre ne disconviendront sans doute que l'éloge
du fameux d'Orléans n'étoit pas oublié dans leur prédication
et s'ils veulent aujourd'hui que ce soit là une erreur du
temps, comment qualifieront-ils et les actes et les discours
dont les effets ont été si funestes à ce département et aux
contrées environnantes ?

Mais un fait qui m'a paru plus révoltant que les autres,
c'est que ces deux représentans du peuple qui vouloient exciter le mépris contre le représentant du peuple Bonnet (2),
député de ce département, le déclarèrent complice de la
conspiration de Dumouriez, et *le firent brûler en effigie sous
leurs yeux.* Aussi le représentant Bonnet fut-il présenté à
ses concitoyens comme leur plus cruel ennemi, tandis
qu'il étoit encore à cette époque dans le sein de la Convention nationale : c'étoit pour parvenir à le faire comprendre
parmi ceux que l'on projetoit de perdre alors. Il a été du
nombre des mis hors la loi et obligé de fuir pendant près de
18 mois. Etoit-ce donc là une erreur : et que penser de l'esprit de vengeance et d'inhumanité qui la caractérise ? C'est
sous de tels auspices que la Révolution marcha longtemps
dans ce département.

Le gouvernement révolutionnaire y fut établi avec une
autorité digne de ceux qui l'avoient inventé ; les hommes
qui y occupoient des places, étoient stimulés de manière à

<hr>

(1) Cf. sur Lacoste, *Biographie moderne* ; Paris, Eymery,
1815, t. II, p. 171 ; Dr Robinet, *Dictionnaire historique et biographique de la Révolution et de l'Empire*, Paris, s. d., t. II,
p. 272.

(2) Il s'agit de Bonet de Treiches. Cf. *Biographie moderne*,
Paris, Eymery, 1815, t. I, p. 350 ; Dr Robinet. *Dictionnaire
historique et biographique de la Révolution et de l'Empire*,
Paris, s. d., t. I, p. 221.

n'y rien laisser à désirer. On reconnoissoit la majeure partie des membres des comités révolutionnaires à la figure ; elle portoit presque toujours le caractère de la férocité et de l'ignorance, par tout ils étoient parfaitement choisis ; ils suivoient très fidellement la marche qui leur était tracée. Celui de la commune d'Yssengeaux s'étoit acquis une réputation qui le mettoit au dessus des autres ; c'était lui qui donnoit le mouvement dans le district de Monistrol. En général, ils étoient dirigés par autrui... et lorsque j'avois occasion de reprocher aux membres leurs vexations et sur-tout leur inhumanité, ils avoient des lettres de leur précepteur qu'ils exhiboient en public, et par lesquelles ils démontroient qu'ils étoient encore loin d'avoir fait tout ce qu'on exigeoit d'eux.

Que n'est-il pas arrivé dans le district de Monistrol, et notamment dans la commune d'Issengeaux, où près de cent cinquante familles ont failli être victimes du ressentiment de ces hommes, pour qui c'est un plaisir de ne rien pardonner ! Je me tairai sur les événemens de cette trop malheureuse commune, au sein de laquelle la journée du 9 thermidor a renvoyé un grand nombre de citoyens qui étoient dans les prisons de Paris, où on ne les avoit fait venir que pour les traîner à l'échafaud. Il y auroit trop à dire ici, si je voulois faire le tableau des persécutions que ces malheureux ont éprouvées. Je les invite à les oublier, et à bénir à jamais le jour heureux qui les tira des mains de leur plus cruel ennemi.

Monistrol et les communes environnantes ne furent pas exemptes des mêmes persécutions ; les maisons d'arrêt y furent remplies, et des pères et mères de douze enfans vivans y étoient jetés sans égards comme des criminels. Je ne parlerai pas des mauvais traitemens qu'ils ont endurés, et des sommes considérables qu'ils ont été contraints de payer ; mais je ne puis me dispenser de rappeler au représentant Faure, que lui seul dirigeoit, commandoit, et faisoit exécuter ses ordres dans ce district. Je parlerai de l'homme qui étoit plus particulièrement chargé de l'exécution, et qui rougissoit lui-même de l'excès de férocité auquel il s'étoit porté envers les malheureuses victimes de ce district. Cet individu, nommé Dauce, chirurgien, et depuis agent national de son district, quoique sans capacité pour cette place, si ce n'est quant aux mesures ultra-révolutionnaires, vint me trouver de nuit, et déposa en mes mains une grande quantité de lettres à lui écrites par le représentant Faure, qui toutes, plus ou moins, respirent un caractère d'inhumanité tout à fait indigne d'un représentant du peuple. Le représentant Faure n'en disconviendra pas ; je les ai communiquées à lui même. Toutes ces lettres étoient presque toujours accompagnées de mandats d'arrêt contre une ou plusieurs personnes, qu'il se flattoit alors d'obtenir sans difficulté au comité de sûreté générale; et Douce étoit toujours l'ami fidèle, le seul digne d'être chargé de leur exécution. Le représentant Faure alloit même jusqu'à ne pas laisser ignorer quel seroit le résultat des mandats d'arrêt qu'il envoyoit.

Dans sa lettre à Douce, du 2 messidor an deuxième, il dit : « Tu recevras, cher ami, un arrêté du comité de sûreté générale pris ce matin, *pour envoyer ici rendre visite à Samson*, le ci-devant curé de Saint Just, Lacombe, prêtre, Berger, domestique du curé, et Cauvel ou Canvel, qui les avait recelés, ainsi que Colmard. Je suis assuré que tu justifieras la confiance que le Comité a en toi ; je t'invite à ne pas souffrir d'appitoyeurs, de pleureurs, ni de modérés. » Dans une autre du 11 du même mois, écrite au même : « Tu dois avoir connoissance de l'arrêté salutaire du comité de sûreté générale, qui purge notre district, et principalement notre commune d'Issengeaux, etc., etc. »

Telle est l'analyse à laquelle je me borne, car je n'en finirois pas ; et comme le représentant Faure a fait distribuer une opinion sur la nécessité de proclamer les devoirs du citoyen, ce que j'approuvois de toute mon âme, qu'il me permette de lui demander ici si ce que je viens de citer de lui étoit essentiellement de son devoir ?

Le fanatisme a été le principal prétexte des emprisonnemens dans tout le département de la Haute-Loire ; c'est avec cette arme terrible que le pauvre, le riche, l'ignorant, ont été enveloppés dans la même proscription. Les habitans de ces montagnes étoient l'objet de la persécution la plus inouïe ; des communes entières avoient déserté leurs maisons, abandonné leurs enfans, et s'étoient retirées dans les bois pour échapper aux emprisonnemens et se soustraire aux monstres qui les dévoroient et qui incendioient leurs chapelles. J'ai vu des personnes des deux sexes tellement frappées de terreur, qu'elles n'osoient sortir des forêts, où elles se disputoient la nourriture des animaux.

J'ai fait tout ce qui a été en moi pour faire oublier tant de malheurs. Je n'ai pas usé de représailles envers les oppresseurs ; je me suis contenté de leur retirer des pouvoirs dont ils avoient si cruellement abusé, et de leur donner l'exemple du pardon.

Si, dans le département de la Haute-Loire, les prêtres en général, constitutionnels ou non, avoient été moins persécutés, peut-être n'y seroit-il point arrivé tant d'événemens malheureux ; car les mesures de rigueur sont d'autant plus dangereuses qu'ils conservent infiniment d'empire sur l'esprit des citoyens. Mais quelqu'un étoit-il soupçonné d'avoir recelé un prêtre, aussitôt il étoit arrêté, et de suite guillotiné.

On avoit mis à leur poursuite des espèces d'armées révolutionnaires qui avoient à leur tête des Marats revêtus de pouvoirs qu'ils disoient illimités, et ces petites armées se répandoient dans nos campagnes, y commettoient tous les excès possibles, conformément aux instructions qu'elles recevoient. Plus de deux milles plaintes et demandes en restitution de taxes révolutionnaires perçues les armes à la main, m'ont été faites ; l'ordonnance de paiement étoit conçue en peu de mots : « Il est enjoint, en vertu des pouvoirs qui me sont donnés, à ..... de payer la somme de 500 livres dans les vingt-quatre heures, à peine du double passé ledit délai, et d'avoir chez lui cinquante volontaires à discrétion pendant plusieurs jours. *Signé* A... »

A de tels ordres on ne savoit pas se soustraire ; une infinité de malheureux étoient ainsi vexés, pillés et maltraités. Il n'est pas de commune dans le département de la Haute-Loire qui n'ait eu à gémir de pareilles persécutions. Je suis dépositaire des ordres, même des quittances de paiement ; j'espère que ces faits ne me seront pas contestés.

Tels sont les titres patriotiques de tant d'hommes qui parlent aujourd'hui de justice et d'humanité. Mais il est encore d'autres missionnaires qui n'ont rien à envier aux premiers.

Le représentant du peuple Reynaud, aussi député de la Haute-Loire, paraît à son tour dans son département ; il y donne l'impulsion révolutionnaire par des arrêtés qui tous respirent le caractère d'un homme qui veut que tout plie sous sa volonté. Toutes les mesures lui sont bonnes, rien ne l'arrête. Il veut que les clochers des églises de toutes les communes de son département soient abattus. Il prend un arrêté en conséquence, et sur le champ la majeure partie des habitans des campagnes sont mis en réquisition pour cette superbe opération, qui a coûté des sommes assez considérables, qui a dégradé la plupart de ces monumens, et ajouté des destructions à des destructions.

Cette première expédition contre les signes du fanatisme ne suffisait pas; le représentant Reynaud ne veut point qu'aucune fille ni femme puisse porter à son cou une croix ou toute autre invention du préjugé : nouvel arrêté est pris aussitôt, et l'article V de cet arrêté mérite d'être rapporté ici en entier :

« Comme les signes du fanatisme sont absolument proscrits, que néanmoins des personnes affectent encore de les conserver, et notamment des femmes qui s'en servent sous prétexte d'embellir leur parure, les municipalités seront tenues, la décade après la publication du présent arrêté, de faire mettre en état d'arrestation toutes celles qui, dans leurs ajustemens, se serviront, à l'avenir, de signes représentatifs qui tiennent ou rappellent les vieux préjugés; *lesquels signes seront confisqués* au profit des dénonciateurs, et les municipalités infligeront une amende proportionnée aux facultés des contrevenans. »

Cet arrêté renferme encore une autre disposition qui prouve combien le représentant Reynaud est loin de pouvoir être soupçonné d'avoir protégé le fanatisme. Il existe dans presque toutes les communes de la Haute-Loire des filles qui ne sont occupées qu'à faire des dentelles, se réunissent pour ce genre de travail et sont connues sous le nom de dévotes ou béates; la majeure partie ne sait ni lire, ni écrire; il ordonne que toutes « seront tenues de se rendre dans le délai d'une décade, par devers leurs municipalités respectives, pour prêter le serment de fidélité envers la nation, pour maintenir l'égalité et la liberté. Toutes celles d'entre elles qui ne se conformeront point au présent arrêté, seront réputées suspectes, *et recluses jusqu'à la paix*.

Un autre arrêté pris par le même porte que tous les citoyens et citoyennes du département de la Haute-Loire seront tenus de chômer les jours de décade, sous peine contre les contrevenans de 50 livres d'amende.

Il est d'autres arrêtés dont je parlerai; mais je m'arrête sur ceux-ci. J'ai encore l'âme navrée de douleur, lorsque je me rappelle les persécutions auxquelles a donné lieu l'exécution de ces arrêtés. N'étoit-ce pas inventer à plaisir des moyens de tyranniser les habitans des campagnes, que de vouloir les astreindre à des règles aussi bizarres? Quoi! dans un pays où, dit-on, l'ignorance dominoit, et où le fanatisme avoit de nombreux partisans, on a pu croire à la nécessité de prendre de pareils arrêtés! C'étoient bien là sans doute les idées et les principes des Hébert et des Chaumette.

Si l'exécution des arrêtés dont je viens de parler avoit été confiée à des hommes bien intentionnés, ils auroient eu des effets moins funestes; mais rien ne fut négligé pour les faire servir à tourmenter la classe du peuple la moins instruite. On arrachoit à de malheureuses femmes des campagnes les croix qu'elles portoient, et l'on s'en emparoit.

Toutes les filles dites dévotes ou béates s'étant refusées au serment qu'aucune loi n'exigeoit d'elles, et dont elles ignoroient les conséquences, ont été incarcérées par centaines, ou se sont réfugiées dans les bois. Les femmes qui tenoient plus à l'habitude de chômer les dimanches que des décades qu'elles ne connoissoient pas, étoient inhumainement frappées, mutilées, incarcérées, et encore condamnées à l'amende.

Il est même des officiers municipaux qui ont exigé les serments de toutes les femmes et filles sans distinction, sous peine d'arrestation. Dans une commune, un homme, sa femme et ses fils, trouvés cueillant des cerises un jour de décade, ont été condamnés à 150 livres d'amende, attendu qu'ils étoient considérés comme travaillant, etc...

Dans le canton de Rozières, un homme fut trouvé préparant de la pouture a ses vaches, par une poignée de brigands, à la tête desquels était le nommé Galavelle, juge de paix de ce canton, que j'ai destitué ; cette petite troupe révolutionnaire trouva mauvais que ce particulier travaillât un jour de décade. Il fut tiré un coup de fusil dans ses bâtiments qui furent bientôt tous incendiés, ainsi que les maisons qui l'avoisinoient.

Voilà l'heureux résultat des sages arrêtés du représentant Reynaud. Ah ! si jamais il est instruit des malheurs auxquels ils ont donné lieu, et que son âme soit devenue plus sensible que dans le temps où il exerçoit dans son département, dans sa propre commune, des pouvoirs illimités, que j'ai ouï dire ne lui avoir jamais été spécia'ement donnés ; si, dis-je, il en est jamais instruit, pourra-t-il ne pas regretter éternellement d'avoir été l'auteur des persécutions qu'ont éprouvées ses concitoyens, ses parens même ; car je lui dois l'aveu qu'il ne les a pas plus épargnés que les autres ?

Peut-être le représentant Reynaud dira-t-il que je m'attache fortement à blâmer des mesures qu'il a cru devoir prendre pour le bien de son pays. Je ne dis rien de ses intentions, et je laisse à juger les œuvres par les effets : mais je vais encore citer un arrêté dont le résultat a été la ruine d'un particulier. Celui-ci, nommé Lecornu, fut dénoncé au représentant Reynaud par des hommes dont j'ai eu occasion de connoître la moralité et la probité, comme prévenu d'avoir fait une déclaration infidelle de ses grains, et de les avoir laissé avarier. Après une vérification des faits par ce dénonciateur (vérification que j'ai vue, ainsi que toutes les pièces relatives à cette malheureuse affaire), il a été pris un arrêté par le représentant Reynaud, où il est dit que, pour donner un exemple terrible aux *affameurs* du peuple, la maison de Lecornu sera rasée, que ses meubles et effets seront vendus, ses biens provisoirement mis en sequestre ; qu'il sera cependant traduit au tribunal révolutionnaire du Puy, et que les matériaux de la maison seront distribués aux sans-culottes du pays. Cet arrêté a reçu sa pleine et entière exécution ; et on a été même au-delà, on ne s'est pas contenté de raser la maison où le grain avoit été saisi, mais on a encore démoli celles que Lecornu possédoit ailleurs. Je ne ferai aucune réflexion sur cet arrêté. Lecornu a été obligé de fuir, réduits, lui et ses enfans, à la plus affreuse position, ils n'avoient d'autre retraite que les bois, où ils ont attendu que le règne de la justice vint réparer les crimes du règne de la tyrannie et de la persécution.

Que n'aurois-je pas encore à dire si je voulois retracer ce qui s'est passé seulement dans la commune du Puy ! combien le fanatisme y a servi de prétexte à des mesures de rigueur! Les autorités constituées d'alors étoient parfaitement d'accord dans leur marche; il n'y avoit point de réclamations à faire; tout étoit dans la terreur à l'aspect d'une guillotine presque toujours permanente, et dont on avoit grand soin de ne pas épargner la vue aux victimes que l'on conduisoit à la maison d'arrêt.

Je me suis vu contraint de changer presque en entier toutes les autorités constituées qui siégeoient dans cette commune, et de remettre les pouvoirs en des mains qui n'en abusassent plus, comme on l'avoit fait jusqu'alors. Je ne l'ai pas fait sans avoir consulté, je puis le dire, le vœu du peuple en masse; et si l'amour-propre de quelques hommes s'est trouvé blessé, ce n'étoit pas un motif pour moi de ne pas céder à la conviction intime que j'avois acquise, que les changements que j'ai faits étoient nécessaires au salut de cette commune et du district du Puy.

Je trouvai les maisons d'arrêt encore remplies de beaucoup de pauvres habitans des campagnes, arrachés à leurs travaux pour des motifs d'une telle futilité que je n'hésitai pas un instant à les faire élargir. Je cédai d'ailleurs au penchant le plus naturel à mon cœur, et je sens encore combien il m'en coûtoit de prendre des mesures de rigueur quand elles étoient nécessaires.

Les personnes que j'ai fait incarcérer sont en très petit nombre. Quatre personnes m'avoient été dénoncées pour des faits graves; je les fis arrêter: j'en fis mettre ensuite deux en liberté; les deux autres furent traduits au tribunal criminel, où ils ont été acquittés sur la question intentionnelle.

Les détenus qui avoient été mis en liberté par le comité de sûreté générale, étoient en grand nombre dans la commune du Puy, et parmi eux il s'en trouvoit peu qui eussent mérité les traitemens qu'ils avoient soufferts. Combien les passions avoient dirigé ces arrestations arbitraires! combien la vengeance y avoit eu de part! que de dénominations absurdes de fédéralistes, de suspects, de modérés, d'insoucians, etc, etc! tout cela a servi de prétexte pour incarcérer des hommes vraiment républicains, vertueux, ennemis jurés des crimes de toute espèce, les premiers amis de la révolution, ceux enfin qui se seroient toujours opposés à l'oppression, s'ils avoient été libres.

Combien j'ai eu d'occasions d'en connaître pour qui le

souvenir même de leurs maux étoit un sentiment qu'ils se reprochoient! Eux aussi rendoient graces à la journée du 9 thermidor: ils en bénissoient les auteurs sans accuser ceux qui avoient causé leur tourment: ils savoient que si ce jour eût encore été différé de quelque temps, ils auroient été traduits à Paris, et, pour me servir des expressions du représentant Faure, ils seroient venus *rendre visite à Samson*. Oui, citoyens, votre arrêt de mort étoit prononcé à l'avance; tout ce que j'ai lu et vu m'a autorisé à le croire. Et comme j'ai promis de dire la vérité toute entière, pourquoi tairois-je ici une lettre du représentant Reynaud, par lui adressée aux membres du comité révolutionnaire du Puy, qui l'ont déposée en mes mains, et dans laquelle il s'explique ainsi en parlant des reclus : « La terreur doit être à l'ordre du jour. Il est indispensable d'épurer la République. Une commission doit épurer aussi les maisons de réclusion. Gare les têtes. Je vous invite d'avoir soin de ces messieurs, qui se réjouiront peut-être de mon départ, mais qui trouveront bientôt la sévérité et la justice qu'ils méritent, etc., etc. » Telles sont les expressions consignées dans ses lettres. Il m'en a été remis d'autres, qui toutes, réunies, prouvent que le représentant Reynaud étoit loin de ces principes d'humanité qu'il paroit aujourd'hui vouloir propager. Cependant j'ai aussi applaudi à son opinion imprimée et distribuée sur la nécessité d'abolir la peine de mort. Il est vrai qu'à présent la voix de la raison se fait entendre; et certes, avec le courage des vrais amis de la justice et de l'humanité, il faut espérer qu'elle sera enfin et partout entendue.

Maintenant je vais me reporter dans les différentes communes du district du Puy que j'ai parcourues, et où les vrais principes étoient depuis longtemps méconnus et méprisés.

La commune de Craponne, petite ville assez intéressante par sa population, m'avoit été indiquée pour être celle d'où étoient sortis nombre de fois des détachemens révolutionnaires qui portoient la désolation dans les campagnes, il y a eu long-temps là une société populaire qui s'arrogeoit tous les pouvoirs; elle étoit souvent présidée par le crime. et les autorités constituées étoient subordonnées à sa volonté, même les autorités des communes voisines : nombre de fois les scènes les plus violentes y ont eu lieu. On y distinguoit un nommé Florent, lieutenant de gendarmerie de nouvelle création, et dont les titres les plus intéressans pour parvenir à cette place, étoient, m'a-t-on dit, des assassinats....

Cet homme a long-temps fait plier sous sa verge de fer tous ceux que sa passion pour le mal lui présentoit comme suspects. Un nommé Liogier, de cette même commune, trop connu dans ces cantons pour que j'en fasse ici le portrait, secondoit parfaitement les vues des brigands, et on trouvoit de leurs partisans dans une municipalité alors composée de manière à laisser commettre tous les excès ; aussi tous les délits possibles se sont-ils commis dans cette commune. Un citoyen y a été assassiné en présence peut-être de plus de deux mille âmes. Les meubles, effets, argente-cri des églises de Craponne, ont été en partie pillés ; un grand nombre de particuliers ont été vexés, opprimés, incarcérés, mutilés, tandis que dans cette commune il existoit une foule de bons citoyens qui, s'ils n'eussent été proscrits parce qu'ils étoient respectables par leurs vertus, y auroient toujours entretenu la paix, l'union et la fraternité, mais ces sentimens étoient loin de ceux qui ont trop long-tems dominé. Pour réparer tout le mal qui y avoit été fait, je me suis contenté d'y manifester des principes de justice et d'humanité, d'y inviter à la paix, à l'union et à l'oubli des maux passés.

Cette conduite m'a parfaitement réussi : j'ai fait quelques changemens dans les autorités constituées ; je n'ai mis en place que ceux que les citoyens assemblés m'ont demandés eux-mêmes ; j'ai destitué le nommé Florent de sa place de lieutenant de gendarmerie, pour la rendre à celui qui en avoit été injustement dépouillé ; et c'est d'après cela que Craponne a été vraiment rendue à la liberté, que j'y ai vu les meilleures dispositions à amener la Révolution et l'intention la plus prononcée de ne plus la laisser souiller par des actes arbitraires et tyraniques.

La commune de Monestier, dans le même district, a également eu ses persécuteurs, ses tyrans et ses oppresseurs. Les mesures révolutionnaires n'y ont pas été négligées dans les temps ; les proscriptions y ont été à l'ordre du jour ; la loi du *maximum*, comme dans tout le département de la Haute-Loire, y a donné lieu à des vexations sans nombre. Le droit de réquisition y étoit en grande activité : un officier municipal, le greffier même, avoient-ils besoin de grain, sur-le-champ une réquisition...; avoit-on besoin d'un cheval et d'une voiture, encore une réquisition; et faute d'y déférer sur l'heure, on étoit déclaré suspect et poursuivi comme tel (c'est-à-dire, incarcéré). Le nommé Bonnafoux, prêtre constitutionnel, m'a été désigné pour avoir été en grande partie l'auteur des maux qu'a soufferts cette commune. Marat y fut longtemps le dieu tutélaire qu'il falloit adorer. Je me suis empressé de faire oublier ses maximes; et si la révolution a été goûtée difficilement dans cette commune, je n'ai rien négligé pour lui en faire partager les bienfaits; les mesures répressives que j'y ai prises se sont bornées à des changemens indispensables et très-désirés dans les autorités constituées.

La commune de Pradelle, petite ville qui se trouve à l'extrémité du département de la Haute-Loire, a aussi fixé mon attention, et je n'ai eu qu'à m'applaudir de m'y être rendu. Cette commune renferme dans son sein des hommes instruits, et les mœurs en général y sont plus douces que dans les districts du Puy et de Monistrol. La révolution n'y a pas occasionné de scènes désastreuses ; la loi paraît y avoir toujours été respecté ; des hommes instruits et énergiques en ont imposé à quelques ambitieux cachés qui vouloient aussi dominer. Une société populaire y étoit devenue un foyer de discorde ; elle a été fermée par la municipalité même ; quelques changemens dans les autorités constituées ; des témoignages d'approbation que je me suis plu à donner à plusieurs fonctionnaires publics, et surtout au juge de paix que ses connoissances et ses vertus font chérir de ses concitoyens ; des secours sollicités pour les malheureux, distribués par mes soins, quand je l'ai pu : voilà quelles ont été mes opérations dans cette commune, et comment je suis parvenu à y réunir les esprits.

Je n'ai encore rien dit du district de Brioude. La commune de Brioude, chef-lieu de district, est une des communes de la République pour qui la journée du 9 thermidor a été plus particulièrement un jour de délivrance, et cependant ce n'est pas précisément à compter de ce jour que les tyrans subalternes, les agens de Robespierre, ont pu se persuader que leur règne étoit passé. Il sera difficile sans doute de croire que, dans un pays où il y a généralement des lumières, l'ignorance soit parvenue à se saisir du gouvernement et à le faire peser sur les citoyens, tellement qu'il ne restoit à l'homme de bien d'autre parti à prendre que de fuir ou de se soumettre à la volonté d'un brigand, et même de le prévenir, s'il ne vouloit pas s'exposer à sa vengeance.

La révolution avait commencé dans ce district sous des auspices assez favorables ; les privilégiés qui l'habitoient, en assez grand nombre, ne paroissoient pas lutter contre l'opinion publique, et généralement l'on se soumettoit à la loi sans murmurer ; mais ces bonnes dispositions ne sauvèrent point ce pays de la persécution ; elle frappa indistinctement les citoyens dans leurs personnes et dans leurs propriétés.

Depuis le passage de quelques hommes bien connus qui s'étoient fait un devoir d'y développer les principes du jour, on y avoit beaucoup de foi à la religion de Marat ; son nom avoit été très respectueusement adopté par un certain individu bien digne, et par ses sentimens, et par ses mœurs, d'être l'apôtre d'un être aussi méprisable ; on conçoit que les proscriptions y furent aussi à l'ordre du jour. Les fonctionnaires publics qui pouvoient être soupçonnés de ne pas partager les sentimens des patriotes par excellence, furent en grande partie destitués, déclarés suspects, et par suite incarcérés. Un comité révolutionnaire y fut organisé et composé d'individus convenablement choisis.

La qualité de membre du comité révolutionnaire avoit tant d'attraits pour certains hommes que quoiqu'ils fussent déjà, l'un receveur du district, l'autre receveur de l'enregistrement, un troisième, membre du directoire de district, ils se chargèrent encore de l'honorable fonction de diriger les mesures inquisitoriales.

Avant mon arrivée à Brioude, je fus obligé de prendre un arrêté pour faire fermer la société populaire ; elle étoit devenue tellement dangereuse à la tranquillité publique, qu'on ne pouvoit la laisser subsister plus long-temps ; aussi cette mesure fut-elle généralement approuvée par les bons citoyens, et n'a trouvé de censeurs que parmi ceux qui savoient faire servir ces sortes de rassemblemens à leurs passions, et qui, dans l'instant même où ils sembloient travailler à réunir les esprits, abusoient de leur ascendant pour attirer la proscription sur les citoyens dont la probité et la droiture contrarioit leurs vues secrètes.

Je fus à peine arrivé dans cette commune, que je sentis la nécessité de manifester la ferme résolution où j'étois de comprimer les méchans, de leur arracher les pouvoirs dont ils avoient abusé, et de les signaler de manière à ce que chacun pût les reconnoître à l'avenir. J'eus à lutter un instant contre quelques factieux qui crurent d'abord m'en imposer et m'arrêter tout à coup; ce fut pour moi une occasion de montrer à ces êtres méprisables qu'un homme de bien sait triompher des efforts des méchans, que rien ne peut l'effrayer dans sa marche, et qu'il sait tout oser lorsqu'il s'agit de réprimer le crime et de faire régner la justice.

Un grand moyen de succès pour les agitateurs, c'est que, lors de mon séjour à Brioude, cette commune étoit presque dépourvue de grains : ce malheur venoit de la négligence du directoire du district, qui, toujours occupé de mesures révolutionnaires, feignoit de ne pas croire que c'étoit à lui à user du droit de réquisition pour l'approvisionnement des marchés, ou du moins usoit de ce droit avec tant de foiblesse, qu'il devenoit nul en ses mains. Mais, je dois le dire ici, c'est au zèle de la municipalité de Brioude, à la sagesse des citoyens de cette commune, et à la générosité des propriétaires de grains, qu'on doit la tranquillité qui y a régné pendant le cours de l'hiver dernier, dont la rigueur a été excessive dans ce pays, où les neiges sont toujours très abondantes. Ceux qui avoient alors quelques provisions en grains, sont venus eux-mêmes solliciter auprès de moi un arrêté tel que quiconque se trouveroit en avoir pour plus de deux mois, seroit tenu de laisser le surplus à la disposition de la municipalité, qui n'en feroit la remise que quand les approvisionnemens deviendroient plus faciles. C'est ainsi que les citoyens de Brioude se vengeoient des persécutions qu'ils avoient éprouvées.

Après avoir pris d'autres moyens pour les approvisionnemens nécessaires, je m'occupai de ce qui étoit plus particulièrement relatif à ma mission, je cherchai à connoître quel était l'esprit public, et surtout quelles étoient les dispositions des autorités constituées. Je parlois souvent aux citoyens assemblés, et je prenois tous les renseignements qui pouvoient me préserver de toute erreur. Chaque jour, il se présentoit auprès de moi 150 personnes du district qui m'apportoient des plaintes très graves, soit contre les comités révolutionnaires, soit contre les municipalités et quelques juges de paix. Que d'iniquités à réparer ! Que de peine à les faire oublier ! L'espoir du retour certain de la justice ; l'assurance que la terreur qui avoit si cruellement pesé sur le district, n'y reparoîtroit jamais ; la certitude que je n'étois pas le protecteur des méchans, que je ne leur laisserois plus la faculté d'opprimer leurs concitoyens, que je remettrois en des mains pures les pouvoirs qu'ils avoient usurpés ; toutes ces causes réunies ont produit les plus heureux effets snr des hommes essentiellement bons et honnêtes.

J'ai voulu connoître la nature des opérations du comité révolutionnaire de Brioude avant sa première épuration; je me suis fait représenter tous ses registres et j'ai passé des nuits entières à rechercher si les faits que l'on reprochoit aux membres qui la composoient lors de la formation, étoient constatés. Je n'en ai que trop acquis la certitude ; mais ce qui m'a surtout frappé, c'est que la révolution du 9 thermidor n'avoit point ralenti l'affreuse activité des membres de ce comité ; c'est que se repentant, en quelque façon, de n'avoir pas profité d'un temps plus heureux pour envoyer au Tribunal révolutionnaire un assez grand nombre de citoyens qu'ils y avoient destinés, se repentant, dis-je, de cette négligence, et voulant répondre à la bonne opinion de leur fondateur, ils se mirent tous à l'ouvrage et le 24 thermidor, ils prirent un arrêté composé de 55 *vu*, de 71 *considérant* pour envoyer à Paris 25 ou 30 nouvelles victimes. La lettre d'envoi de cet arrêté au représentant du peuple Reynaud, également très circonstanciée, finit par cette phrase remarquable : *Sans doute de cette fois, tu seras content de nous.* . . . .

. . . .
Eh bien ! ce sont ces hommes qui, destitués nominativement par moi des places qu'ils occupoient, ont crié à l'injustice, à la persécution, et qui depuis se sont dits des patriotes de 1789 opprimés. De quels autres faits ne pourrois-je pas encore faire honneur à leur patriotisme ! Certes, si ce sont là des droits à la reconnoissance publique, je déclare qu'ils en ont beaucoup, et que je ne les leur envie pas.

Je ne finirois pas si je voulois retracer tous les excès qui ont eu lieu dans la majeure partie des communes du district, tous les actes arbitraires exercés par ceux qui se disoient porteurs de pouvoirs illimités donnés par le représentant du peuple Reynaud. Les incarcérations, surtout, ont été extraordinairement multipliées Que de malheureuses femmes de campagne qui l'ont été si arbitrairement ! combien d'hommes violens, dont je pourrois citer les noms, se prêtoient à ces cruautés ! Je me rappelle que le citoyen Pissis, de Pouilhaguet, alors administrateur du département, me fut présenté comme l'auteur des maux de son pays ; des témoins qu'il avoit fait paroître devant lui, à dessein de trouver des coupables, s'étoient rétractés publiquement. On l'accusoit d'avoir organisé les municipalités à main armée ; celle de Pouilhaguet, entre autres, l'avoit été de cette manière. Je désire que le citoyen Pissis, de Pouilhaguet, puisse se justifier aux yeux de ses concitoyens ; mais il en est peu qui puissent se persuader qu'il n'ait pas été le partisan déclaré du gouvernement révolutionnaire qui a si fort pesé sur la Haute-Loire.

J'ai terminé mes opérations dans ce district par nommer aux fonctions publiques des hommes dont la probité n'est point un problème, et dont les lumières égalent les vertus : ils savent distinguer l'erreur d'avec le crime ; le coupable les redoute, l'innocent les aime et les révère, ils ne connoissent que la loi, ils l'exécutent et la font chérir en même temps.

Si les deux autres districts de ce département ressembloient à celui de Brioude, je n'aurois à présenter qu'un rapport infiniment satisfaisant, il y a malheureusement des différences très sensibles ; les fonctionnaires publics que j'y ai nommés sont des citoyens purs et instruits ; ils sont doués d'une énergie bien connue, et pénétrés du désir ardent de faire le bien : mais il est des hommes qui s'occupent sans cesse à empoisonner leurs intentions et à paralyser leurs mesures, et comme ils ne sont pas secondés d'ailleurs, ils ont souvent à regretter que les effets ne répondent point à leurs efforts. Il est au reste un reproche qui ne pourra pas leur être adressé par leurs ennemis même, celui d'avoir sollicité les places auxquelles je les ai appelés, je dois à la vérité de déclarer que presque tous ne les ont acceptées que sur mes invitations réitérées, et

dans la dispositions généreuse de tout sacrifier pour con-
courir au succès de mes travaux.

Je n'ai point parlé des troubles qui agitent plus particulièrement ce département depuis ma mission : ils sont
occasionnés par des volontaires déserteurs, qui se réfugient
dans les bois et qui paroissent commettre des excès en
tout genre ; je desire sincèrement, pour le bien que je
veux aux habitans de la Haute-Loire, que ces troubles
cessent promptement, et que chacun rentre dans l'ordre
si désirable pour le bonheur commun.

En terminant ce rapport, je sens que je puis trouver
dans le souvenir de ce que j'ai fait quelque récompense de
mes travaux. Il m'est doux de penser que toutes mes
démarches dans la Haute-Loire ont été dirigées par le
constant amour de la justice et de l'humanité ; que, chargé
d'être l'interprète des principes de la Convention nationale, j'ai rempli ma tâche en les faisant aimer et en portant dans les cœurs l'impression de ses bienfaits : je puis
invoquer à cet égard le témoignage de l'habitant des villes
et des campagnes. Mais il n'est pas moins satisfaisant pour
moi d'assurer à la Convention que s'il s'est rencontré dans
ces contrées des partisans de la tyrannie, il s'y trouve des
amis de la justice et des lois ; que la révolution du 9 thermidor y a développé sur la liberté des idées et des sentimens qui s'y sont propagés avec assez de succès ; que j'y
ai vu des hommes probes, sensés, laborieux, rapprochés
de la nature et des mœurs des peuples libres ; que par-tout
j'ai reconnu des citoyens qui, pour aimer la République,
n'ont eu besoin que de la connoître, dont le cœur étoit
ouvert à toutes les vertus qu'elle enseigne, et qui sauront
les transmettre à leurs enfans en leur donnant l'exemple
de les pratiquer.

A Paris, de l'Imprimerie Nationale
Vendémiaire, an IV.

*
* *

Reynaud répondit au *Rapport fait à la Convention
nationale par le Représentant du peuple Pierret* par
les deux pièces imprimées suivantes : des *Observations servant de réponse préliminaires à la diatribe de
Pierret*, et une adresse à ses concitoyens de la Haute-
Loire :

[Vendémiaire an IV. — Septembre-octobre 1795]

Observations
servant
de réponse préliminaire
à la diatribe de Pierret,
qualifiée de Rapport sur sa mission dans le département de
la Haute-Loire
Par le représentant Reynaud (de la Haute-Loire), envoyé
en mission dans ce département.

Depuis quelques jours le représentant PIERRET, que la
conspiration des journées des 12, 13, et 14, sur laquelle il
comptait sans doute, rendoit audacieux, avoit fait distribuer à la Convention une diatribe contre deux représentans du nombre desquels j'étois.

Son système et ses intentions, profondément combinés,
sont connus aujourd'hui. Constant persécuteur des républicains du département de la Haute-Loire, pouvoit-il épargner ceux qui avoient partagé dans toutes les occasions
l'énergie et le courage de leurs concitoyens, et en même
tems leur fidélité pour les intérêts de la patrie, vertu si
méconnue jusqu'à présent par PIERRET ?

Je m'—— pois de répondre d'une manière victorieuse au
royaliste —ERRET, l'oppresseur de mon pays. Oui, je lui
donne le titre de *royaliste*, et c'est le seul qui lui convienne, puisqu'il n'a usé de ses pouvoirs que pour favoriser les

royalistes et les prêtres réfractaires de ce département. Son ami CHAZAL (1) l'a très bien secondé ; aussi la contre-révolution est-elle en pleine activité dans ce département. Les événements des trop fameuses journées des 12, 13 et 14 vendémiaire, qui nous expliquent avec une conviction qui ne laisse rien à désirer sur les complots des auteurs des maux, des calamités, enfin des égorgemens qui ont désolé la république, ont absorbé mon tems, d'ailleurs j'attends avec une juste impatience le résultat des mouvemens contre-révolutionnaire et royaliste, organisés par PIERRET, afin de former un tableau exact et rapproché des causes et des effets qui doivent en être le résultat. Je me contente, dans ce moment, de transcrire une lettre qui m'a été adressée du Puy. Lisez, et vous connaîtrez l'homme dont je vous parle !

Le Puy, 14 vendemiaire, l'an 4.

« Citoyen représentant,

« Enfin la Vendée est formée parmi nous, grâces à PIERRET ; il peut hardiment venir se mettre à la tête, et son âme jouira du sang qui va se répandre. Il faut qu'il tienne sa parole, puisqu'il osa dire publiquement : *On dit que je forme dans ce département une Vendée : eh bien! je viendrai m'y mettre à la tête* (2).

« Le 11 du courant, un détachement partit pour Yssingeaux, dans la vue de dissiper nombre de déserteurs. On jugea à propos de quitter Yssingeaux, ville toujours rebelle, et qui nous trahissoit, pour nous rallier vers le Puy.

(1) L'arrêté de CHAZAL, lu à la Convention, lequel suspendait l'exécution de la loi du 20 fructidor contre les émigrés et les prêtres, prouve qu'il étoit d'intelligence avec PIERRET, qui n'avoit fait autre chose que de favoriser cette vile classe d'hommes. Cet arrêté n'est pas le seul, au reste, que CHAZAL ait pris en leur faveur.

(2) Il est bien constant que PIERRET a tenu, dans la ci-devant société du Puy, le langage que lui reproche le citoyen qui m'écrit, car je puis produire trois lettres de trois autres citoyens de cette commune qui m'annoncent le même fait.

« Nous fûmes attaqués sur la route, et dans une gorge près Glavenas, par une troupe de ces scélérats bien armés, munis de bonne poudre, commandés par des hommes qui connoissoient le manœuvre, plusieurs des officiers municipaux de ces contrées, et de la création de Pierret, étoient en tête. Nous en saisîmes un qui étoit en écharpe. Le choc a été violent ; et, sans la bonne contenance des troupes de ligne, tout le détachement étoit perdu. Dans cette action, nous avons perdu deux hommes. La perte de l'autre côté, peut être évaluée à quarante hommes (1).

« L'alarme est générale dans le Puy ; et s'il ne vient bientôt des secours, je ne doute pas qu'il ne soit armé. Toutes les campagnes sont gangrenées ; l'administration et toutes les autorités constituées, aussi de la création de PIERRET, sont du parti, et s'entendent avec les brigands. On a voulu absolument la guerre civile, et elle est à nos portes. Maudit soit le jour où PIERRET arriva dans nos murs ! Il ne s'agit pas de dire qu'on a été trompé, c'est toujours la ressource des malveillans. Et moi je lui dirai en face qu'il ne l'a pas été, que c'est un royaliste fieffé, dont la Convention devroit faire punition.

« Pressé, je ne puis vous en dire davantage. Vous pouvez communiquer à qui que ce soit ma lettre ; pardonnez à quelques fautes de style. J'écris à la hâte. Au premier courrier, je vous donnerai avis d'autres détails, si la communication n'est pas interceptée, comme je le crains. La mesure est enfin comble. Je ne crains rien : il est temps de dire la vérité. PIERRET est un scélérat, le peuple a demandé que tous les corps constitués fussent échangés, et CHAZAL l'a promis ; mais ne sera-ce pas appeler le médecin après la mort ? Tous les membres de l'administration, dignes partisans de PIERRET, et ses créatures viennent de prendre la fuite. Les coquins !... ils disoient que ce

(1) Lanjuinais appellera-t-il aussi cette défaite *massacre*, comme il a osé appeler la défaite des royalistes de la journée du 13 vendémiaire, dispersés par nos braves frères d'armes et par les patriotes de 89 ? Aussi a-t-il été récompensé pas ses amis les électeurs de Paris qu'il a si bien appuyés dans toutes les occasions !

n'étoit rien, pour mieux donner le tems à ce noyeau de contre-révolution de s'organiser.

Salut, etc.

Signé D .. »

P. S.— Rien ne prouve mieux que le scélérat PIERRET est du complot, que les cris des déserteurs : *A bas la Convention ! à bas la République !* VIVE PIERRET.

A cette lettre, je pourrois en réunir bien d'autres qui me présageoient depuis long-tems les effets funestes de la mission de Pierret. Je pourrois également invoquer l'assertion de mon collegue BARDY et autres qui ont reçu des lettres semblables : et certes si PIERRET avoit encore l'audace d'avoir des doutes, ou de s'applaudir sur ses opérations, que le comité de sûreté générale vienne à la tribune y faire le rapport des tristes et douloureux événemens qui déchirent dans le moment ce département ! qu'il lise, surtout, la correspondance venue de ce pays ! C'est alors qu'on restera convaincu du mérite de la conduite de PIERRET qui a médité en secret, avec ses amis affidés, la contre-révolution

Oui, LE BARDY, tu as accusé un homme très coupable en accusant PIERRET, et ce n'est pas l'epoque que tu aye le moins mérité de ta patrie. Oui, il a conspiré contre notre mère commune ; et j'annonce avec autant de vérité que de courage, que PIERRET avoit organisé dans la Haute-Loire, une *Compagnie de Jésus,* pour faire des égorgemens au Puy, à l'instar de ceux de Lyon et de Saint-Etienne, ces derniers faits sous les yeux de son ami BONNET, alors en mission dans cette commune très patriote, mais malheureuse, comme tant d'autres, d'avoir possédé des hommes vendus au royalisme. Eh bien ! si l'égorgement n'eut pas lieu au Puy, on le doit à un officier municipal (1), seul patriote conservé en fonction, qui réarma les amis de la patrie, sur-tout ces canonniers avilis et dégradés par PIERRET, parce qu'ils avoient combattu les brigands de la Lozère, de Dussaillant et d'Yssingeaux, etc.

Quelle fut enfin la récompense de cet officier municipal?

____

(1) L'officier municipal que j'avois placé dans la municipalité du Puy, toute patriote, s'appelle Laustac.

la suspension prononcée par l'administration, approuvée par PIERRET, qui applaudit aussi à la conduite des hussards appelés au Puy par lui, et organisés en compagnie de jésus.

Dans ma réponse prochaine à PIERRET, je développerai mes moyens de dénonciation ; ils seront suffisans pour faire connoître à la postérité les auteurs des malheurs de la République. Je déclare néanmoins à Pierret que s'il arrive des malheurs à mon pays, je le poursuivrai, non pas en lâche assassin, comme les royalistes ses amis, mais de corps à corps.

REYNAUD, de la Haute-Loire.

P. S. — Au moment que je portois à l'impression mes *observations préliminaires*, j'ai reçu une seconde lettre du même citoyen, que j'ai été bien aise d'ajouter à la première, elle confirme tout ce que la précédente annonçoit de PIERRET ; et l'on verra que le système de contre-révolution étoit bien combiné avec les meneurs des assemblées primaires, étayés par des meneurs élevés dans des rangs supérieurs, pour lesquels cependant on a invoqué toute l'astuce de la chicane pour les faire jouir des effets de l'indulgence ; et cela, parce qu'ils ont servi, dans toutes les circonstances, de cœur et d'âme, la cause du royalisme tandis que des défenseurs du peuple ont été victimes sans formes et sans motif. Sans doute la postérité, plus juste que ceux qui les ont accusés et jugés tout à la fois, répandra aussi des fleurs et des larmes sur leurs cendres ombragées par des cyprès, en vouant à l'exécration leurs assassins. En attendant cette époque, que ceux qui ont échappé aux coups de poignard aiguisés également pour eux, s'occupent à démasquer ces hypocrites, qui, comme celui qui fut précipité de la Roche Tarpéienne, à cause de son ambition démesurée, se sont servi du langage de justice et d'humanité, en organisant les assassinats.

Copie de la seconde lettre

Du Puy, 16 vendémiaire, an IV.

Avant l'arrivée de PIERRET, tout était tranquille dans notre département ; il lui a plu de nous enlever ce calme, et ses désirs sont accomplis. Le citoyen CHAZAL, par un arrêté du jour d'hier, vient de déclarer la commune du Puy en état de guerre.

Toutes les communes des environs, leur municipalité en tête, et de la création de Pierret, se rendent journuellement à Yssingeaux pour se joindre aux brigands qui en ont fait leur centre. Nous sommes à la veille d'être attaqués, j'entrevois déjà que beaucoup de sang va couler. Nous n'avons aucune confiance ni aux autorités constituées, ni à ceux qui nous commandent.

PIERRET, en digne royaliste, a eu soin de mettre en place des gens de sa trempe, des reclus, des hommes suspects, et d'expulser des fonctions les vrais patriotes, sous le spécieux prétexte du terrorisme. Nulle personne ne peut pénétrer à Issingeaux : les brigands ont formé des vedettes et des postes : en un mot, ils sont organisés, parce qu'on leur a donné le tems de cela faire. Ma patrie est entièrement perdue, si on ne vient à son secours. Le prétexte de la religion allume les brandons de la guerre civile, et tel qui, dans l'ancien régime, étoit regardé comme un matérialiste, hurle aujourd'hui à grands cris pour cette religion qu'il méprisoit, et affecte de se prosterner devant des autels où Dieu doit être étonné de les voir pour la première fois.

C'en est fait, les prêtres réfractaires triomphent ; les campagnes se prosternent devant eux. Et pourquoi non ! PIERRET ne leur en a-t-il pas donné l'exemple ? Je ne cesserai de le répéter jusqu'à la mort : PIERRET est l'auteur de tous nos maux (car jusques à son arrivée, tout avoit resté calme et soumis). Puisse Dieu, qu'il feint de connoître et méconnoît effectivement, faire decouvrir son hypocrisie et sa scélératesse qu'il avoit puisée, sans doute, dans la famille des Loménie-Brienne, dont, dit-on, il a été l'agent pendant vingt ans.

Je ne redoute pas que ma lettre soit communiquée même à PIERRET. On peut même lui affirmer que je le poursuivrai par-tout, jusqu'à ce qu'on sache évidemment qui a tort de lui ou de moi. J'ai pris pour devise d'attendre la mort sans la désirer ni la craindre. Chez moi, rien que la vérité. Mon patriotisme n'est point exalté, mais il est ferme. La mort ou la République. Je ne veux plus courber la tête sous un tyran couronné ni mitré (moins encore de l'espèce de PIERRET). Je me suis elevé à la hauteur de l'homme libre; je rougirois de descendre; mon âme est trop fière pour faire un pareil pas. Daignez recevoir mes embrassemens. Peut-être sera ce la dernière lettre que je vous écriroi, car on ne doit point compter dans ce moment pour sa vie, tant les choses sont dans un état désespéré. Ne pensez pas que ce soit la peur qui me dicte ce que je vous écris; je suis incapable de cet état violent, la vérité seule dirige ma plume.

Salut, etc.   D...

Pour copie conforme à l'original,

REYNAUD, de la Haute-Loire.

N. B. Les faits annoncés dans ces deux lettres, relatifs aux dangers de la ville du Puy, sont si constans, que CHAZAL, le représentant du peuple, l'a déclarée, par un arrêté, en état de guerre. Il paroît que la confiance n'est pas pour celui qui y commande. Et comment auroit-il choisi tout autre personnage, après la protection qu'il a accordée par différens arrêtés, aux prêtres, aux émigrés et aux jeunes gens de la réquisition, vils déserteurs des drapeaux de la liberté, pour effectuer des égorgemens, et dont mon épouse, aussi vertueuse que républicaine, a failli être plusieurs fois victime. Si elle existe, elle le doit à la fuite, plutôt qu'aux autorités; car des membres, en chantant le *réveil du peuple* à la tête de ces jeunes gens tous hussards, dirigeoient leur marche. Ce fait sera attesté par tout ce qu'il y a de républicains honnêtes et sincères de cette commune, qui fut toujours l'exemple du courage et de la soumission, malgré les calomnies atrocement combinées par le représentant PIERRET. Je sais que cette grande vérité lui occasionnera un épanchement billieux sur sa figure presque aussi hideuse que son âme. Mais aujourd'hui qu'il ne peut user de ses pouvoirs en despote, l'amour de ma patrie me fait un devoir de l'attaquer en face, même jusques à son amour-propre, bien éloigné des intérêts de la république. J'ajourne à développer le surplus de sa conduite à ma réponse générale sur sa diatribe, qui eût été plus fructueuse pour son cœur, s'il l'eût fait éclore dans ce tems où des hommes ne demandoient qu'entendre prononcer le nom d'un représentant qui eût, sur-tout, voté la mort du tyran, pour le mettre en état d'arrestation, et mieux encore d'accusation.

Ce que je dis, au reste, en faveur des votans pour la mort de Capet, ne doit pas me faire soupçonner de vouloir faire renaître une démarcation qui partageoit la Convention, lorsque déjà plusieurs assemblées électorales n'ont rejeté des représentans fidèles à leurs engagemens, que parce qu'ils avoient voté la mort du tyran. D'ailleurs, ceux qui ne l'ont pas votée, n'ont-ils pas voté l'exécution ? N'ont-ils pas consacré l'anniversaire de cette mort, plus utile encore que mémorable ? Ce qui prouve son utilité, ce sont les circonstances que des prétendans à la royauté cherchent à mettre à profit par des proclamations insidieuses et perfides, malgré qu'ils ne touchent pas au sol de cette république qu'ils voudroient anéantir. Que ne seroit-il pas arrivé, si Capet eût resté au Temple ? Certes, déjà la France, ensenglantée et déserte, le verroit régner sur ce peu d'esclaves épargnés.

Les noms de ces hommes qui ont donc eu le courage de prononcer sa mort, comme ceux qui en ont ordonné l'anniversaire, doivent être à jamais bénis par les républicains, tant qu'il en existera sur le sol de la France, car, sans cette mesure, les fers seraient leur héritage ; et s'ils périssent par le poignard des royalistes dont ils sont menacés, sur leurs tombeaux seront écrites les dernières paroles de l'immortel LEPELLETIER-SAINT-FARGEAU, assassiné par le royaliste PARIS, pour avoir voté la mort du tyran : *Je suis satisfait de verser mon sang pour la patrie ; j'espère qu'il servira à consolider la liberté et l'égalité, et faire connaître ses ennemis.*

REYNAUD (de la Haute-Loire).

A PARIS, de l'Imprimerie de Guérin, rue des Boucheries-Honoré, n° 937.

Reynaud
(de la Haute-Loire)
Représentant du peuple français
Aux citoyens du département
de la Haute-Loire

Des dénonciations, funestes résultats de fausses ou perfides préventions, qui pèsent sur ma tête depuis l'époque du 9 thermidor, me font perdre votre estime et votre confiance. L'opinion publique à mon égard est dans un tel degré de dépravation, qu'oubliant les services que j'ai rendu à la chose publique, en tout ce qui a dépendu de moi, et avec la bonne foi la plus pure, je me vois, ainsi que ma famille, en butte avec les passions de la haine et de la vengeance, au point que les jours de mon épouse ont été en dangers et mes propriétés violées.

Si j'ai souffert jusques à ce moment des avanies que j'étois bien loin de mériter, je le dois plutôt à mon silence qu'à des forfaits. Oh certes! fus-je jamais capable d'en commettre? Pendant tout le temps que vous m'avez vu parmi vous avec de grands pouvoirs, en ai-je abusé pour vous comprimer? M'avez-vous jamais vu oublier la dignité de mes fonctions, pour me livrer, comme d'autres, à une conduite crapuleuse. Ai-je jamais, par mes discours ou par mes écrits, démoralisé l'esprit public? Ai-je fait peser la tyrannie sur vos personnes et propriétés? Si on vous l'a dit ainsi, prenez tous mes arrêtés et mes écrits, vous n'y trouverez que les vrais principes qui ont été de tous les tems, et ceux de tous les hommes de bien : vous n'y trouverez que des sentimens de respect pour l'innocence, de vénération pour les mœurs sociales, de tolérance pour les opinions religieuses, protection au commerce et à l'agriculture.

Vous ai-je, comme certains de nos collègues, donné le

spectacle scandaleux d'une dépravation dégoûtante de sentimens et de principes, au point de confondre, dans des orgies, la dignité de la représentation nationale en la plaçant, par abus du principe de l'égalité, à côté de ces hommes (1) dont les fonctions, malheureusement trop nécessaires pour arrêter et punir le crime, ne laissent pas que d'imprimer, par leur présence, de la répugnance, juste sentiment de la nature ? Ai-je voulu détruire, comme eux en employant des actes exaspérés ou scandaleux, les préjugés et les prestiges d'un culte ridicule, il est vrai, mais dont il falloit respecter l'antiquité, en s'en rapportant, pour leur destruction, au tems et aux lumières, à l'égard surtout de ce qui avoit été regardé jusques alors comme des choses sacrées ? Aujourd'hui ces mêmes hommes tiennent un autre langage ; ils vous parlent de devoirs. Certes, qu'ils se pénètrent bien de ceux qu'ils ont à remplir euxmêmes, pour ne pas faire ce qu'ont pratiqué de tous les tems et chez tous les peup'es les ministres de tous les cultes : c'est-à-dire, de prêcher les maximes de la saine morale sans les pratiquer : aussi les a t-on toujours considérés pour des hypocrites. Mais que m'importent les actions d'autrui ? Je reviens donc à la mienne, pour écarter de vos âmes cette injuste prévention que mon trop long silence a laissé propager.

Le grand champ de bataille où j'ai perdu votre estime et votre confiance, après avoir emporté vos regrets en finissant ma mission, c'est celui de m'accuser d'avoir été l'auteur de l'arrestation de *Richond, de Liogier de Pieyres, d'Assezat*, notaire, *Ribeyron* et *Souchon* ; d'avoir été l'auteur de la traduction d'un nombre infini de *citoyens et citoyennes du district d'Issingeaux* au tribunal révolutionnaire ; d'avoir provoqué la traduction au même tribunal de *Moraval, Senilhac, Bertrand, Desbrus, Desrois*, etc.

Citoyens, le moment est venu qu'il faut que je vous dise la vérité. Elle plaît, dit on, même lorsqu'elle est toute nue ; et elle n'en devient que plus précieuse et utile, parce qu'elle est connue alors telle qu'elle est : c'est donc ainsi que je vous la présenterai, et j'espère qu'elle me sera utile.

(1) Les exécuteurs des jugemens criminels.

Toutes ces arrestations ne sont point de mon fait. Je dirai plus : je vous dirai que j'avois travaillé pour en empêcher la majeure partie ; mais la chose me fut impossible. La déclaration que je vais vous faire coûte à mon âme (1).

Les persécutions et les mauvais procédés que ma famille et moi éprouvons me forcent à rompre le silence. Certes, l'auteur de ces faits, qui sont la cause de mes maux, auroit-il dû le garder lui-même, après avoir, sur-tout, renoncé à son pays natal ; il lui a été facile de s'en détacher n'ayant plus de lien qui l'y retienne. Il [n'] en fut jamais de même chez moi, quoique des malveillans, dont j'attaquois la moralité, aient voulu donner de l'extension à une idée insérée dans ma lettre au représentant Borie, tandis qu'ils devoient se l'appliquer à eux-mêmes, pour raison de leurs intrigues perfides.

Je dis donc que l'arrestation de *Richond* est le propre fait du représentant FAURE. Celle d'*Assezat, Ribeyron* et *Souchon* le fut de même, ainsi que celle de *ses collègues au tribunal d'Yssingeaux*. J'avois frappé ceux ci, pendant ma mission, de destitution ; mais ils n'avoient pas été mis en réclusion ainsi que les premiers, parmi lesquels il y en avoit à qui j'avois continué la confiance qu'ils avoient reçue du peuple. *Liogier de Pieyres* se trouvant compris dans la procédure du trop désastreux événement d'Yssingeaux, le membre du comité de sûreté générale rapporteur de cette affaire, d'après les pièces que mon devoir m'avoit forcé de déposer au comité, ayant demandé ce qu'étoit Liogier, je lui répondis que c'étoit un citoyen qui, jusqu'au moment de ma mission, avoit eu la confiance du peuple, et que je la lui avois continuée, qu'il avoit toujours

(1) Bien éloigné de juger l'intention du représentant Faure, ma déclaration n'a de publicité que pour le seul but de démontrer l'erreur dont on a cherché de pénétrer l'opinion publique contre moi. Victime du mensonge, j'ai gardé le silence autant de tems que le devoir me le prescrivoit : et certes, il n'entra jamais dans mon âme de nuire à aucun de mes collègues sans être convaincu de ses intentions, et moins encore de me procurer un moyen de spéculation, comme certains ont fait, par des dénonciations qui ont dû perdre tout leur prix là où la cupidité, où la passion mercenaire est commencée.

montré beaucoup de zèle, et que, s'il avoit commis des erreurs, on devoit les oublier, d'après son bon cœur. Comme je dois dire la vérité, je dois vous dire que Faure appuya mon avis, mais trop foiblement. Le rapporteur nous répliqua qu'il regardoit Liogier comme très coupable d'avoir protégé l'évasion des prisonniers, et d'avoir dit sur-tout, en les recommandant au gaolier : *qu'il ne falloit pas les tenir resserrés, que c'étoit des amis et des frères,* ce qui le déterminoit à faire son rapport sur les charges contre Liogier, d'après lesquelles le comité prononceroit sur son compte en prononçant sur le sort des autres.

FAURE fournissoit tous les renseignemens. Il pouvoit d'autant plus le faire, que la procédure s'étoit instruite devant lui, et moi je ne connoissois presque personne. FAURE témoigna, au reste, sinon sa surprise, mais bien son indignation, sur ce qu'on avoit soustrait, par la nouvelle instruction du procès, plusieurs individus coupables ou complices dans cette malheureuse catastrophe. Il en accusoit fortement les intrigues de *Liogier*. Il fournit alors toutes les instructions et leurs noms, pour les faire comprendre dans la liste de ceux à traduire. Sans connoître certains d'eux, mais seulement d'après la désignation de leur profession, ce qui me faisoit supposer chez eux plutôt ignorance que mechanceté, je lui fis des observations ; c'est sur tout pour le nombre de femmes que je crus coupables, puisqu'il l'assuroit, mais seulement par le funeste résultat des préjugés fanatiques ; néanmoins je pensois qu'alors la reclusion qu'elles subissoient déjà par le fait d'autrui, et auquel j'étois fort étranger, puisqu'elles jouissoient de la liberté lors de mon départ de ma mission pour rentrer dans le sein de la convention (1) ; je pensois que la réclusion, dis-je, suffisoit pour celles qui avoient pu n'être que fanatiques. Mes efforts furent également superflus auprès du représentant FAURE. *Liogier de Pieyres* arrêté, Faure reçut d'Issingeaux des dénonciations contre lui : celle surtout d'avoir professé le royalisme à son retour de Paris, où il étoit venu pour solliciter dans l'affaire d'Issingeaux. Cette dénonciation portoit, entre autre chose,

(1) Ce fut Faure qui sollicita du comité de sûreté générale leur réclusion.

*qu'il avoit dit que la France ne pouvoit pas se passer
de roi, et qu'il lui en falloit un, ne fût-il que de carte.*

FAURE dressa lui-même la dénonciation d'un fait que
Girard de Bas, commis au greffe du tribunal révolutionnaire, nous avoit dit sur *Liogier,* sur *Faure Meca* (1), et
sur *Dupont de Nemours,* accusant celui-ci d'être l'auteur
de l'adresse des huit mille à l'époque du 20 juin, et les
autres deux de l'avoir signée et colportée, ainsi que *Reboul,*
employé à la poste, qu'il me pressa de dénoncer, disant
que toute cette famille étoit royaliste, aristocratique, fanatique, etc. (2).

Cette dénonciation me fut présentée pour la signer ce
que je fis pour attester aussi la vérité de ce que j'avois
entendu, lorsque Girard nous énonça à tous ces faits.

A l'égard de ses collègues au tribunal d'Issingeaux,
FAURE leur reprochoit, et surtout à *Labruyère,* d'avoir
protégé les cultes réfractaires, en les fréquentant lui-même, ainsi que son indulgence pour les ministres ; d'être
enfin la cause de l'insurrection d'Issingeaux. Je ne parlerai pas de la traduction au tribunal révolutionnaire de
Moraval, Senilhac, Bertrand-de-Brus et Desrois ; tout
le monde sait que c'est d'après l'arrêté d'un de nos collègues (3), sur les sollicitations du comité de surveillance du
Puy, qu'ils y furent traduits.

Je ne vous parlerai pas également de la traduction de
Genestet-Nerestan et de sa femme, puisque FAURE, dans
ses imprimés, a déjà dit une partie de ce qui s'étoit passé,
instruit sans doute particulièrement des causes de leur arrestation. Je me bornerai à dire seulement que ni *Genestet*
ni sa *femme* n'éprouvèrent aucun acte de tyrannie ou

(1) C'est Faure de Lyon qui fit banqueroute, et qui emporta
un dépôt fait chez lui par Galard, ci-devant évêque du Puy.

(2) Faure étoit si pénétré de l'aristocratie de la famille Reboul, que, se persuadant que celui qui habitoit Arras, devoit
être aussi l'ennemi de la révolution, il s'adressa en ma
présence au représentant Guffroi, qui se trouvoit alors entouré de plusieurs citoyens de cette commune, pour s'informer de la conduite et des opinions du troisième Reboul. La
réponse de notre collègue Guffroi et celle de ses concitoyens
ne furent pas, il est vrai, à son avantage.

(3) Ce fut Guiardin qui me succéda.

d'injustice pendant mon séjour dans le département de la Haute-Loire, puisqu'ils jouirent constamment de leur liberté.

Interpellé par le comité de sûreté générale, d'après l'indication de FAURE, de dire ce que je savois sur le compte de *Gonestet*, je déclarai que je n'avois d'autre chose à lui reprocher que de s'être trouvé à Paris le 10 août ; fait qu'il a avoué lui-même. J'ignore ce qu'on a reproché à sa femme (1). Quant à moi, je n'avois rien à dire, puisque je ne la connus jamais.

Tel est le tableau véritable de ces événemens qui semblent tous peser sur ma tête, tandis qu'ils sont le fait d'autrui. Et certes, si mes observations eussent été de quelque poids auprès de Faure, il en eût résulté de plus heureux effets. Jamais il ne me fut possible d'employer mes bons officier pour *Richond* et *Lafaye* ; le représentant FAURE vouloit toujours qu'ils fussent jugés comme tous les autres ; telle étoit son opinion.

Cependant, quand il vit que le terme de leur captivité alloit finir, pour narguer ceux de nos collègues qui s'employoient pour obtenir leur liberté, il précipita ses démarches. J'invoque leur témoignage et celui de mon neveu *Balme*, qui fut son confident pour porter à minuit la mise en liberté de *Richond* et *Lafaye*. Balme peut dire aussi ce qu'il a fait auprès de FAURE pour obtenir celle d'*Asséral*, notaire, sans aucun succès. Je ne juge point, au reste, ses intentions ; mais il m'a taxé de modérantisme dans ma mission en présence de plusieurs de mes concitoyens, en me disant qu'un membre du comité de sûreté générale avoit eu sur mon compte la même opinion (2). C'est avec ce même principe qu'il m'avoit séparé de mes collègues de la députation : accusant *Lemoine* de favoriser les nobles

(1) D'ailleurs ce fait est imputé à Faure : c'est à lui à y répondre. Il doit savoir ce dont étoit accusée cette femme, puisque ce fut lui qui donna les renseignemens au tribunal.

(2) Quelque temps après le retour de ma mission, il me déclara que *Barbeau de Barras*, membre du comité de sûreté générale, lui avoit dit que je ne faisois rien qui vaille dans mon département, puisque je n'avois envoyé personne au tribunal révolutionnaire.

et les contre-révolutionnaires du district d'Yssingeaux ; sa haine contre lui s'étoit surtout accrue de ce qu'il étoit devenu plus assidu aux Jacobins, depuis qu'il en avoit été lui-même suspendu ; accusant *Delchor* d'avoir voulu me dénoncer au comité du salut public. Ce ne fut pas le seul moyen dont il se servit pour me désunir avec ce dernier, à compter de l'époque de l'arrivée de FAURE dans la convention, mais il seroit trop long de vous en donner les détails. Il en seroit de même vis-à-vis de *Bonnet*, contre lequel il porta avec lui la prévention la plus outrée, et de *Barthélemy*, etc. Tels sont les faits que j'expose sous vos yeux, qui suffiront sans doute pour vous éclairer sur les dénonciations aussi atroces que perfides lancées contre moi, ils vous démontreront que je suis bien éloigné de mériter des mauvais procédés, et moins encore la perte de votre estime : ce qui semble réjouir les auteurs des calomnies Certes, j'ai toujours attaché trop de prix à votre confiance, pour ne pas faire des efforts pour la recouvrer. Malgré les avanies que ma famille y éprouve, je tiens également à mon pays, moins par mes propriétés que par mon honneur subordonné à votre justice.

Si des calomnies ou des fausses présomptions l'ont déviée de sa direction, je dois éclairer avec le flambeau de la vérité votre religion surprise ; je la dois suppléer enfin, pour la conservation du plus grand de mes intérêts, au silence qui devient criminel chaque jour qui s'écoule, pour celui à qui la justice devroit lui faire un devoir de le rompre, c'est au reste en remplissant chacun les siens, plutôt que d'en prêcher les maximes sans les pratiquer, qu'on parvient avec le plus de sûreté à convaincre les autres sur ceux qu'ils ont à remplir.

Citoyens, le mien, qui s'accorde avec mes intérêts personnels, que je saurois néanmoins sacrifier s'il pouvoit en résulter quelque chose d'avantageux pour le salut public, est celui de ne pas vous laisser plus longtems dans l'erreur sur mon compte ; c'est vous fournir, d'ailleurs, le moyen d'exercer votre justice ; et je pense qu'après avoir pesé mes droits dans la balance que vous tenez dans les mains, vous me rendrez ceux qui me sont dévolus sur votre estime.

REYNAUD.

P. S. — Le décret de la Convention, qui ordonne l'exa·
men de la conduite des Représentans chargés de missions
dans les départemens, me frappoit aussi, puisque j'étois
dénoncé comme bien d'autres. Les faits avoient été pui·
sés surtout dans l'imprimé de la Société populaire du Puy,
intitulé : *Exposé des raisons qui ont nécessité l'exclusion
du représentant Re[y]naud*, etc. Ceux qui parurent graves
au comité de législation sont tous ceux sur lesquels je
viens de vous donner mes observations. La mort de *Lagrevol* entroit également dans la série ; mais il m'a été
facile de détruire les uns et les autres, et de montrer la
fausseté des inculpations sur les premiers, et de faire
sentir, sur le fait relatif à Lagrevol, que sa mort étoit une
action qui lui étoit propre. Au surplus, j'ai mis sa conduite
en évidence ; elle étoit tracée en caractères ineffaçables
dans les tableaux que j'en avois faits en différentes époques ;
mis sous les yeux du Comité, dont certains membres avoient
été de la législature, il lui a été aisé de se convaincre de la perfidie des vues et des intentions de cet
homme.

Le représentant Faure m'avoit également rapporté un
fait de lui, qu'il est essentiel de faire connaître. En quittant
la législature, il dit donc à Faure : *que la Convention n'a-
voit qu'à décréter une république fédérative et la loi
agraire, sans quoi tous les députés ne seroient pas
bien accueillis dans leur département lors de leur
rentrée.*

Ce fait, ajouté à tous ceux que je lui reprochois, et dont
je garantis de plus fort la vérité ; les dénonciations que je
reçus au Puy contre lui, m'avoient déterminé à le mettre
en réclusion. Et certes, en étoit-il un de ceux qui étoient
déjà reclus, qui fût aux termes de la loi aussi coupable que
cet homme ! Il le sentit si bien, qu'il s'appliqua lui-même
la peine que la justice rigoureuse lui eût peut-être in·
fligée.

Le sieur ROMME DUPLAIN fabriqua une déclaration
qui contient tout le venin dont les prêtres sont capables, et
surtout les hypocrites de son espèce. Pour démontrer ce
fait, il est nécessaire que je transcrive une de ses lettres
d'après laquelle il sera aisé de juger que sa déclaration
contenue dans l'imprimé de la société en forme de note, et
postérieure à sa lettre, n'est autre chose que le résultat

d'une âme ulcérée, sur ce que, d'après les dénonciations que j'avois reçues contre lui, et notamment par *Liogier de Pieyres*, je l'avois contraint de quitter *Bauzac*, lieu de sa cure, où il débitoit avec aisance son charlatanisme. Ah! que cet hypocrite doit souffrir aujourd'hui du faux calcul qu'il a fait sur les événements de la révolution! Mais comment pourra t-il rentrer en grâce avec ses camarades, aussi fourbes, mais plus adroits que lui? Le Saint-Père lui pardonnera-t-il jamais d'avoir pris ostensiblement une femme, tandis que depuis long-tems les prêtres jouissoient du droit d'en avoir sans être à leurs charges, et sans porter atteinte au saint caractère? *Romme*, comme les autres, en avoit bien usé ainsi jusqu'au moment de la révolution, qu'il croyoit être le terme des fables, des préjugés et des erreurs; il sentoit aussi que les hommes, réclamant leurs droits, ou réformant les abus, ne consentiroient plus à partager leurs femmes avec leur pasteur; aussi a-t-il pris une femme. Je suis bien éloigné de l'en blâmer : je dis, au contraire, que c'est le premier acte qui lui vaut la considération publique; mais du caractère dont je le connois, je suis convaincu que, s'il n'existe pas d'enfer, rapsodie digne de nos pères, l'impossibilité à ROMME de reproduire ses fables apostoliques avec son extérieur ordinaire, sera pour lui un véritable enfer. Sans le vouloir, plutôt que sans y songer, il est devenu la proie de la censure vaticane : et bientôt il se trouvera enveloppé dans les ombres de l'implacable fanatisme. Terminons cette digression par la copie de la lettre que j'ai annoncée.

Bauzac, 20 septembre 1793, an 2 de la république, etc.

Cher et digne représentant du peuple,

C'est avec beaucoup de plaisir que j'ai appris, par le décret mémorable du 23 août, que vous êtes un des commissaires que la Convention a choisi pour la mission la plus importante; l'on m'a dit que vous êtes arrivé au Puy pour la remplir. Je m'estime heureux d'avoir recours à votre ministère, pour obtenir enfin la justice qui a été impunément demandée et requise auprès de nos administrations.

Depuis les premiers mois de l'année, le citoyen *Roger*, maire de Bauzac, par sa mauvaise conduite publique, a perdu la confiance de ses concitoyens, qui gémissent plus que jamais sous le règne de sa magistrature. En vain des dénonciations réitérées ont été portées contre lui devant les autorités constituées, dénonciations du conseil général, du club, de la commune même, rapport des commissaires, ordonné par le département, qui confirment les plaintes, et rapportent que, le maire même présent à l'assemblée de commune, tous les habitans ont déclaré qu'il avoit perdu leur confiance. D'autre part, c'est en vain que le conseil général, dans la séance du 9 avril, l'ayant inséré le premier dans la petite liste des hommes suspects, a fait passer cette liste aux corps constitués : ce qu'a fait aussi le club. Des administrateurs perfides et traîtres à leurs devoirs, adroits sans doute à favoriser les contre-révolutionnaires, ont su supposer que les dénonciations et plaintes n'étoient que l'effet de la malveillance. Je vous déclare que je suis très indigné contre des administrateurs, quels qu'ils soient, qui ont négligé de faire droit sur cette affaire.

En attendant, les hommes suspects triomphent, la commune souffre, les patriotes ou se rebutent ou s'indignent, les officiers municipaux ne peuvent compatir avec le maire, dequel ils se méfient. Je ne m'étends pas plus au long, mais je vous prie de destituer le plus promptement possible cet homme en qui tout le monde découvre des sentimens contre-révolutionnaires, et qui nous occasionne du désordre. Daignez nous envoyer un commissaire sur les lieux (1), et je vous réponds qu'il sera, peut-être, plus indigné que moi, de ce qu'un tel homme est encore en place dans une commune où le patriotisme est si chaud et si général.

Ami républicain, je vous prie de m'écrire à ce sujet. Je connois le zèle qui vous anime. Comme vous, je ne fais

(1) Sur les dénonciations multipliées que je recevois contre ROMME, curé de Bauzac, j'envoyai Liogier de Pleyres, qui fut convaincu que ROMME seul était l'instigateur des troubles ; ce qui me détermina à l'éloigner de cette commune sans autre suite.

point de quartier aux contre-révolutionnaires, aux traîtres, aux méchants conspirateurs. Il est tems d'écarter
des places ceux qui perpétuent les troubles par leurs manœuvres, et les moyens secrets qu'ils font valoir à la faveur de leur pouvoir, ou de leur talens.

Il est consolant pour moi d'être assuré que j'emploie la
protection d'un républicain montagnard, inflexible quand
il est question de soutenir les intérêts du peuple. Il est
certain que des faux frères sont en place ; je vous recommande de veiller surtout les administrateurs, c'est là la
racine du mal. J'espère avoir bientôt le plaisir de vous
voir et de vous embrasser. Je suis, en attendant cette satisfaction, votre concitoyen et ami ROMME, curé de
Banzac, vrai républicain, ami du peuple et l'ennemi des
tyrans.

J'invite mes lecteurs de rapprocher la déclaration de
Romme-Duplain d'avec sa lettre, et d'en comparer les
époques. Je ne me permets nulle autre réflexion ; mais je
lui garantis seulement la vérité des crimes de Lagrevol
envers la patrie, envers la confiance du peuple ; ils sont
imprimés, et le comité de législation, devant lequel je me
suis présenté avec la fierté d'un républicain probe et irréprochable, a été également convaincu par les preuves morales et matérielles dont certains de ses membres avoient
connoissance.

Mes concitoyens, je pourrois vous produire également
une multitude de lettres en opposition avec les détermina-
tions aussi fausses qu'injustes à mon égard, contenues
dans l'imprimé *de la ci devant société du Puy*. D'après
ces lettres, je prouverai que nombre de signataires ont
eux-mêmes applaudi à ma conduite tenue dans le département ; le fait est bien démontré par la députation qui fut
faite malgré moi, par la société, pour demander à la Convention une prolongation de mes pouvoirs, j'étois bien éloigné de la désirer et de l'attendre, puisque j'arrivai à Paris
presque aussitôt que le citoyen Mitz, son député.

D'après ces lettres je prouverai encore que… Mais
je m'arrête ; plutôt que de secouer moi même la torche
embrasée de la discorde, je dois m'imposer le silence ;
dussai-je être, moi et toute ma race, victime éternelle de
la vengeance des royalistes, ou de la haine des républicains égarés sur mon compte. Dans tous les cas, il me

restera une consolation que je me plais de vous faire connoître ; c'est celle d'avoir été appelé au comité de législation, chargé de l'examen de la conduite des représentans.
Plusieurs de mes collègues se sont accompagnés de leur
députation : pour moi, je m'y suis présenté avec ma conscience et mes actions ; et après m'avoir entendu. et lui
avoir fait connoître les principes pratiqués pendant ma
mission, j'ai reçu de lui la justice que je devois en attendre. Je me suis dispensé de lui parler de mes opinions ;
il connoissoit celles d'après lesquelles je m'étois conduit
dans les deux législatures où votre confiance m'avoit
élevé.

Aucunes de mes actions ne peuvent altérer les sentimens
de probité que j'ai professé de tous les tems ; elles peuvent
encore moins m'arracher la confiance et l'estime des hommes justes et impartiaux. C'est donc avec sécurité que
j'ai le droit de l'attendre, et même de l'exiger de vous.

REYNAUD.

P. S. — Comme il se trouve des faits qui font partie des
dénonciations rendues publiques contre moi, par l'imprimé
de la ci-devant société du Puy, faits antérieurs à mon
élection à l'Assemblée législative, et à ma réélection à la
Convention, je crois devoir transcrire, en entier, la lettre
qui me fut écrite par les électeurs du canton du Puy.

Parmi ses électeurs sont des signataires de cette diatribe,
moins calomnieuse encore que les hommes qui l'ont susci-
tée sont perfides et fourbes. Pourquoi donc des électeurs
qui avoient rendu spontanément justice aux sentimens de
mon âme échauffée par le plus pur patriotisme, se sont-ils
laissés tromper et égarer, au point de se contredire par
eux-mêmes ? Je l'ignore ; cependant en voici la preuve.

Brioude, Assemblée électorale, le 4 septembre,
4e année de la liberté, 1e de l'égalité.

Frère et ami,

Nous venions de coopérer au choix qu'a fait de vous le

département de la Haute-Loire, pour son premier député à l'Assemblée conventionnelle; vous n'aurez pas autant de plaisir d'apprendre cette nouvelle, que nous en avons eu d'empressement à y donner lieu. Recevez cette marque de notre confiance, comme le juste hommage de vos concitoyens à votre civisme, et à votre amour du bien et de l'ordre public. Nous sommes tous vos amis; mais ne croyez pas que le sentiment ait influé dans votre élection; l'intérêt public que vous avez si bien ménagé dans les circonstances painibles et critiques où se trouve l'Etat, est le seul titre qui vous a valu nos suffrages. Ne recevez donc nos hommages qu'en qualité de citoyen : vos amis vous féliciteront à part. Nous sommes vos frères et amis, les électeurs du canton du Puy : Barthélemy, Rousson (la lettre est écrite de sa main), Portal, Vincent Malzieu, Avit, Mariac dit Sans-Culotte, Sollier du Monastier, Badiou Lentriac, Bernard de Beaulieu, Fabre, curé de Bains, Baumont, Chauchat, Richard, Dessaigne oncle, Desimond, Laussac père : ces quatre dern'ers sont du nombre de ceux qui ont signé les motifs de mon exclusion de la société.

Eh bien ! fus-je appelé à la Convention par une suite d'intrigues, comme on m'en accuse dans l'article IV de ce fameux imprimé ? Dans ce cas, vous qui m'avez élu le premier député du département, n'êtes-vous pas plus coupables d'avoir consommé le crime : car l'intrigue en politique, en est un, à mon sens, qui porte avec lui un caractère des plus odieux ? Alors vous auriez, par votre choix, trompé l'intérêt public, et par votre lettre, déguisé la vérité, en mentant à votre conscience. A cette époque, *j'avois été maire, et exercé des persécutions ; j'avois fait un voyage, aux frais de la commune, à Paris, j'avois dénoncé Lagrevol, j'avois parlé de d'Orléans, etc.* Pourquoi d'une voix unanime avoir sanctionné ma conduite pour me la reprocher aujourd'hui ? Et vous, citoyens, qui avez été reclus, vous vous repaissez souvent du plaisir de déployer votre haine, par la vengeance, contre moi : mais je dois compter sur les effets de la raison ; lorsqu'elle vous dira surtout, que votre captivité est l'effet de la loi et le résultat des dénonciations. J'ai rempli, au reste, mes devoirs ; je ne sais si c'est un crime pour un fonctionnaire ; mais il ne m'a fait éprouver aucun remords. Certes, ils appartiennent à ceux qui auroient dirigé mon bras contre des innocens, tandis que je n'avois que des coupables à frapper. Que chacun sente donc sa conscience, alors les opinions et les sentimens se remettront à leur place.

à PARIS, de l'imprimerie de GUÉRIN, rue des
Boucheries-Honoré, n° 937.

*
**

Nous possédons le texte autographe d'une lettre adressée par Reynaud à Pierret en lui envoyant l'un des deux imprimés précédents, — plus probablement le premier, c'est-à-dire les *Observations servant de réponse préliminaire.* Une déchirure en a fait disparaître la date exacte et quelques mots du texte.

[Vendémiaire an VI — septembre-octobre 1795]

l'an 4° de la République impérissable
malgré la faction des royalistes.

Quoique plus que convaincu que ton âme est inabordable pour les remorts, j'ai cru devoir t'écrire pour t'instruire des malheurs qui désolent mon pays. Ma douleur est extrême, je ne puis la contenir, je t'annonce donc que déjà la prophétie s'accomplit, puisque le sang des répubicains que tu abbores, coule dans le département de la Haute-Loire, mais pour que cette nouvelle Vendée reçoive son complément, il ne manque à ton ambition que d'en devenir le chef, ainsi que tu l avais promis aux royalistes qui ne soupirent qu'après ton [retour], tout leur espoir était auto[risé, leurs act]es l'ont fait sentir. Pourquoi les abbandonnes-tu au moment qu'ils avaient des crimes à consommer ? Ne trahis donc pas leurs espérances que tu as si souvent fortifiées. Il est encore temps de leur être utile. Suspends tes fonctions de législateur, ou, si mieux tu aimes, lesse-le. Tu t'y es déjà acquis une réputation, mais pour mieux perfectionner ta gloire et satisfaire tes désirs, vas jouir du spectacle que t'offriront les victimes sanglantes de ton ouvrage. Ton séjour dans ce malheureux département y corrompit l'esprit public. Il ne te reste qu'à en aller faire égorger ceux qui n'ont pas voulu croire à tes principes. Certes, tu as voulu leur enlever leurs vertus, propriété sacrée, tu t'ais trouvé trop [im]puis[sant], d'ailleurs [tous] tes efforts sera'ent inutiles. Console-toi maintenant. [Ceux] qui te sont dévoués sont assez scélérats pour leur arracher une vie qui leur sera insupportable tant que le nom de PIERRET existera dans leur souvenir.

Au reste je t'écris comme à un particulier, et non à un législateur. Si je pouvais m'accoutumer à voir en toi un représentant du peuple, je t'eusse confié les secrets de mon cœur avec moins d'asperité. Je me serais contenté de les raconter avec les expressions d'une douleur respectueuse ; mais toutes les fois que je te vois hors l'enceinte du temple des lois et que je te trouve non décoré, j'ai le droit de te dire la vérité comme à tout autre individu dans tes principes : pour que.., la méchanceté de ceux qui, comme les tirans, se servent de leur pouvoir pour se venger lorqu'ils croient leur amour-propre outragée.

REYNAUD de la Haute-Loire.

J'avais oublié de te faire passer un exemplaire des lettres confirmatives sur tes principes et ta conduitte que j'ai fait imprimer et auxquelles il eût été trop long d'y ajouter toutes celles que j'ai reçu d'une infinité de citoyens estimables par leurs vertus et surtout celle de haïr les rois et leurs satellites ; tu en as un cy inclus.

Reynaud ne fut d'ailleurs pas le seul représentant

du département qui s'éleva contre les attaques de Pierret. Faure(1), représentant de la Haute-Loire, qui avait été envoyé en mission avec J.-B. Lacoste dans les départements de la Haute-Loire et du Cantal, proteste à son tour contre les accusations que Pierret avait lancées contre lui et son collègue, dans le rapport qu'il adressa à la Convention nationale, et, tout en se défendant, accuse lui-même avec âpreté son collègue Lacoste.

Convention nationale

RAPPORT
présenté
par FAURE (de la Haute-Loire)
représentant du peuple
Sur sa mission dans les départements de la Haute-Loire
et du Cantal
A la Convention Nationale
Imprimé par ordre de la Convention Nationale

Je fus envoyé en mars 1793 (vieux style), en mission dans les départemens de la Haute-Loire et du Cantal, avec

(1) Faure (Balthazar), né le 15 juin 1746, était licencié ès lois quand il fut pourvu, le 17 août 1775, de la charge de notaire royal à Monistrol et, le 27 septembre 1787, de celle de notaire royal en la sénéchaussée du Puy, à la résidence d'Yssingeaux. Il était président du tribunal de cette ville quand il fut élu, le 4 septembre 1792, par la Haute-Loire, membre de la Convention, et prit place à la Montagne. Dans le procès du roi, il vota pour la mort et demanda que l'exécution fût faite dans les vingt-quatre heures. Il fut envoyé en mission plusieurs fois, notamment dans la Meurthe et la Haute-Loire. Il fut l'adversaire de Robespierre au 9 thermidor et, le 23 vendémaire an IV, fut élu par la Meurthe, député au Conseil des Cinq Cents, puis entra au Conseil des

J. B. Lacoste, pour accélérer la levée des trois cent mille hommes ; nous fûmes de retour à la fin d'avril, et par conséquent avant le 31 mai.

Après le 9 thermidor, le représentant du peuple Pierret fut envoyé dans le même département de la Haute-Loire ; et plus de six mois après sa commission, après l'examen fait par le comité de législation, de la conduite de tous les représentans envoyés dans les départemens, après plus d'un an écoulé du renversement de la tyrannie, sans qu'aucun acte, aucun arrêté illégal n'aient été articulés contre moi dans cette mission depuis deux ans et demi, Pierret fait distribuer à la Convention nationale un rapport où il m'inculpe, et où il me rend complice des incartades de J.-B. Lacoste.

Si, dans cette production si tardive, Pierret n'a eu d'autre but que de m'écarter de la législature, il me sert parfaitement de mon gout, et sous ce rapport je lui en aurai une éternelle reconnaissance ; mais, comme l'honneur est un bien précieux, je ne veux pas qu'il me soit ravi par l'intrigue, et je dois relever des erreurs de fait que Pierret raconte d'après le rapport de quelques royalistes, fanatiques et assassins de la liberté, et de ses prosélytes.

Pierret dit : « Faure et Lacoste étoient parfaitement d'accord sur les maximes des maratistes, et les propagèrent avec vigueur, et l'éloge d'Orléans n'étoit pas oublié dans leurs prédications.

Réponse. Je prends à témoin les communes du Puy, chef-lieu du département, la commune de Monistrol, chef-lieu du district, celle d'Issengeaux, chef-lieu du tribunal de district, que je n'ai prêché dans cette mission dans le département de la Haute-Loire, aucune maxi-

Anciens en l'an VI, adhéra à Bonaparte après son coup d'État et entra, le 4 nivôse an VIII, au Corps législatif comme député de la Haute-Loire où il siégea jusqu'en l'an XI. A l'expiration de son mandat, il redevint « homme de papier marqué » et accepta le modeste emploi de greffier de la justice de paix de Toul, puis de greffier au tribunal de Saint-Jean-de-Losne (Côte-d'Or) où il mourut le 15 avril 1805. Cf. Dr Robinet, *Dictionnaire historique et biographique de la Révolution et de l'Empire,* Paris, s. d., t. I, p. 781.

me analogue aux mesures révolutionnaires ni de gouvernement.

Dans trois semaines de séjour au Puy, je n'ai parlé
qu'une seule fois en public, pour inviter la société populaire
à former un comité d'instruction publique provisoire, pour
désabuser du fanatisme les habitants des campagnes, ce
qui fut adopté, et Leyberal et Brun furent nommés commissaires.

A Monistrol, j'y dis deux mots sur le zèle que l'on devoit
mettre à la levée et au départ des volontaires du district.
A Issengeaux, je n'y dis pas un seul mot en public ; et
dans aucun de ces endroits, les noms de Marat, d'Orléans,
de Brissotins, de Girondins ne sortirent de ma bouche, au
moins en public : j'en appelle au témoignage même des
fanatiques et des royalistes, que je me glorifie d'avoir pour
ennemis ; et la raison de mon silence fut, que je n'aurais pu
parler, sans le faire en sens contraire de mon collègue : ce
qui aurait produit un plus mauvais effet que mon silence(1).

Pierret continue, et dit : « Ils déclarèrent Bonnet, leur
collègue, complice de la conspiration de Dumouriez, et le
firent bruler en effigie sous leurs yeux.

Je ne donnerai pas un démenti à Pierret, mais je le don-
neral à ceux qui lui ont raconté le fait, et je dirai : le
narré est faux relativement à moi.

J.-B. Lacoste monta les têtes chaudes par ses déclama-
tions à la société populaire ; il y déclama, à son ordinaire,
contre les Brissotins, Girondins, etc., auxquels il accoloit
Bonnet et les faisoit tous complices de Dumouriez. Le lendemain matin, des jeunes gens firent deux mannequins,
l'un de Dumouriez et l'autre de Bonnet ; ils les promenè-
rent dans les rues et les firent bruler, mais non sous mes

(1) A Brioude, le citoyen Montfleury me pria de lui dire
ce que je pensois sur les factions Marat et d'Orléans, je lui
répondis. Il me pria de répéter ma réponse à la société
populaire, je le fis et m'expliquai ainsi : Je ne connois point
de faction Marat et je crois qu'il est plus fou qu'autre chose.
Je ne connois pas la faction d'Orléans : mais je puis vous
assurer que le bras qui a abattu le dernier tyran, saura
poignarder le premier ambitieux qui voudroit lui succéder.
Voilà ma réponse : en effet, je ne connoissois alors ni Paris,
ni la Convention, ni les factieux, ni les meneurs, ni les
menés

yeux, car j'ignorois le fait, et je ne l'appris que par le
brouhaha : le cortège passa devant ma maison et je fermai
ma croisée pour ne pas en être témoin. Lafaye étoit avec
moi.

J.-B. Lacoste fit plus : au retour de notre mission et
après le 31 mai, il fit distribuer à la Convention nationale
un libelle où il dénonce un bon nombre de ses collègues
et où il s'exprime ainsi sur le compte de Bonnet, page 11
de son libelle. Je copie :

« Bonnet écrivoit à l'administration du département de
« la Haute-Loire, au mois de janvier, d'arrêter les caisses
« publiques, de lever avec calme les troupes, de ne point
« répandre l'alarme parmi les citoyens, pour leur annon-
« cer, le plus tard possible, les tristes événements qui se
« préparoient. Ce même Bonnet, quelques jours après sa
« nomination, avoit déclaré qu'il serait toujours du parti
« du roi et de la Fayette. »

Comment Pierret ne me rend-il pas complice de ce libelle?
Voilà la vérité; et je puis dire que quelles que fussent alors
mes opinions, je m'abstins de les manifester en public lors
de cette mission, et je m'en tins à l'objet principal pour
lequel j'étois envoyé; mais contenir mon collègue étoit
chose difficile. En vain j'employai les voies de la douceur,
en vain j'employai les menaces, et si je me contins, ce fut
pour un moindre mal (1).

Je reviens à Issengeaux. J.-B. Lacoste y rédigea, au nom
de la Société populaire, une adresse à la Convention, où
l'on déclamoit contre les Brissotins, Girondins, etc, et
je ne connus cette adresse que par l'exemplaire imprimé
que m'en remit Lacoste quelques jours après.

Non, Pierret, non, citoyens-collègues, jamais la conduite
de Lacoste ni ses discours n'ont été les miens ; je vais en
fournir une preuve écrite, extraite de l'acte d'accusation

(1) Je fis plus que de rester passif sur le compte de Bonnet.
J.-B. Lacoste ne pouvant alors prendre aucun arrêté sans
moi, me pressa pendant plusieurs jours de consentir à la
destitution de Bonnet son père, président du tribunal criminel. Eh bien, je m'y opposai constamment, quoiqu'il y eût
quelques motifs, par la raison, lui dis-je, que l'on attribuera
cette destitution à la passion plutôt qu'à la justice, et qu'il
s'agissait du père d'un collègue.

que ce même J.-B. Lacoste dressa contre moi sous le règne du décemvirat, en m'accusant de modérantisme, feuillantisme, brissotisme, etc. Voici le fait :

Arrivés du Puy à Aurillac, J.-B. Lacoste trouva à la première séance publique du département, des auditeurs moins complaisants qu'au Puy, ses discours excitèrent de la rumeur dans cette assemblée nombreuse, et j'eus le bonheur de ramener le calme, de concilier les esprits, et de faire cesser une lutte scandaleuse à la satisfaction de tous les partis. Le baiser fraternel fut donné, et la scène se termina par un repas frugal d'environ cent cinquante couverts. Eh bien, voici ce que dit à ce sujet Lacoste dans mon acte d'accusation.

Je copie : « Je l'avoue, dit Lacoste, je fis une sortie vigoureuse contre le Pré-ident et les administrateurs ; ils devoient être arrêtés sur-le-champ et traduits à la barre de la Convention ; et *ils l'auroient été, si j'avois été secondé par tout autre collègue.* »

Voilà un témoignage qui n'est pas suspect.

Outre cette preuve écrite, produite par mon adversaire lui-même, j'invoque le témoignage de mes collègues Bertrand et Mirande, ils étoient présents, tellement que Bertrand étant venu m'embrasser, s'écria, en me témoignant sa reconnaissance : « *Oh bien ! si tous nos représentans étoient comme celui là !* » Bertrand est à la Convention, il ne niera pas le fait.

Au surplus, dans le cours de notre mission, aucun administrateur de département ni de district, aucun juge du tribunal ne fut destitué dans ce département : où sont donc les actes arbitraires ? où sont les vexations alléguées ?

Immédiatement après et sans transition apparente Pierret dit : « Le gouvernement révolutionnaire y fut établi avec une activité digne, etc. »

Je me contenterai de répondre que la mission dont il s'agit est antérieure au 31 mai, et que lors de l'établissement du gouvernement révolutionnaire, j'étois près l'armée de la Moselle pour la levée des chevaux et à Nancy où j'eus le courage de briser *les instrumens révolutionnaires du décemvirat* (1) au péril de la vie.

(1) Où étoit alors Pierret ? A la Convention, sans doute où il se taisoit en courbant honteusement la tête sous la tyran-

Pierret continue : A Issingeaux, près de cent cinquante familles faillirent être victimes, etc.

Victimes ! Ah Pierret ! Pierret ! victimes ! des assassins, victimes ! *infandum jubes renovare dolorem.* Mais je ne puis taire le precis de cet évenement. Un mouvement contrerevolutionnaire, un mouvement de Vendée étoit organisé à Issingeaux, et tenoit aux projets de Dusaillant et du prieur de Chambonas. Il étoit dirigé par les nobles, les prêtres refractaires, et leurs fermiers. La foudre éclata les fêtes de Pâques. Pendant deux jours, douze à quinze cents hommes armés de toutes armes formèrent un attroupement à Issingeaux ; des exprès étoient envoyés dans les environs pour le grossir. Il s'agissoit seulement d'egorger tous les patriotes, c'est à dire tous ceux qui, soumis aux lois, avoient reconnu les prêtres constitutionnels. *Belle bagatelle !* oui, tous les patriotes ; on ne connoissoit pas encore les terroristes, au moins dans ce département-là. La garde nationale du Puy, qui dans toutes les occasions a sauvé le département, mit cet attroupement en déroute ; six des rebelles furent tués. Un grenadier de la garde nationale du Puy périt et plusieurs autres furent blessés. La Convention leur a accordé des secours par plusieurs décrets. Lis le rapport que notre collegue Gossuin fit à la législature au nom de la commission des douze, et alors tu n'appelleras pas les officiers municipaux, les officiers de la garde nationale, les nobles et les prêtres, auteurs de cet attroupement, *des victimes.* Pour en donner une juste idée, je ne puis mieux faire que de dire que ces deux journées-là furent à Issengeaux envers les patriotes, ce que furent ici les journées de prairial envers les membres de la Convention.

Eh bien, Pierret, tu as raison, je suis coupable à leur égard, mais dans un sens bien contraire au tien ; oui, je suis coupable d'indulgence, car lors de ma mission tous les chefs de cette conjuration étoient fuyards ou cachés chez eux, et je n'en fis rechercher aucun. C'étoient des citoyens de ma commune, et je crus devoir laisser agir les tribunaux, sans même en parler à aucun des juges ;

nie. Il lui est facile aujourd'hui de crier n'ayant jamais bravé le danger. Je puis dire au moins, que, si par fois j'ai fait du mal par excès de zèle ou par erreur, j'ai fait aussi de grands biens par mon courage et ma fermeté.

voilà ma tyrannie. Il est vrai que lorsque des décrets déclarèrent cette affaire de la compétence du tribunal révolutionnaire, et que, la procédure envoyée au comité de sureté générale, il fut pris contre eux un arrêté de traduction, j'y applaudis et transmis moi-même cet arrêté à l'agent national du district. Quoique non innocens, ils sont sortis pêle-mêle avec les innocens ; j'ai egalement applaudi à leur délivrance, dans l'espoir d'une conversion. Je fis plus, car nonobstant la révolution du 9 thermidor, on étoit disposé à faire juger ceux qui étoient décrétés d'accusation, et comme je connoissois tous ces individus, j'observai à notre collègue Colombel (de la Meurthe), alors membre du comité de sûreté générale, que les décrétés n'étoient en général que les instruments, et que puisque tous les vrais meneurs échappoient à un jugement, il me paroissoit juste que l'on usât d'indulgence envers les menés ; et ce fut d'après mes observations, fortes et réitérées, que Colombel se détermina à proposer leur mise en liberté au comité de sureté générale. Colombel ne niera pas le fait.

Cette impunité a-t-elle été un bien ? je ne le crois pas. Tu vois, Pierret, que je n'ai pas du repentir à ce sujet ; non, je ne le crois pas. En effet, étant encore la plupart d'entre eux sous les liens de la justice, puisqu'il est décidé qu'un arrêté de mise en liberté du comité n'est pas un acte d'absolution, ils n'agissent pas aujourd'hui directement à la vérité ; mais leurs complices ont été enhardi par cette indulgence nationale et une troupe de chouans de la même trempe ravagent ces infortunées contrées.

Jamon, excellent patriote, fut assassiné par eux ; plusieurs maisons ont été violées ; un cultivateur, officier municipal, a été assassiné pour avoir voulu défendre de couper l'arbre de la liberté. Pannelier cadet a été assassiné ; bien d'autres horreurs ont été et sont journellement commises par ces brigands ; mais on n'en parle pas, et on ne cesse de déclamer contre ceux qui veulent comprimer et faire punir ces vrais brigands. Ah ! Pierret, tu as servi à mon egard les passions de quelques hommes qui t'en ont imposé; mais apprends de moi que l'on ne doit pas juger d'un département dont on ne connoît pas les mœurs par un autre dont on les connoît.

Eh bien ! Pierret, ce témoignage rendu à ma conduite sous la tyrannie décemvirale est bien en opposition avec le lien. Il est vrai que je n'étois pas alors avec J.-B. Lacoste (1). Certes, tu peux, Pierret, avoir raison, Genevois peut aussi avoir raison ; je consens volontiers à avoir tort, moi seul ; surtout si, comme je le pense, tu n'as eu d'autres vues que de m'éloigner de la législature, et je te déclare que je te cède volontiers la place, à la charge cependant que tu ne donneras pas une aussi grande protection aux prêtres rebelles séculiers et réguliers, car le salut de la République fait la première de mes sollicitudes.

Quant à moi je dirai toujours d'après Horace : *Odi profanum vulgus et arceo*.

Que conclure de tant de contradictions ? J'en conclus, moi, et c'est ma façon de voir, que le terroriste (2) et le royaliste ne font qu'un, et que l'homme impartial et essentiellement juste, sévère contre le crime et protecteur de la vertu, leur est également odieux.

(1) Jean-Baptiste Lacoste. député du Cantal à la Convention, si combattu par Faure qui a pourtant suivi la même conduite et accompli les mêmes évolutions politiques, fut nommé, le 18 germinal an VIII, conseiller de préfecture, puis devint, le 9 frimaire an IX, préfet des Forêts et comte. Pendant les Cent jours il passa à la préfecture de la Sarthe. Atteint par la loi sur les régicides, il se retira en Belgique et obtint, au bout de quelque temps, de rentrer en France. Il était membre de la Légion d'honneur depuis le 25 prairial an XI. Il mourut au château de Vaisses, près de Mauriac, son pays, le 13 août 1821. *(Note éditoriale)*.

(2) Que l'on ne croit pas que j'abuse du mot *terroriste*. Ce mot n'a jamais dû avoir d'application au *patriote*.

Nota : On aura une idée du républicanisme tant vanté comme dominant de cette contrée, par ce qui s'est passé dans quelques assemblée primaires. A celle du canton de Tence on a accepté la Constitution à plusieurs conditions, et entre autres à celles que les émigrés de 1789 rentreroient, et que leurs biens leur seroient rendus et qu'il y auroit un chef à la tête du pouvoir *exécutif*.

Au canton de Montfaucon, aux conditions : 1° du rejet de l'article II de la loi du 5 fructidor ; 2° du respect pour la religion catholique, apostolique et romaine, et protection à ses ministres ; 3° qu'à l'article III du titre V° on retranche ses mots « il ne peut être donné aucun mandat » ; 4° que le peuple revise ses lois dans ses assemblées primaires. Et de tels hommes meneurs sont des répnblicains opprimés ! Et un représentant du peuple, qui veut fonder la République ou mourir, est un terroriste sans actes terroristiques.

Tu me reproches des lettres à Danse, agent national du district ; mais je te répondrai qu'il falloit bien que je remisse au comité de sûreté générale les pièces que des fonctionnaires publics m'envoyoient ; et lorsque ces pièces donnoient lieu à un arrêté, je me faisois un devoir de le leur transmettre, et je défie de trouver, de rapporter un seul de ces arrêtés qui n'ait été pris sur pièces.

Quant à quelques expressions triviales glissées dans des lettres familières, c'est avoir bien peu de moyens d'inculpation que d'y avoir recours ; et puis, à quelle occasion ? à l'occasion de quelques prêtres qui portent par tout la discorde, et organisent le meurtre, l'assassinat et la contre-révolution sur tous les points de la République. Si on ne veut pas envoyer les plus coupables de ces monstres à l'échafaud, j'y consens volontiers ; mais je demande au moins, au nom du salut de la patrie, qu'on les envoie aux Antipodes. Voilà mon terrorisme bien prononcé.

Tu as été trompé, Pierret, mais si tu ne l'as pas été, et que tu n'ayes eu d'autres vues que celles de m'éloigner de la législature, en égarant l'opinion publique, je t'en fais mes sincères remerciemens, et t'invite à continuer.

Pour me résumer, je dirai que je suis accusé de terrorisme pour une mission remplie avant le 31 mai et avant tout terrorisme ; et par un contraste singulier, j'ai été bien plus vivement, bien plus fortement et avec bien plus d'acharnement, dénoncé comme modéré, feuillant, girondin, brissotin, etc., pour une commission remplie en 1794 (vieux style) et cela sous le règne de la véritable tyrannie.

On me dénonce comme partageant les principes ultra-révolutionnaires de J.-B. Lacoste, et comme son complice, et celui-ci me dénonce lui-même pour ne pas partager ses principes, et il m'a tenu plus de sept mois sous la hache decemvirale, dont le 9 thermidor m'a délivré avec les victimes que l'on avoit dit mes complices.

Il faut, en révolution, s'attendre à tout : maratiste avant le 31 mai, sans rapporter aucun arrêté à l'odeur maratiste, modéré et anti-maratiste après le 31 mai : ô temps ! ô mœurs ! ô passions humaines !

Pierret m'accuse d'avoir tout maratisé avec J.-B. Lacoste avant le 31 mai, et Lacoste ne veut pas que je partage ses sentimens. Et Genevois, parlant aux Nancéens leur dit : « *Vous devez une éternelle reconnoissance au représentant du peuple Faure ; c'est lui qui fut arracher le poignard de vos assassins au moment où ils alloient vous egorger. »*

A Paris, de l'imprimerie nationale
Vendémiaire an IV.

**

[24 vendémiaire an IV — 25 octobre 1795]

Dans le *Journal des hommes libres de tous les pays, ou le Républicain, rédigé par plusieurs écrivains patriotes,* n° 145, quartidi 24 vendémaire, 4° année républicaine, p. 552, Reynaud fit insérer la première des lettres qu'il disait avoir reçues du Puy dans ses *Observations préliminaires,* en la faisant précéder de ces lignes :

Paris, 22 vendémiaire an IV.

Au rédacteur du *Journal des Hommes libres.*

Citoyens, les malheurs du département de la Haute-Loire qui semblent menacer une partie de la république sont si allarmans, qu'il est bon d'en faire connoître les auteurs. Comme républicain et fidèle ami de votre patrie, je m'adresse à vous, et vous prie d'insérer la lettre suivante dans votre journal.

La lettre tirée des *Observations préliminaires* était suivie de ces mots qui sont comme la signature évidente de Reynaud :

Pour copie conforme à l'original... représentant du peuple.

A son tour Pierret dut rendre compte de sa mission au point de vue financier :

[Brumaire an IV — octobre 1705]

Compte rendu
à la Convention nationale
par PIERRET, Représentant du Peuple.

Des recettes et dépenses qu'il a faites pendant le cours de sa mission dans le département de la Haute-Loire,

Imprimé par ordre de la Convention Nationale.

J'ai été envoyé en mission par décret du 22 frimaire, an III, dans le département de la Haute-Loire.

J'ai reçu avant de partir, à la trésorerie nationale, une somme de ... 15.000 liv.

J'ai reçu du receveur du district de Monistrol le montant d'un mandat par moi tiré sur lui ... 3.000 liv.

Total de la recette. ... 18 000 liv.

J'ai dépensé en frais de poste pour aller au Puy et revenir, souvent obligé de composer et de payer beaucoup plus que la taxe, par rapport à la rareté des chevaux, et attendu la rigueur de la saison dans le temps des neiges, la somme de ... 5 935 iv.

En frais de course dans les cantons, nourriture de postillons, de chevaux, location de bœufs pour conduire la voiture dans les montagnes, dépenses extraordinaires. ... 1.380 liv.

Frais de nourriture ; savoir onze jours en allant, treize jours en revenant, réparations de voiture. cordages, courroies de cuir, etc. ... 5.017 liv.

Indemnités à un secrétaire pour quatre mois d'absence. ... 1.200 liv.

Pour copies de différentes lettres et arrêtés. payé. .. 460 liv.

Nota. J'ai délivré un mandat sur le receveur du district du Puy, au profit du citoyen Monthellmard, qui a travaillé avec mon secrétaire pendant près de deux mois. Je crois que le mandat est de 250 livres.

Pour secours par moi distribués tant au Puy que dans les chefs-lieux de canton où je suis allé, que dons faits à des quêtes publiques, et autres petites sommes données à de malheureux indigens. ... 1.318 liv.

Pour dépenses particulières, indemnités à des gendarmes, frais de commissionnaires, ports de lettres, etc, etc. ... 690 liv.

Total.	...	16.000 liv.
Reçu.	...	18.000 liv.
Dépensé.	...	16.000. liv.
Reste dû.	...	2.000 liv.

J'ai remis au secrétaire-commis du bureau des mandats les 2000 liv. qui m'étoient restées. suivant sa quittance du 26 floréal, an III, *signé* PETIVIENET.

Nota. Dans la dépense portée au présent compte, ne sont pas compris les frais de ma nourriture pendant deux mois au Puy, ainsi que bois et chandelles, quinze jours à Brioude et quinze jours à Moulatrol. pour le montant desquels j'ai délivré des mandats sur les receveurs des districts où la dépense a été faite, ainsi qu'un mandat de 600 livres au profit du maître de poste du Puy. pour frais de poste. J'observe que j'ai restreint ma dépense à ce qui étoit strictement nécessaire, je n'ai jamais donné à manger à trois personnes ensemble ; je n'ai jamais eu de courriers en avant, ni d'hommes de confiance ; je n'ai fait changer à personne de l'argent pour des assignats ; je ne me suis chargé d'aucun effet ; je n'ai imposé aucune taxe.

J'ai remis la voiture qui m'a été confiée ; j'en ai décharge, certifiée conforme à mon compte.

A Paris, de l'Imprimerie Nationale
Brumaire, an IV

Reynaud avait pourtant soulevé contre Pierret, de telles inimitiés quee Pierret, comme le prouve le document autographe suivant, se crut dans le plus grand danger :

[1ᵉʳ brumaire an IV — 23 octobre 1795]

Ce jourd'huy premier brumaire an quatre de la République française,

Je soussigné déclare qu'attendu qu'il m'est parfaitement démontré que j'ay des ennemis et des ennemis sérieux qui me poursuivent avec activité, j'ignore maintenant quel pourra être le sort qui m'est réservé.

Des pamphelets dans des journaux, des lettres anonimes, des dénonciations remises au Comité de sûreté générale annoncent l'intention où on est de me perdre, et on veut en trouver le moyen relativement à ma mission dans la Haute Loire.

1° Cette mission m'a été donnée sans que j'en sois prévenu. Ceux qui m'ont fait nommer, le sçavent, et, si j'eusse été prévenu de cette nomination, je l'aurais évitée, mais, une fois nommé, je n'ai pas osé m'y refuser.

2° Je ne me suis rendu dans ce département que dans l'intention d'y faire tout le bien qui dépendrait de moy. J'ai promptement déplu aux intriguants et à ceux qui avoient embrassé avec tant d'ardeur le gouvernement de Robespierre anneanty le neuf thermidor par des hommes pour qui j'ay eu, à raison de cette journée, une telle vénération que, quand ils auroient, avant cette époque, assassiné mes parents les plus proches, je croy que je leur aurois pardonné.

3° Je n'ay rien fait dans le département de la Haute-Loire, qui puisse me mériter l'échafaud. Un jour, peut-être les habitans de ce département auront le courage de rendre un témoignage autentique, tant aux principes que j'y ai professés, à la morale que j'ai tâché d'y imprimer et à la justice que je me suis efforcé de rendre à tous.

4° Mais, en attendant, je n'ay à rougir d'aucuns des actes que j'y ai fait. J'ay pieces en mains pour tout justifier, si les circonstances veullent que j'en aye le tems et la facilité. Depuis ma mission, c'est-à dire depuis huit mois, il s'est passé dans ce département des événemens fâcheux, et l'on travaille fortement à m'en rendre l'auteur. Je suis déclaré le chef de la Vendée qui s'y est organisée pour un instant, et que l'on assure être dissipée, ou du moins telles sont les dernières nouvelles que j'ay lu, venant de Chazal, actuellement en mission dans le même département.

5° Ces dénonciations ne sont plus douteuses pour moy. Déjà le représentant du peuple Le Hardy ne me l'a pas laissé ignorer à la séance du Comité [de sureté] générale, mais il eut aussi assés de justice pour déclarer qu'il n'avoit que des présomptions contre moy, mais hyer soir la déclaration que me fit le représentant du peuple Collombel que j'étois l'auteur de la Vendée organisée dans la Haute-Loire, qu'il en avoit des preuves, qu'il les mettroit sous les yeux de la Convention, ne me laisse pas doute.

6° Il est donc évident que je vais être dénoncé comme contre-révolutionnaire, comme conspirateur. Pourra-t-on le prouver? Ne sera-ce qu'avec des dénonciations? Ne faudra-t-il aucuns actes matériels émanés de moi? Voilà ce que je me demande. S'il faut des preuves matériel[le]s et des faits, je n'ay rien a redouter, et je deffy à qui que ce soit sur la terre de produire de moy une lettre, une ligne, un mot qui puisse établir ny indiquer que je sois un conspirateur.

7° Si on sépare ma mission dans la Haute-Loire, passée il y a huit mois, des événemens qui ont eu lieu à Paris de-

puis près de deux mois, alors je n'auray encore rien à redouter parce que dans ce premier cas, il faudra examiner
purement et simplement ma conduite en mission, comme
on l'a fait jusqu'à présent à l'occasion de ceux qui ont été
dénoncés, et dans cette position, je le répète, je n'ai aucune
inquiétude. Je n'ay rien à craindre et je provoqueray moi-
même cet examen.

8° Mais m'assimilera-t-on aux auteurs partisans et adhé-
rens à la dernière conspiration qui vient d'éclater à Paris?
Pour cecy, cela me parroistra encore bien difficile. Cependant,
dant, beaucoup de mes collègues me répètent sans cesse
qu'en révolution et en fait de conspiration, il n'y a rien de
si facile à perdre qu'un concitoyen. Je conviens du fait, mais
je ne suis pas le partisan du principe et voudrais toujours
que les délits que l'on reproche à un individu, lui soyent
matériellement démontrés.

9° Enfin si on veut que je sois aussy un des conspirateurs et que cette complicité résulte de ma nomination dans
plusieurs départements, j'invite toutes les assemblées électorales où j'ai pu être porté à faire repasser les listes qu'elles
ont reçu. Je nye en avoir fait acucune, pas même dans
mon département.

Je déclare à la France entière, à l'univers, que je ne
suis pour rien dans cette fameuse conspiration, que pour
le peu que je connoisse de citoyens à Paris, je prouveray
par eux, ou ils le déclareront, s'ils en sont requis, que j'ay
fortement désaprouvé la conduite des sections, et j'y avois
si peu de confiance que, depuis quelques jours avant le 13,
je redoutois, non seulement pour moi, mais encore pour ma
femme et un petit neveux que j'ay adopté, que je pris sur
le champ quelques arrangemens pour faire partir ma femme et mon neveux avec ce que je pouvois avoir de plus prétieux, pour se rendre ensuite dans ma famille.

Ils sont passés, le 13, au soir, à travers les bayonnettes
pour se rendre à la diligence qui ne put partir ce soir-là.
Ce qui les força d'y passer la nuit dans la chambre d'un
commis de ma connoissance, d'où ils sont partis le lendemain à huit heures. Ce jour-là et les jours suivans, j'ay
continué de ne rien laisser de prétieux chez moy. J'ay
resté à mon poste tous les jours de crise ; j'y ay été vu de
tous mes collègues, et plusieurs savent bien que, depuis
plus de deux mois, je m'étois fortement prononcé pour ne

pas voulloir rester à la législature, à quelque prix que ce soit. Qu'on ne croye pas que je sois l'appologiste de la nomination qui a été faitte de moy seullement dans mon département. J'ai même mis en question si, à raison de ce que, bien convaincu que quelques-uns de mes collègues de ma députation avoient plus mérité que moi leur reelection, je devois accepter ma nomination dans mon departement ; mais, attendu que je sçay qu'il existoit dans l'assemblée électorale de mon département de bons citoyens, des hommes qui me connoissent parfaittement pour ce que je suis et que rien ne me dissuadera qu'ils ne m'ont conservé à la législature que parce qu'ils sçavoient bien que je n'étois pas indigne de la confiance de mes concitoyens, je n'ay pas cru devoir me refuser à leur nomination, et, quel que puisse être l'odieux que l'on jette sur cette conduite, je me décide à accepter pour mon département.

10ᵉ et dernier aveu. J'ay passé quatre mois au Comité de sûreté générale, je ne les y ay employé que [pour] mettre en liberté les individus incarcérés depuis le 1ᵉʳ prairial dernier et, s'ils sont reconnoissants, ceux-là, ils en conviendront. Mais j'ay cru avoir fait mon devoir, et cela me suffit Je ne compte sur la reconnoissance de personne...

Que me reste-t-il à dire, actuellement que j'attend[s] avec impatience le dénouement de touttes les intrigues mises en activité depuis un mois. Je ne parleray pas des lettres que j'ay vu dans un carton retiré des Jacobins par le Représentant du peuple Delaloy, vu aussy de ....., de Calès [?] et autres. Je cedde à ceux dont les lettres y sont insérées et par eux écrites aux Jacobins, la morale qui y est consignée. Je la laisse à Tallien, Fréron, Barras, Isabeau et autres.... Le tems justiffiera tout, même la lettre existante au Comité de salut public, écrite par Monsieur dans laquelle on compte beaucoup sur Tallien et dont a parlé La Rivierre dans la séance secrette.

Maintenant je déclare que je suis sans crainte sur l'examen de ma conduite, que mon âme est navrée du ressouvenir des journées du 10 mars (dans la nuit !), du 30 may et des autres suivantes, et que, si le malheur me poursuit assés pour ne pouvoir résister aux événements du jour, je ne me croiray pas moins très inocent. Actuellement je passe à autre chose et laisse à la Providence à rendre justice à tous.

Si le perry, je regrette de ne pas voir ma mère avant de mourir. J'ay une chère épouse que j'aime tendrement. Mes malheurs, ma mort même, luy seront des événemens qu'elle suportera très difficilement. Je regrette aussi un jeune enfant de huit ans, mon neveux, que ma pauvre femme a élevé. Le testament que j'ay remis à ma femme le 13 du mois dernier luy suffira sans doute pour jouir de ma fortune, et, dans tous les cas, je le répète icy, je donne en toute propriété à ma pauvre femme la totalité de mon mobilier et la jouissance, sa vie durant, de mes biens propres et acquets de communauté. Je désire que ma garde-robe soit employée ' ' abiller mon neveux, le surplus étant vendu à servir à son éducation. Je déclare aussy que je l'adopte comme mon enfant et qu'après la mort de ma femme, époque à laquelle cessera l'usufruit que je luy accorde de mes biens comme ci-dessus est dit, mon neveux vienne à ma succession comme enfant adoptif et, s'il survenait quelque deffaut de formalités à cet égard, je veux qu'il jouisse dans ma succession immobilière, de tout ce que les loix me permettent de luy laisser avant partage [à] faire avec mes héritiers. Je le recommande à l'amitié de ma pauvre femme qui ne pourra donner à ma mémoire une plus grande preuve de son amitié pour moy qu'en venant au secours d'un enfant que j'aime comme s'il était le mien.

Salut et amitié à tous mes parents et amis.

PIERRET.

En marge et en tête de ce document Pierret avait écrit ces mots :

J'ay remis cette déclaration entre les mains du citoyen Rozet, beau-frère du pauvre Perrin, mort victime de la tyrannie. Ledit Rozet m'a donné des preuves de son attachement ; il aura soin de cette déclaration. Je l'invite à aider ma pauvre femme de ses sages conseils.

PIERRET.

Plus tard Pierret retira cette note, ainsi que sa signature à la fin de cette pièce. Il mit en marge : *Nul* à côté des dispositions testamentaires qu'il rappelait en terminant.

* *

Poultier fut alors envoyé en mission dans la Haute-Loire par la Convention nationale. Il arriva dans ce département au moment même où cette Assemblée se séparait et où le Directoire entrait en fonctions. La première proclamation de Poultier est datée du 25 octobre 1795, et la Convention termina, le 26 octobre, ses opérations.

Qu'était Poultier ?

François-Martin Poultier d'Elmotte était né à Montreuil-sur-Mer (Pas-de-Calais), le 31 décembre 1753. Il était fils de Charles Nicolas-Remi Poultier, procureur notaire, et de dame Françoise-Gabrielle Lambert. Il avait été un instant moine bénédictin. Il embrassa chaleureusement les idées de la Révolution, se maria, devint chef d'un bataillon de volontaires et fit la campagne de 1792. Le département du Nord le nomma à la Convention. Il y parla sur tout : prêtres, militaires, finances. Un jour, Pétion fit censurer l'ancien moine jaseur. Il y vota la mort de Louis XVI. Lors des appels nominaux, il dit : « Si je voulais ressusciter la royauté, je prononcerais : Oui, il y a lieu à l'appel au peuple. Je suis républicain. Je prononce : Non. » Sur la peine, il s'était écrié : « La mort dans les vingt-quatre heures. ». Lors des débats sur le sursis à l'exécution, on l'avait entendu prononcer ces mots : « C'est une belle occasion d'anéantir les royalistes. »

Envoyé dans le Midi après le 31 mai, il avait secondé le général Carteaux à Marseille, et Rovère à Avignon. Il fut bientôt après accusé, aux Jacobins, d'avoir persécuté les patriotes. Il se prononça contre Robespierre, au 9 thermidor, et attaqua ensuite Lebon

avec une sorte de rage. On remarqua le mot qu'il prononça avec force au moment où Lebon disait que, dans
ses missions, il avait sué... : « Oui, interrompit Poultier, il a sué le sang. » Il réagit alors contre les Jacobins avec autant de véhémence et de facilité que s'il
n'avait rien eu à se reprocher.

En 1705, il fut envoyé près de l'armée navale de la
Méditerranée. Se trouvant à Toulon au moment de
l'insurrection qui éclata au mois de mai dans cette
ville, il fut arrêté par les Jacobins rebelles et relâché
aussitôt.

Après le 13 vendémiaire, il fut envoyé en mission
dans la Haute-Loire. La proclamation dont nous donnons ci-après le texte, était dirigée tout entière contre
Pierret et annonçait qu'il allait faire une guerre acharnée à tout ce qui pourrait paraître suspect de modérantisme (1).

Les critiques d'un personnage si versatile sembleront sans portée.

[3 brumaire an IV — 25 octobre 1705]

Liberté   Constitution
Egalité   Patriotisme

Proclamation

POULTIER, *Représentant du Peuple, délégué par le
Gouvernement dans le département de la Haute-Loire.*
Au Puy, le 3 brumaire, l'an quatrième de la République
Française.

(1) Cf. sur Poultier, Robert, *Vie politique de tous les députés à l'Assemblée nationale pendant et après la Révolution,*
Paris, 1814, p. 348 ; *Petite biographie conventionnelle,* Paris,
Eymery, 1815, p. 222 ; *Biographie moderne,* Paris, Eymery,
1815, p. 412 — 413 ; Dr Robinet, *Dictionnaire historique et
biographique de la Révolution et de l'Empire,* Paris, s. d.,
p. 667.

Aux patriotes de 89.

Le Royalisme insolent levait depuis dix mois sa tête hideuse, déjà il croyait rétablir le trône sur le tombeau de la Représentation nationale, et sur les cadavres entassés des amis de la République : déjà ses mains impies avaient fait couler le sang dans les départemens méridionaux ; déjà, à Paris, il aiguisait ses poignards, signalait ses victimes, et par des chants féroces excitait ses complices au meurtre et au carnage.

La Convention a dit aux Patriotes de 89 : Levez-vous ; et le Royalisme a été terrassé. Cet appel aux vieux amis de la Révolution a retenti jusqu'à vous. Après tant d'humiliations, votre âme s'est ouverte encore à l'espérance. Vous avez repris ce premier enthousiasme qui honora le berceau de la liberté.

Envoyé par le Gouvernement pour cicatriser vos plaies, j'ai accepté cette mission sans balancer ; parce que je comptais sur votre courage et sur vos vertus.

Il n'est plus temps de composer avec nos ennemis ; plus d'indulgence pour nos assassins, plus de tolérance pour ceux dont la doctrine homicide a provoqué vingt fois la ruine de la République. Qu'ils aillent cacher loin de nous leur haine et leur furie : ils veulent être esclaves ! Eh bien, qu'ils courent ramper sous des Rois ; qu'ils abandonnent la terre virginale de la liberté, la loi a prononcé leur arrêt.

Ces misérables protégés par les *Saladin* et les *Rovere*, insultaient à vos larmes, vous chassaient de vos propriétés par la terreur, partageaient vos dépouilles, et préparaient les instrumens de votre supplice. Ils ont fait entre eux le partage de l'autorité ; ils se sont emparés des Tribunaux, afin d'absoudre leurs complices et de frapper d'une verge de fer les Patriotes inébranlables ; ils se sont emparés de l'administration, afin de vous faire supporter seuls le fardeau des impôts, et d'en dispenser leurs infâmes partisans ; ils ont allumé dans vos montagnes les torches du fanatisme, encouragé des jeunes gens égarés à la rebellion ; ils ont exécuté contre vous une croisade d'hommes aveugles et féroces ; mais les Patriotes auront aussi leur réveil, non pour assommer et pour assassiner comme ont fait leurs lâches ennemis, mais pour faire régner le niveau salutaire de la Loi, mais pour refréner ceux qui voudraient renverser la Représentation nationale et anéantir les droits sacrés du peuple. Le réveil des Patriotes fera cesser le sommeil homicide des Magistrats qui, par leur coupable indifférence, ont perpétué l'Anarchie, accru l'activité du fanatisme, et fortifié l'espoir criminel d'un imbécile Prétendant et de ses Agens plus imbéciles encore.

Patriotes vertueux et purs, sortez de l'état d'angoisse et d'oppression où vous ont mis les *Chouans* de ces contrées. Le gouvernement m'a envoyé pour vous tendre une main secourable et fraternelle; pour relancer, au nom des Lois, vos incorrigibles ennemis, et broyer le couteau royal dont ils s'armaient pour vous assassiner.

Mes amis, mes compagnons, respirez enfin après dix mois de fureur royale. Venez vous ranger autour de la représentation nationale; elle fut longtemps trompée par une poignée d'intrigans et de conspirateurs. Les jours de deuil sont passés. Le 13 vendémiaire vous a fait connaître vos persécuteurs et vos amis dans la convention. Les premiers ne viendront pas, comme l'un d'eux l'avoit promis, se mettre ici à la tête d'une nouvelle Vendée; il l'avoit organisée avec beaucoup d'adresse, en empoisonnant les municipalités de la plupart des communes, de vos plus cruels oppresseurs et de royalistes les plus dégoutans.

Je viens pour détruire le règne de ces coopérateurs de Charette, de ces perturbateurs de l'ordre public, de ces prêcheurs de contre-révolution, et notamment des prêtres qui ne se sont pas soumis aux lois. Je poursuivrai sans relâche les émigrés, les fanatiques déportés et tous les vagabonds qui ne seront pas munis de passe-ports; je poursuivrai les auteurs, fauteurs, instigateurs des troubles contre-révolutionnaires qui se sont manifestés dans ce département; je soutiendrai de tout mon pouvoir les vrais patriotes; je ferai respecter les lois, et sévirai contre les magistrats qui négligeront de les faire exécuter. J'engage tous les citoyens à m'aider dans cette carrière épineuse, et à coopérer avec moi au triomphe de la République, et au maintien de la liberté.

Ceux qui auront quelques connoissances de la rebellion que viennent d'étouffer nos braves frères d'armes et les gardes nationales fidèles de ce département, peuvent les transmettre avec confiance au conseil de guerre formé en vertu de la loi du 2 vendémiaire, et séant en cette commune. Par cette démarche civique, ils serviront leur pays en détruisant jusque dans ses racines les maux qui l'ont affligé et qui pourraient l'affliger encore.

POULTIER.

GÉANT, *secrétaire*.

AU PUY, de l'Imprimerie de J. B. LACOMBE, et Comp., Impr. de l'Adm. du département de la Haute-Loire (1).

*
* *

On sait que le 13 vendémiaire les sections s'étaient soulevées contre la Convention et qu'elles furent mitraillées par un jeune général corse qu'on ne connaissait alors que sous le nom de Bonaparte et que l'Europe devait redouter sous le nom de Napoléon. Les directeurs du département de l'Aube qui avaient été nommés par les assemblées primaires de fructidor, se réunirent le 20 vendémiaire dans la grande salle du Palais de Justice de Troyes au nombre de 265. Contre l'habitude, ils ne se laissèrent pas influencer par les événements de Paris et affirmèrent hautement leurs opinions par les choix qu'ils firent. Sur les six députés qu'ils avaient à élire, quatre devaient être pris dans la Convention. Parmi les neuf représentants de l'Aube, un seul fut jugé digne de conserver son mandat. C'était Pierret.

On savait, nous l'avons vu, qu'il avait courageusement rempli une mission de pacification dans la Haute-Loire et qu'à la Convention, il s'était montré à plusieurs reprises le partisan d'une politique ferme et ré-

(1) Note manuscrite au dos de l'affiche : Saint-Bonnet-le-Froid.

paratrice. Récemment il avait appuyé une pétition des citoyens de Troyes contre l'élargissement des terroristes, et il avait fait, le 17 fructidor, une énergique apologie de cet infortuné Perrin, son collègue à la Convention, qu'on avait accusé d'avoir prélevé d'énormes bénéfices sur une fourniture de cinq millions de toiles de coton et condamné à douze années de fer et à six heures d'exposition, et qui, bientôt après, mourait de honte et de douleur à Toulon.

Sur les instances de Pierret, la Convention venait de proclamer hautement l'innocence de Perrin. Aussi Pierret fut-il élu au Conseil des Cinq Cents par 230 voix sur 265 (1).

Malgré toutes ces preuves d'une indéfectible estime, Pierret voyait avec peine le mouvement d'opinion que l'on cherchait à créer contre lui à propos de sa mission dans la Haute-Loire. Il réclamait de la municipalité du Puy un témoignage en sa faveur. Dauthier, maire du Puy, le lui donnait en ces termes dans la lettre autographe suivante :

[5 brumaire an IV-27 octobre 1795].

Le Puy, le 5 brumaire, l'an 4 de l'ère républicaine.

Citoyen Représentant,

Par votre lettre du 28 vendémiaire dernier, vous récla-

(1) Cf. Albert Babeau, *Histoire de Troyes pendant la Révolution*, Paris, 1873, t. I, p 368. — « Pour être élu membre du Conseil des Cinq Cents, il fallait être âgé de trente ans accomplis, et avoir été domicilié sur le territoire de la République pendant les dix années qui avaient immédiatement précédé l'élection. Nul ne pouvait être élu membre du Conseil des Anciens s'il n'était âgé de quarante ans accomplis, si, de plus, il n'était pas marié ou veuf et s'il n'avait pas été domicilié sur le territoire de la République pendant les quinze années qui avaient immédiatement précédé l'élection. »

mez mon témoignage sur la conduite et les principes que vous avés manifestés dans notre commune. Si j'ai vu dans vous un vandale, un vendéen, un scélérat, un contre-révolutionnaire, vous consentés que je le déclare ; mais, dans le cas contraire, vous demandés que je rende hommage à la vérité. J'ai toujours eu le courage de la dire, et je déclare, sans crainte d'être contredit par aucun des citoyens nommés avec moi par l'assemblée générale de notre commune pour vous donner des renseignements sur vos opérations, que vous ne nous avés jamais manifesté les principes d'un vandale, d'un vendéen, d'un scélérat et d'un contre-révolutionnaire ; que vous avés adopté à peu de chose près le travail qui vous a été présenté et que votre conduite a été celle d'un représentant plein de moralité, ami de la justice et de l'humanité.

Dans votre réponse à une anonime, j'ai vu avec plaisir la justification de votre conduite, et surtout de l'indigne propos que l'on vous prête. Je n'étais point à la Société populaire, et je ne puis rendre aucun témoignage à cet égard, mais si vous avés dit aussi publiquement que vous seriés le chef d'une nouvelle Vendée dans ce département, et que les citoyens qui composoient la société et les tribunes ne vous aient pas accusé de suite, qu'ils aient au contraire attendu huit mois pour le faire et qu'ils gardent l'anonyme en le faisant aujourd'hui, ce sont des lâches et de mauvais citoyens.

Salut et fraternité,

DAUTHIER, maire du Puy.

**

Nous voyons à cette époque Pierret, membre du Conseil des Cinq cents, solliciter un congé :

[9 brumaire an IV — 2 novembre 1795]

Extrait
du Procès-verbal
de l'Assemblée législative
du neuvième jour de brumaire l'an quatre
de la République française une et indivisible
Conseil des Cinq-Cents.

Le Citoyen Pierret, membre du Conseil des Cinq-cents, demande un congé de deux mois dont il a besoin pour l'arrangement de ses affaires et le rétablissement de sa santé.

Le Conseil accorde au Représentant du Peuple Pierret un congé de deux mois.

Collationné à l'original par Nous Représantans du Peuple, Secrétaires du Conseil des Cinq-Cents, à Paris le 10 Brumaire de l'an susdit

DAUNOU Pr^t,   A. C. THIBEAUDEAU, S^{re},
CAMBACÉRÈS, S^{re},
MARIE-JOSEPH CHÉNIER, S^{re},

*   *

Nous avons vu que les représentants Reynaud et Faure se défendirent auprès de la Convention contre les attaques contenues dans le rapport de Pierret sur sa misssion dans la Haute-Loire. Faure, une seconde fois, et Lanthenas (1) protestèrent encore, et chacun

(1) François-Xavier Lanthenas était né au Puy, le 18 avril 1754, du « sieur Joseph Lanthenas, négociant, et de demoiselle Marie-Elisabeth Pons ». Il était médecin à Paris au moment de la Révolution. Très lié avec la famille Roland, il devint premier commis à l'administration de l'instruction publique, au ministère de l'Intérieur, et fut élu, le 9 septembre 1792, par Rhône-et-Loire, membre de la Convention et, le même jour, également élu par la Haute-Loire, puis opta pour Rhône-et-Loire, Intime-

adressa au Directoire exécutif une lettre pour justifier sa conduite. Elles datent de janvier 1796. L'une et l'autre sont des documents intéressants, elles apparaissent non seulement comme une tentative de justification des actes accomplis par Solon Reynaud, mais comme un audacieux éloge de ces actes si évidemment blâmables d'après ces panégyriques eux-mêmes. Elles donnent encore un aperçu sur l'état d'une partie des esprits dans le département.

Lettre du représentant Faure au Directoire exécutif

Il est itérativement exposé au Directoire exécutif que le département de la Haute-Loire est dans l'état le plus affligeant, que presque tous les fonctionnaires publics sont ennemis de la République, que les rebelles fanatiques dirigés par les prêtres et tolérés par les autorités constituées y font incursions sur incursions ; qu'ils volent, pillent et assassinent ; qu'il sont en correspondance avec les royalistes de Lyon et avec les agents des princes français. Le premier fait est attesté par le sang des malheureux patriotes qui y coule chaque jour. Le second est attesté par la correspondance saisie à la Douane. Il est inutile d'entrer dans des détails, ils ont déjà été donnés au Directoire, ils ont été donnés au ministre de l'Intérieur, au ministre de la Justice.

On se bornera à dire que les montagnes de la Haute-Loire sont en contrerévolution ouverte au nom du roi et

ment lié avec les Girondins, Lanthenas devint suspect à la Montagne et son nom fut inscrit parmi les proscrits du 31 mai, mais il fut sauvé, grâce à Marat qui plaida en sa faveur les circonstances atténuantes en ces termes : « Tout le monde sait, dit-il, que le docteur *Lantemas* (sic) est un pauvre d'esprit. » Cette boutade de Marat sauva Lanthenas. Il devint secrétaire de la Convention et le 24 vendémaire an IV, il fut élu par l'Ile-et-Vilaine, député au Conseil des Cinq-Cents, siégea jusqu'en l'an VI et reprit l'exercice de la médecine. Il mourut à Paris le 2 janvier 1799. Cf. Dr Robinet, *Dictionnaire historque et biographique de la Révolution et de l'Empire*, t. II. p. 317. Sur Lanthenas, voir encore les articles de M. Ernest Vissaguet, sénateur de la Haute-Loire, dans *Velay-Revue*.

de la religion, que l'on y a juré la mort de tous les patriotes et que, dans ce pays-là, ceux-là sont réputés patriotes qui ont abandonné les prêtres réfractaires et qui ont eu le malheur d'assister à la messe d'un prêtre constitutionnel, que ceux qui sont purement fanatiques, veulent à tout prix la contre-révolution dans son entier et que ceux qui, plus instruits, ne font que prétexter la religion, espèrent et aspirent à la constitution de 91. Que dans ces cantons-là, il n'y a eu d'autre terrorisme que celui des prêtres réfractaires et de leurs sectaires et celui de l'énergie des patriotes purs et bien intentionnés qui ont résisté aux premiers jusqu'au moment où Pierret y est allé organiser la contre-révolution.

Dès lors, tout a été dirigé par l'esprit factionnaire de Paris. Les attroupements de rebelles armés sont devenus considérables et si Poultier n'y eut paru, ce département-là, et peut-être ceux qui l'avoisinent, n'appartiendraient plus à la République.

Poultier n'a pas été plus tôt reparti que les attroupements partiels et les assassinats ont recommencé ; le projet des rebelles est de s'emparer du Puy, chef-lieu du département ; s'ils y parvenoient, une armée de vingt mille hommes seroit insufisante pour les réduire.

Dans une si triste position, quelles sont les premières mesures à prendre par le Directoire?

C'est de n'avoir pour commissaires dans ce département-là que des patriotes prononcés, que des républicains probes et généralement reconnus pour tels; que des hommes dont l'existence soit liée avec celle de la République; c'est de [ne] point se fier du tout aux rapports des autorités constituées actuelles toutes gangrenées; c'est de ne point écouter les réclamations de la députation actuelle dont tous les membres sont ennemis des républicains et protecteurs de tous les chefs de chouans; c'est de confirmer la nomination de Reynaud près l'administration centrale, puisque la municipalité et les juges de paix ont attesté la fausseté de l'imputation atroce que des malintentionnés avaient calomnieusement faite ; c'est de maintenir les deux commissaires près les tribunaux qui sont d'excellents citoyens et que déjà on dénonce parce que l'on croit à l'influence de la députation dévouée aux malveillants: c'est de vouloir avoir égard aux observations des représentants du peuple Poultier, Lentenas et Faure qui font cause commune pour le maintien du gouvernement républicain et qui ne sont pas plus disposés à soutenir les anarchistes que les royalistes de toutes les couleurs; ce serait de révoquer et de remplacer les commissaire royalistes et chouans qui ont surpris leurs nominations; et enfin de soutenir constamment les commissaires républicains qui, à l'aide de quelques troupes qui leur seront fournies, maintiendront la tranquillité et feront exécuter les lois, ce qui ne sera pas pour eux une petite affaire, et plus d'un d'entre eux sera assassiné. Triste prédiction.

Il est bon de dire au Directoire ce qu'est Reynaud contre qui on déclame tant.

Reynaud est un bon propriétaire ayant une fortune, femme et enfants dont deux servent depuis le commencement de la Révolution et un troisième depuis trois ans.

En 1790, Reynaud fut tiré de sa campagne pour remplir au Puy la fonction d'officier municipal. Sa bonne conduite et son patriotisme le portèrent la même année à la mairie; malgré la désorganisation de ce temps-là, malgré l'anarchie qui chez nous était à son comble, il maintint la tranquillité publique et fit respecter les personnes et les propriétés qui n'ont point été violées au Puy tant que Reynaud y a été maire, mais qui l'ont été malheureusement dans d'autres tems. Dans une occasion, il sauva la vie à un patriote exalté que l'on se disposait à pendre. Dans une autre, il la sauva à trois aristocrates dont on demandoit la tête les armes à la main et le tout aux dépens de sa vie.

Sa bonne conduite lui mérita les suffrages pour l'Assemblée législative, mais ayant voté contre Lafayette et pour la suspension du tyran, il devint factieux.

Cependant, en 1792, les électeurs étoient patriotes et il fut nommé à la Convention nationale, et on peut dire qu'il a été assis au côté gauche, tant à la Législative qu'à la Convention, sans jamais avoir tenu à aucune fonction, car il ne fréquentoit personne. Il fut l'an II de la République envoyé en mission dans son département où il resta environ huit mois à faire le juge de paix, plutôt que les fonctions d'un représentant, à l'exception des incarcérations en vertu de la loi du 17 septembre, auxquelles il étoit excité par une Société populaire chaude et exaltée, et ensuite comme forcé par l'esprit contrerévolutionnaire, qui a toujours régné dans ce pays-là. Mais il n'a point créé de tribunal révolutionnaire, et n'a fait périr personne pendant sa mission.

De retour à Paris, il remit des pièces au Comité de sûreté générale, qui donnèrent lieu à des traductions et qui firent périr les administrateurs du district de Mont̃strol prévenus et convaincus de dilapidation.

Voilà ce qu'est et ce qu'a fait Reynaud, mais dont les plus grands crimes sont d'avoir voté contre Lafayette et pour la suspension et pour la mort du tyran.

On lui fait un grand crime d'avoir, lors des arrestations, fait arrêter ses deux beaux-frères, dénoncés par la Société populaire, mais cela prouve son impartialité. Brutus condamna bien son fils !

FAURE
représentant du peuple.

NOTA. — Si dans cette circonstance, le Directoire donne la victoire aux Royalistes de la Haute-Loire, ce département là est perdu et tous les patriotes y périront. Il ne s'agit pas ici de Reynaud, il s'agit de tous les patriotes et du salut de la chose publique.   F.

Lettre du représentant F. Lanthenas au Directoire

Je déclare au Directoire exécutif qu'à l'époque du 9 thermidor, à laquelle les patriotes ne purent, comme on sait, revenir de la confusion où les avoient jetés les intrigues de l'étranger et se reconnoître aussi vite qu'il auroit été désirable, je combattois contre Reynaud, qui redoutoit plus que moi les reclus et l'aristocratie. Mais je déclare en même temps, que le 13 vendémiaire m'a pleinement confirmé les présentimens que j'eus peu de temps après le 9 thermidor, que la contrerévolution profitoit de cette révolution plus que le patriotisme. Je voïois le plus mauvais esprit en naître et circuler dans le département de la Haute-Loire et correspondre parfaitement à celui des sections de Paris; je voyois les reclus de ce département organiser la même réaction et applaudir aux massacres de Lyon en attendant qu'ils s'étendissent jusque sous leurs yeux.

Mes observations furent alors meprisées et rejetées par mes collègues qui, en mission ou dans les comités, prenoient sur eux mêmes la responsabilité de donner l'impulsion aux choses d'après leurs principes et leurs sentimens.

Aujourd'hui que le 13 vendémiaire doit nous éclairer tous, j'ai le courage de dire que, quoique j'aie eté très modéré dans la prévention que j'ai eue, comme d'autres, contre de mes collègues, je me suis encore bien abusé, et que je leur ai tenu à crime ce qui etoit le fait de l'aristocratie, de l'étranger ou des circonstances extraordinaires qui ne dépendoient nullement d'eux.

Je fais particulièrement cette déclaration pour mon ancien collègue Reynaud, afin que l'on n'infirme pas, par les querelles que nous avons eu ensemble, la seconde déclaration que je fais au Directoire exécutif, que je pense, sur le département de la Haute-Loire, Reynaud et la composition générale des fonctionnaires dans ce département, comme mon collègue Faure.

Je crois qu'il présente dans la note qui précède, au Directoire, des faits et des réflexions qu'il ne sauroit trop peser, pour régler la conduite qu'il doit tenir à l'égard du département et du choix de ses fonctionnaires.

Paris, le 17 nivôse an IV (9 janvier 1796).

F. LANTHENAS.

Les attaques continuaient, dans la presse même, contre Pierret, toujours à propos de cette mission dans la Haute-Loire qui avait excité contre lui des haines persistantes.

Dans *La Sentinelle*, par J.-B. Louvet (de la Haute-Vienne), Représentant du peuple, ère vulgaire, di-

manche 10 avril 1706, quatrième année républicaine,
primedi 21 germinal, p. 107, col. 1, on lit :

[21 germinal an IV-9 avril 1796]

Brioude, le premier germinal, l'an IV.

*Les soussignés agens de la commune de Brioude, dépar-
tement de la Haute-Loire, aux citoyens composant le
Directoire exécutif de la République française.*

La liberté n'est point la licence ; elle n'est point l'oppression... Justice à tous, secours aux patriotes opprimés ;
secours aux républicains vexés par les royalistes ; guerre
aux ennemis du gouvernement, guerre à ceux qui appellent l'anarchie ou le royalisme, le tribunal de Robespierre
ou les compagnies de Jésus.

Citoyens directeurs, les administrateurs du département
de la Haute-Loire, nommés par des électeurs sous la protection des brigands rassemblés à Issengeau, par des électeurs royalistes, fonctionnaires publics du choix de
Pierret, ces administrateurs sont destitués... Cet acte de
justice est applaudi par tous les républicains du département.

Des émigrés, notoirement connus, effacés de la liste,
notamment les nommés Vimal de Jozat et Vimal de Barbe-
zit, tous deux beaux-frères de M *Grenier*, ex-constituant,
et *votre commissaire* près le tribunal de police correctionnelle à Brioude ; les prêtres réfractaires protégés, le
royaliste usurpant le nom sacré de républicain, et poursuivant les patriotes sous le nom de terroriste[s], voilà
l'état du département......

Le Réveil du Peuple, chanté par les farandoleurs amis
de *Pierret*, à la tête desquels se trouvoit *Montfleury* et
autres fonctionnaires publics ; les patriotes insultés par
eux ; la guerre civile désirée, souhaitée, appelée, des hommes immoraux, irrépublicains, nommés aux places les plus
importantes... voilà la situation de la commune de
Brioude, après le passage et les opérations de Pierret.

Directeurs, maintenez votre ouvrage, rendez aux patriotes l'énergie et la confiance nécessaires au salut de la République.

Montfleury et Gros vont auprès de vous ; Montfleury et Gros furent les partisans de *Pierret* et les agens les plus actifs de la réaction, des comités de prairial et des sections du 13 vendémiaire.

La Convention insultée, injuriée ; les membres vertueux du Sénat qualifiés de scélérats ; voilà le tableau des opérations d'une section de la commune de Brioude où triomphaient Montfleury et ses partisans, amis de Pierret, et on rejetta, graces à eux, à une grande majorité, les décrets des 5 et 13 fructidor.

Directeurs, le moment de sauver la patrie est venu, nous en profitons avec courage, et nous vous assurons que, si vous rapportez votre arrêté de destitution, c'en est fait de la chose publique et de l'énergie des républicains du département de la Haute-Loire. Vous ne tarderez pas à voir nos montagnes vendéisées ; le sang coulera, et vous n'aurez que de vains regrets à offrir à la patrie déchirée par des enfans rebelles.

Vive la République.
Salut et respect.

(Suivent deux pages de signatures).

Un autre journal, l'*Ami des Lois ou mémorial politique et littéraire par une société de gens de lettres*, qu'avait précisément fondé Poultier, contenait, dans son numéro du 17 floréal an IV, vendredi 6 mai 1796, p. 2, col. 2 et p. 3, col. 1, une nouvelle attaque contre Pierret :

[17 floréal an IV — 6 mai 1796]

Paris, le 16 floréal, l'an quatrième.

Poultier, du conseil des anciens, à Pierret, du conseil des cinq cens.

Citoyen *Pierret*, est-ce sérieusement que vous affirmez n'avoir point accompagné ni secondé les ambassadeurs de l'armée catholique de la Haute-Loire, chez les ministres de la police et de la guerre ! Non-seulement on vous y a vu, mais on a entendu que vous disiez : *Tant qu'on ne remettra pas les administrateurs destitués en place, tant qu'on ne chassera pas les Renaud, les Portal, les Chevalier, du département, le calme n'y régnera jamais, et la guerre civile y fera les plus grands ravages.*

Citoyen *Pierret*, vous osez parler de guerre civile ! Oublies-tu, malheureux, que c'est toi qui en a [s] jetté les germes et préparé les brandons ? Oublies-tu que les chefs des rebelles étaient tes commensaux et tes protégés ? Oublies-tu que les fondateurs de la république ont été, par tes ordres, destitués, incarcérés et foulés aux pieds ? Tu n'avais à ta suite que des nones, des prêtres insermentés, et des réveilleurs. Les soldats de Jalès, les satellites du traître Dussaillant te servaient d'escorte dans tes courses contre-révolutionnaires. On te reprochait alors d'organiser une Vendée ; n'as-tu pas dit publiquement que tu viendrais te mettre à la tête de cette Vendée ?..... Pars donc, barbare, tes vœux sont remplis ; depuis six mois, le fanatisme dont tu as rallumé les torches, fait couler dans la Haute-Loire le sang des républicains. Tes partisans, ceux qui criaient : *Vive Pierret !* crient actuellement *Vive le roi !* Ils sont armés contre leur pays ; ils massacrent, ils pillent, et se livrent à tous les brigandages au nom d'un dieu de paix. Pars donc ! va commander ta noble armée ! prends pour lieutenans les *Bornes*, les *Gallet*, les *Morin*, les *Legras*, les *Privat*, par qui tu as été si bien secondé dans tes courses réactionnaires, Vas donc !..... mais non, reste ; ces mêmes administrateurs, dont tu provoquais la destitution, ont fait mordre la poussière à tes phalanges rebelles ; elles sont dissoutes, anéanties ; pleure tes amis, mais laisse recueillir aux fonctionnaires que tu voulais destituer, les témoignages honorables qu'ils ont reçus du gouvernement, sur leur conduite ferme, prévoyante et civique.

J'ai dit tout à l'heure, ton armée, je crois. Tu n'as ni assez d'audace, ni assez de talent pour avoir une armée. Plus stupide que méchant, les maux que tu as faits, sont plutôt le résultat des combinaisons étroites d'un cerveau lourd et borné que les fruits des calculs politiques d'un chef de faction. L'accueil que tu faisais aux fanatiques, tu croyais le faire aux amis de Dieu, aux véritables oints du Seigneur, et cette boucherie religieuse, tu l'as commise plutôt pour assurer ton salut que par la conscience de nuire à ton pays.

Les citoyens de Brioude et du Puy te traitent de royaliste, ils ont tort. Vous autres représentans réacteurs, vous étiez moins royalistes que les bêtes de somme des royalistes. Il en est parmi vous qui aimeraient mieux être accusés de royalisme que de bêtise ; peut-être mériteraient-ils l'une et l'autre qualification ; mais, en général, vous aimez trop la vie, pour oser désirer le retour des *Capet*. Ce n'est ni par affection, ni par principe, ni par énergie que vous êtes républicain ; mais parce que la partie est trop engagée pour que vous osiez reculer ; mais parce que monsieur le marquis *d'Antraigues* vous a révélé, indiscrètement, le grand secret de vos destinées, si jamais la royauté se rasseyait sur les débris du directoire.

L'on vous appelle *chouans* parce qu'on ne sait quel nom vous donner, parce que vous êtes une espèce si bizarre dans l'ordre actuel des choses que, décemment, nous ne pouvons vous ranger parmi nous. Enfans trouvés de la révolution, êtres amphibies et sans caractère déterminé, vous êtes comme ces déserteurs autrichiens qui demeurent en France parce qu'ils auraient la tête cassée s'ils retournaient vers leurs maîtres ; ils prennent par nécessité nos manières et notre langage ; mais quelque peine qu'ils se donnent pour nous imiter, ils conservent toujours un accent auquel on les reconnaît.

Comme eux, quelque soin que vous preniez pour vous mettre à notre allure, il vous restera toujours un accent dont vous vous déferez avec difficulté, et néanmoins on ne peut sans injustice vous mettre sur la ligne des chouans et des royalistes.

Vous ne voulez plus de roi à l'heure qu'il est, je le sais ; votre unique ambition est d'attirer à vous l'autorité constitutionnelle, d'avoir vos généraux, vos administrateurs et la disposition des places ; enfin d'exclure les républicains anciens et trop prononcés de tous les emplois publics. Cette fièvre de pouvoirs qui nourrit votre activité, qui vous fait rassembler les débris de vendémiaire, est également la manie incurable de vos frères du Panthéon : donnez leur de l'autorité, des richesses et ils trouveront toutes les constitutions bonnes, car ils n'en lisent aucune, la plupart d'entre'eux ne sachant pas lire. Revenons à votre lettre. Citoyen Pierret, comment pourriez-vous m'aimer, et quel droit avez-vous à mon estime ? Moi qui ai été envoyé pour briser le sceptre de mort que vous aviez mis entre les mains des réveilleurs ! pour disperser cette armée rebelle que votre faiblesse et vos provocations avaient organisée ! Les hommes que vous avez oprimés ont été les seuls qui m'ont secondé dans cette entreprise, ils ont oublié les maux que vous leur aviez fait souffrir, pour ne s'occuper avec moi que du salut de la République : leur sang a coulé pour la cause que vous voulez leur faire haïr ; plusieurs d'entre eux sont restés sur le champ de bataille. Leur dernier soupir a été pour la patrie ; ceux des vôtres, au contraire, qui ont trouvé la mort dans leur rébellion, n'ont poussé d'autre cri que celui de *vive le roi !*

En voilà assez sur cette matière dégoûtante et qui rappelle d'affreux souvenirs : croyez-moi, n'écrivez plus, faites vous oublier, et reprenez le manteau de la nullité que vous n'auriez jamais dû quitter.

POULTIER (1).

(1) Ce même n° de l'*Ami des lois* contient un compte rendu sous la rubrique *Variétés*, de l'ouvrage de Thomas Payne sur *la décadence et la chute du système de finances de l'Angleterre*, par Poultier.

A ces attaques de la presse venaient répondre des protestations indignées d'habitants de la Haute-Loire. En voici une que nous possédons en double exemplaire :

Les citoyens soussignés profondément indignés des calomnies atroces que des hommes souillés de crimes et voués à l'infamie répandent et font insérer dans quelques journaux contre le représentant du peuple PIERRET ; désirant prémunir les vrais et francs républicains contre ces satires dégoutantes et rendre un hommage éclatant à la vérité, declarent que ce représentant, durant sa mission dans le département de la Haute-Loire, dont les suffrages viennent de le porter au Corps législatif, s'est constamment montré l'ami de la liberté, le soutien et le défenseur le plus intrépide de la république, que ses discours publics ou privés, aussi eloquens que forts de principes, n'ont jamais respiré que l'amour sacré de la patrie et l'union de tous ses enfans ; qu'intimement pénétré de la dignité de son caractère, il s'est montré à nos yeux sans luxe, sans faste et sans garde, comme un père au milieu de sa famille ; qu'ennemi déclaré des actes arbitraires, il ne s'en est permis aucun contre les citoyens et qu'il n'a même pas usé des pouvoirs dont il étoit investi contre ces hommes de sang et de boue qui ont deshonoré notre révolution par les excès les plus criminels ; qu'enfin sa conduite a été telle que, tant qu'il existera des cœurs probes et honnêtes dans la Haute-Loire, sa mémoire y sera chérie et révérée.

Suivent deux pages de signatures, parmi lesquelles nous relevons celles de : DAUTHIER, président de l'administration départementale, DURANSON, juge, LACOMBE, imprimeur, GALLET, accusateur public, BERTRAND DES BRUS, LEMORE, président du tribunal criminel, C. LOBEYRAC, CHABRIER, négociant, AUGER, F. VALLAT, NOGIER, BODOIN, RANC, TITAUD premier, TITAUD deuxième, TITAUD quatrième, MARTIN, juge,

Fabre, Ladevese, Calemard, Perier oncle, Maraval fils, Astier, Genestet (c'est mon devoir, a-t-il mis dans son paraphe), Genestet, née Perrin, Genestet fille, Jerphanion, Lanthenas fils, Gouy, Veyrac, Giraud père, Pieron, négociant, etc., etc.

*
 * *

Pierret voulut composer lui-même une réponse à la lettre de Poultier, en date du 10 floréal an IV, insérée dans l'*Ami des lois*. Nous avons entre les mains deux manuscrits autographes dont l'un paraît une première ébauche, et l'autre une composition plus définitive, de la réfutation de Poultier à qui il l'a très probablement adressée.

Pierret, représentant du peuple, membre du Conseil des Cinq Cents

A Poultier, aussi représentant du peuple, membre du Conseil des Anciens.

Si je n'avois que des sottises à vous rendre, Dom Poultier, si je n'avois que des injures à vous dire, je n'aurois pas la témérité de me mesurer avec vous. Je sais combien vous excellez dans ce genre. Je sais combien vous y êtes supérieur. Je me tairois si, comme vous, je n'avois aucun fait à préciser, aucune preuve à fournir contre l'homme que je veux faire connoître.

Longtemps j'ai cru devoir céder aux conseils de quelques amis éclairés, à l'avis qu'ils me donnaient de me reposer sur les faits certains qui me défendent assez d'eux-mêmes; mais, puisque mon silence vous enhardit, puisque ma modération produit en vous un excès d'aveuglement et d'acharnement, puisque vous-même me conseillez de ne plus écrire, je dois écrire et parler. Vous êtes trop intéressé dans le conseil que vous me donnez pour que je le suive. Je conçois aisément que vous gagneriez beaucoup à ce que je voulusse me taire. *Mais tout religieux que vous me supposez, je n'ai pas fait vœu d'obéissance et ne vous reconnais pas pour supérieur*.....

J'appellerai l'opinion publique sur votre compte, Poultier, je citerai vos œuvres, j'interrogerai ceux qui vous ont connu, je vous traduirai au tribunal de la vérité, je vous montrerai à découvert, je vous suivrai pas à pas et je ne vous abandonnerai qu'après vous avoir montré tel que vous êtes. Auriez-vous changé d'habit pour en imposer, mais songez donc que l'habit ne fait pas le moine.

Vous vous croyez un Mabillon parce que vous avez porté le froc, mais le froc vous a-t-il donné son mérite, ses talens, ses connaissances, et surtout sa modestie ? Pétri d'orgueil, vous vous croyez aussi savant que Mabillon dans les antiquités, parce que vous remontez dans vos recherches sur moi jusqu'à seize mois de date (*). C'est le [temps] que j'ai été envoyé en mission dans la Haute-Loire. Eh bien ! moi qui ne suis pas un Mabillon, et moins encore un Poultier, je remonte plus haut, je vous prends aux circonstances qui ont préparé le 31 mai. Que faisiez-vous alors ? Chaud partisan du plus cruel des hommes, digne appui de Marat, on vous vit hardi à soutenir cet apôtre du crime avec un zèle qui vous eût fait soupçonner d'être son rival si vous n'eussiez été son ami. A cette fatale journée, ne vous a-t-on pas vu prêcher, exciter, animer les passions contre les malheureuses victimes d'un parti sanguinaire, contre des hommes immortels à qui la France donne tant de regrets.

Et que n'écriviez-vous pas avant le trente et un mai ? De quels moyens n'avez-vous pas fait usage pour le préparer ? Auriez-vous oublié ces chefs-d'œuvre d'éloquence que vous nous faisiez distribuer alors ? Qu'il me soit permis de vous en citer ici quelques fragments. Le 23 février 1793, c'est ainsi que vous écriviez :

« Pauvre France, en quelles mains es-tu livrée ? Es-tu destinée à être sans cesse le jouet des traîtres, des intrigants, des fripons ou des sots ? Marcheras-tu toujours à la liberté à travers les embûches et les conspirations de ceux qui se disent *les plus chers amis* ? Dans les premières années de ton émancipation, on te caresse pour t'étouffer ; on te plaint pour te trahir ; on veut diriger tes pas incertains pour t'enfoncer plus sûrement dans l'abîme, on te parle avec affectation d'amour des lois, de la paix et de

(*) Ces mots entre [ ] sont en marge.

l'ordre pour te ramener plus promptement à l'abjection et à l'esclavage. Dans cette position critique, il te reste encore d'intrépides défenseurs et des *des amis aussi vigoureux qu'incorruptibles*. Ces athlètes aguéris, dévoués sans partage au soutien de l'intégrité de tes droits, se sont retranchés sur la Montagne. C'est de cet inébranlable rocher, l'effroi des faibles, des lâches et des fourbes, des esprits tortueux et méchants, qu'ils repoussent à toute heure les flèches empoisonnées que font pleuvoir sur eux et cette.... phalange d'hommes soi-disant d'Etat, et cette ménagerie marécageuse d'appelants au peuple, et ces triumvirs scélérats et perfides qui se sont érigés sans patentes en conseillers du Roi, qui se sont effrontément donné à eux-mêmes une mission conciliatrice pour mettre à plus haut prix leur influence liberticide et leur éloquence pestitentielle, qui enfin, sur l'intervention de Thiery, se sont offerts sans pudeur à la corruption de la liste civile sous le titre spécieux de médiateurs. »

« Ma patrie, c'est de ce rocher que je t'offre quelques vues sur ton administration générale. »

Et pourquoi, Poultier, vous qui vous êtes acquis tant de droits à la reconnaissance publique, ne vous citerai-je pas encore cette constitution populaire que vous présentâtes à la France le 1er avril 1703, et de laquelle vous aviez une si haute idée que, dans le préambule, vous vous exprimiez ainsi:

« Il faut qu'une constitution vraiment démocratique anéantisse cet égoïsme toujours renaissant. J'en offre une qui peut remplir ce but, lorsqu'elle sera perfectionnée par la discussion. Mais je prévois qu'elle aura les honneurs de la question préalable. Les *charlatans* ont leurs combinaisons ; ils éloignent ceux qui peuvent mettre quelques obstacles au débit de leurs pilules palliatives. C'est pourquoi les grands faiseurs de la Convention me fermeront les avenues de la tribune. Le peuple sera plus juste. Un peu plus tôt, un peu plus tard, il mettra mon ouvrage à l'ordre du jour. La discussion en sera peut-être orageuse, elle sera peut-être précédée de convulsions terribles. Je prends acte que j'ai offert le moyen de prévenir ces malheureux bouleversemens et, lors des accès de cette crise affligeante, si tous les exemplaires de cette constitution sont anéantis, le texte s'en trouvera dans le cœur des hommes libres et des vrais républicains...»

Ah ! Poultier, combien il a dû vous être difficile de vous soumettre et de paraître accepter la constitution de l'an III. Qu'elle est différente de la vôtre ! Aussi, je ne vous en crois ni le partisan, ni l'appui.

La grande réputation que vous vous êtes acquise avant et depuis le trente-un mai vous valut une mission dans les départements méridionaux. Je laisse, d'après vos principes, à penser quelle fut la morale que vous y prêchâtes. On vous a vu dans la Haute-Loire à cette époque, et l'idée que vous y laissâtes de vous ne rassura pas beaucoup les vrais amis de la liberté.

Depuis le ciel fit justice de Marat et le sceptre du terrorisme ne fit que changer de mains. Il vous importait peu à qui il fut confié, pourvu que vous fussiez employé à le servir. Vous flattâtes, vous caressâtes Robespierre, et vous vous présentiez à lui avec l'assurance d'un homme qui a bien mérité d'un monstre, plat valet de tous ceux qui ont le pouvoir et qui le distribuent. Si l'ancien régime ne vous eut offert un froc pour cacher vos vices, je ne sais de quel autre manteau vous eussiez pu vous couvrir. Vous fûtes admis dans l'intimité du cabinet, vous fûtes initié au plan d'anarchie et, pour s'en convaincre, il suffit de vous lire.....

Vous eussiez sans doute joué un rôle important dans la pièce, si la scène eut été plus longue, à la chute du tyran, au 9 thermidor. Je vous ai vu depuis, et je vous ai entendu provoquer des mesures assez sévères et que vous saviez bien qu'on n'adopterait pas contre des hommes coupables sans doute, mais qu'on pouvoit encore espérer de reconquérir à la liberté, comme tous ceux qui veulent empêcher que l'attention ne se fixe sur eux et dont la conduite ne peut supporter un examen.

Je pourrais peut-être encore vous rappeler quelques traits de votre mission dans le Midi, mais je laisse ce soin à ceux qui vous y ont vu de très près. Peut-être un jour la vérité percera-t-elle tout entière...

Au 13 vendémiaire, vous crûtes trouver l'occasion de ramener le désordre et le trouble, vous crûtes que la Constitution naissante allait être renversée, vous voulûtes avoir part à l'infamie attachée à cet attentat. Vous vous fîtes envoyer en mission dans la Haute-Loire. Vous saviez que la nouvelle Constitution y avoit des amis, vous vouliez les effrayer, qu'elle y avoit un très petit nombre d'ennemis, et que vous vouliez appuyer. Vous partîtes avec le secret des anarchistes.

Vous arrivâtes dans la Haute-Loire avec l'espoir que la Constitution serait étouffée au berceau. Vous laissâtes percer en plusieurs circonstances la joie que cette espérance vous faisait éprouver. Vous aviez sans doute votre ancien projet de constitution à substituer à celle qui venait d'être acceptée et que vous espériez anéantir.

La renommée qui vous avait précédé dans la Haute-Loire, vos opinions qui y étaient connues, votre conduite qui y était appréciée, l'expérience qui avait éclairé les citoyens sur vos sentimens, la prudence, enfin, imposait aux citoyens la nécessité de se soustraire à vos fureurs. Aussi à votre arrivée tout se mit en fuite. La municipalité délivrait des passe-ports par centaines et ne pouvait y suffire. La désertion eût été complète. Pour l'arrêter vous fûtes obligé de jouer l'hypocrite; vous cherchâtes à rassurer : la Constitution s'exécutait à Paris ; le Corps législatif était en fonction ; vos espérances étaient déçues ; il fallait se couvrir d'un autre masque. Mais, revenant à votre naturel ou à vos habitudes, vous ne pûtes pas vous vaincre longtemps. Dans une mission de quelques jours, vous fîtes incarcérer sans motifs 200 citoyens.

Vous les fîtes enfin élargir sans examen. Tout était fort tranquille, quand vous y arrivâtes. Un représentant sage et prudent y étoit encore. Il y avait inspiré la confiance, rétabli la sécurité et calmé tous les esprits. Vous détruisîtes en un instant tout ce qu'il avait fait de bien en plusieurs mois. Vous fîtes marcher des troupes contre des citoyens paisibles ; vous fîtes investir des communes tranquilles ; vous envoyâtes au loin des détachements chercher un prêtre ex-constituant. Vous voulûtes aigrir les habitants et les irriter. Vous voulûtes les porter au désespoir ; vous y réussîtes. Ils se soulevèrent d'indignation et d'horreur. Ils repoussèrent la force par la force. Vous compromîtes l'autorité dont vous étiez investi. Vous fîtes le malheur d'un pays dont vous deviez faire le bonheur. Vous demandâtes des troupes pour soutenir vos premières démarches, et ce fut pour exécuter des nouvelles horreurs. Vous laissâtes ravager et piller chez ceux que vous ne pouviez enchaîner. Vous vous conduisîtes avec une inconséquence aussi cruelle que ridicule. Elle ne pourrait s'expliquer si l'on ne savait pas que la marche du Corps législatif ne répondait pas à ce que vous aviez espéré. Il vous fallut subitement changer de système.

Un jour vous remplissiez les prisons, le lendemain vous les vidiez, vous faisiez incarcérer à plaisir des gens qui avaient le malheur de vous déplaire, et vous faisiez élargir des hommes que le représentant auquel vous succédiez avait fait incarcérer. Cet homme que vous me reprochez d'avoir admis à ma confidence, ce Maurin que je n'ai pourtant jamais vu ni connu, qui est-ce qui l'a fait élargir ? C'est vous. Vous supposez que j'ai vu cet homme, et si c'est un crime, qu'est-ce donc de l'avoir élargi ?

Toujours calomniateur, vous prétendez qu'envoyé dans le département de la Haute-Loire, *il y a 16 mois*, j'y ai organisé la guerre civile. Dites-moi donc ce que j'y ai fait pour cela. Sur quoi fondez vous, sur quoi prouvez-vous cette assertion mensongère ? Depuis que j'y ai été envoyé, il n'y a eu de troubles que les mouvements qui y ont eu lieu pendant la mission de Chazal qui m'y succéda près de trois mois après mon retour, et qui les apaisa avec autant de sagesse que de prudence. Tout était tranquille lorsque vous y vîntes, et depuis il n'y a eu que les troubles que vous y avez occasionnés vous-même par des mesures violentes et inconséquentes.

Enfin il n'y a pas eu le plus léger trouble pendant ma mission (1). Il n'y a pas eu le plus petit trouble longtemps après. Je ne puis être l'auteur de ceux qui sont survenus depuis, et l'on ne vous croira pas sur votre parole, lorsque vous me reprocherez vos propres actions.

Vous me reprochez les choix que j'ai faits. Un représentant en mission dans un pays où il est obligé de voir souvent par les autres, pourroit faire des choix qui lui inspirassent des regrets, sans conclure qu'il fut coupable. Mais je ne suis pas dans ce cas. Je n'ai fait des choix que ceux

(1) Seulement à Yssingeaux des brigands, des déserteurs, tous ivres, y occasionnèrent une rixe, où quelques-uns d'entre eux furent tués, et où aussi un citoyen fut victime de son zèle. Cet événement n'eut pas de suites. Je pris les mesures nécessaires pour les arrêter, et fis donner à la veuve les secours qui pouvoient être à ma disposition.

que le peuple lui-même avoit faits aux premières élections, que ceux qu'il m'a désignés de nouveau dans des assemblées nombreuses, que ceux enfin qu'il a confirmés par des choix récents et qu'il nommeroit mille fois, tant qu'il aura la liberté du choix. Et si un des fonctionnaires que j'avois mis en place s'est montré indigne de cette confiance, citez-le. S'il a prévariqué, il vous répondra.

Toujours ennemi de la vérité, vous dites que j'ai annoncé que je me mettrois à la tête d'une Vendée qui se formeroit dans la Haute Loire. Vous ne faites que tourner une expression à laquelle a donné sujet votre digne acolyte, l'honnête Chasles, et vous n'avez pas même le mérite si facile de l'invention. Cet homme si digne de vous, et vous si digne de lui, écrivoit, imprimoit pendant ma mission que j'organisois une Vendée dans la Haute-Loire. Je répondis alors, et je disois en présence de plus de cinq cents personnes que si prêcher la justice et l'humanité, recommander la soumission aux lois, l'amour de son pays et de la République, inspirer le pardon des injures, porter à la réconciliation, étoit organiser une Vendée, je me ferois gloire d'être à la tête d'une assemblée basée sur de tels principes.

La commune de Brioude, non pas les signataires de l'adresse dont vous parlez, ceux-là l'auraient souillée par leur seing, dans une adresse à la Convention, adresse dont on ordonna l'insertion au *Bulletin*, en dit autant. Elle releva l'imputation de Chasles, de ce prêtre si respectable... et dit aussi qu'une Vendée, formée dans les principes de paix, de justice et d'humanité que j'avais prêchés dans ce département, devait être l'objet des vœux de tous les bons Français, des vrais amis de l'ordre.

J'ai opprimé, dites-vous, les patriotes, je les ai foulés aux pieds. Si par « patriotes » on pouvait entendre les brigands, les scélérats, les êtres corrompus que dom Poultier porte dans son cœur, véritablement je n'ai pas une grande estime pour eux ; mais je me suis borné à leur ôter le pouvoir de nuire à la chose publique, et ils n'ont été vexés ni dans leurs personnes ni dans leurs biens. Je n'ai, dans tout le département, fait arrêter que six personnes. Deux ont été mises en jugement pour crimes avérés, et ont été acquittées sur la question intentionnelle ; mais les faits avaient été néanmoins déclarés constants par le jury, et les quatre autres ont été mises en liberté très peu de temps après leur détention.

Faudrait-il dérouler le tableau de toutes les horreurs commises dans le département de la Haute-Loire avant le 9 thermidor, pour justifier la conduite que j'y ai tenue depuis ?... Non, je n'ai pas besoin de cette dernière ressource. Je ne l'emploierai qu'à la dernière extrémité et par là j'éviterai le ressentiment bien naturel aux âmes sensibles. J'aime à croire que ce n'est que le dépit que vous éprouvez de n'avoir pu renouveler les mêmes horreurs dans un pays où vous portiez des espérances de cruauté, que ce n'est que le mécontentement qui vous fait voir des ennemis dans ceux qui s'y sont conduits avec justice et humanité.

En finissant votre diatribe à laquelle j'ai pris la peine de répondre vous m'appelez à la nullité. Savez-vous ce que c'est que la nullité ? Elle est un tourment pour les brigands. Chaque jour nous en fournit la preuve. C'est une satisfaction pour l'honnête homme. Le crime a bien sa célébrité. Vous pouvez y avoir des droits ; et quelque bonne opinion que vous puissiez avoir de vous même, sachez que le moine qui inventa la poudre n'est pas dom Poultier.

Mais pour le bonheur de votre pays pourquoi donc vous, si intéressés à sa félicité, vous représentants du peuple nés dans ces contrées, vous, Delcher, vous, Barthélemy, vous enfin qui en [êtes] de retour depuis quelques jours et qui connaissez les oppresseurs de votre département, ne vous réunissez vous pas à vos autres collègues pour déchirer le voile qui couvre encore les crimes de ces hommes vraiment féroces qui ont pu usurper la confiance du gouvernement et qui tiennent dans les fers de la tyrannie la plus exécrable presque tous vos concitoyens. Ils doivent attendre de vous ce bienfait avec une vive impatience. Mais aussi, si je suis un des premiers auteurs de leurs maux, si je m'y suis rendu coupable de quelques faits qui puissent me mériter la mésestime publique, dites-le, et alors je m'avouerai coupable d'erreurs ; car je n'y ai jamais commis de crimes.

* *

Si vous vous étiez contenté, citoyen Poultier, de me

débiter des injures par votre lettre du 16 floréal, j'aurais gardé le silence, soit parce que des diatribes sont la monnaie habituelle dont les méchants payent les gens de bien ; soit parce qu'au milieu des grands intérêts qui s'agitent, rien n'est si ridicule que de placer une querelle entre vous et moi. Mais vous m'accusez d'avoir organisé une *Vendée* dans le département de la Haute-Loire ; et, comme, avec cet exécrable mot de Vendée, vous et vos pareils avez fait presque autant de mal qu'avec la chose, l'intérêt du département que vous calomniez, exige qu'on vous réponde, et cet intérêt seul a pu me faire surmonter le dégoût d'une pareille tâche.

Oui, j'ai été en mission dans le département de la Haute-Loire, et le souvenir du bien que j'y ai fait vivra longtemps dans mon cœur comme dans la pensée des habitants de ce département. Aucun autre, peut-être, n'avoit été battu plus violemment par l'ouragan révolutionnaire. Vous le savez, citoyen Poultier, à la cour de Robespierre, il fallait être féroce — avec circonspection ; et chacun des courtisans, incertain sur la dose de sang qui convenait au tyran pour ses plaisirs d'un jour, attendait qu'il eut froncé le sourcil pour le répandre.

Les départements éloignés n'avaient pas même ce frêle adoucissement à leurs maux ; et, comme dans l'ordre moral ainsi que dans l'ordre physique, les monstres du second ordre sont encore plus cruels que ceux du premier, les agents de Robespierre commettaient à deux cents lieues de lui des horreurs qu'il eût punies peut être. Telles étaient celles que j'avais à réprimer dans le département de la Haute-Loire. Comment m'y suis-je pris ?

J'ai fait arrêter six individus, deux ont été mis en jugement pour crimes [avérés] et prévus par le code pénal. Les faits ont été déclarés constants par le jury de jugement ; mais les accusés ont été renvoyés sur la question intentionnelle. Je ne connaissais que les faits ; j'ai dû me déterminer d'après eux. Les jurés ont jugé l'intention, et j'ai respecté leur décision. Les quatre autres individus ont obtenu promptement leur liberté. Citez-moi maintenant un représentant qui, envoyé après le 9 thermidor dans un département quelconque, se soit contenté de traduire deux individus devant les tribunaux et d'en détenir momentanément quatre autres. Faites effort sur votre cœur et sur votre esprit pour vous rappeler de ce que c'est qu'un crime. Rappelez-vous quel nombre de crimes et quels crimes se commettaient dans le département de la Haute-Loire avant le 9 thermidor et jugez vous-même si je mérite l'épithète de réacteur dont vous me gratifiez. Je savais aussi qu'il se présente, dans les révolutions des empires, de ces circonstances uniques où il est plus strictement juste de porter de l'indulgence et des lumières que des peines au milieu d'un peuple. Si j'avais été réacteur, si les hommes que vous insultez, parce que vous les croyez faibles, eussent été des réacteurs, où seriez-vous, citoyen Poultier ; mais je reviens à votre lettre

Vous me reprochez les choix que j'ai faits. Il eût donc mieux valu, selon vous, laisser en place les hommes qui garnissaient les comités révolutionnaires de l'an deux. Ils seraient, en effet, tout trouvés pour Babœuf et compagnie, et on eût épargné à ces Messieurs l'embarras des promotions. Au reste, un représentant en mission, forcé, la plupart du temps, de voir par les yeux des autres, pourrait faire des choix qui lui imposeraient des regrets, et non pas des remords, mais je n'ai éprouvé ni les uns ni les autres. Fidèle aux vœux du peuple, j'ai choisi les citoyens qu'il avait honorés de ses suffrages de 1789, ceux qu'il me présentait de nouveau avec la même confiance, qu'il a nommés depuis et qu'il nommera toujours tant qu'il ne sera donné qu'à la vertu et au talent d'influencer ses choix. Maintenant je vous mets au défi, non pas de lancer des injures ou de colporter des calomnies contre ceux que j'ai choisis, car vous avez pour cela un talent connu, mais d'articuler une prévarication contre un seul d'entre eux, et je vous préviens qu'ils vous écoutent.

Tandis que je plaçais des contre-révolutionnaires, les patriotes ont été par moi destitués, incarcérés, foulés aux pieds. J'ai répondu au reproche d'avoir *incarcéré* des patriotes. Je ne répondrai pas à celui de les avoir foulés aux pieds. On conçoit que ceci n'est qu'une figure de rhétorique placée dans le tableau pour le rendre plus touchant et plus animé. Je les ai destitués, voilà mon crime. Mais j'ignorais alors quel fonds vous faisiez sur cette espèce de patriotes. Je ne savais pas qu'ils étaient destinés, un peu plus tôt, un peu plus tard, à mettre en lumière certain chef-d'œuvre d'anarchie que vous composiez laborieusement sous le titre de « Projet de constitution populaire » et que vous avez produit au grand jour le premier avril 1793. Vos ouvrages ont ce malheur, citoyen Poultier, que plus vous les publiez, moins on les connaît. Je vous rendrai tout à l'heure le service d'exhumer le préambule de votre constitution, et il donnera [la] raison de votre grande colère contre moi ; mais, quand vous m'eussiez mis il y a dix-huit mois dans la confidence de vos hautes pensées, quand vous m'eussiez dit que ce n'était pas trop de tous les brigands de France pour tresser votre couronne politique, je ne les aurais pas moins chassés des places dans le département de la Haute Loire, parce que je suis fortement persuadé que, dans ce département, comme dans le reste de la France, comme partout enfin, excepté dans votre projet de constitution, les brigands sont des fonctionnaires publics détestables.

Tandis que je travaillais de la sorte à réparer les malheurs d'une longue tyrannie et à en prévenir le retour, un certain écrivain polémique imprimait déjà *que j'organisais une Vendée dans la Haute-Loire*, et cet écrivain, c'était Chasles, cet honnête Chasles, prêtre comme vous, véridique, modeste comme vous, comme vous, protecteur des patriotes de l'an deux, et que, comme vous, ils invoquent dans leurs tourments politiques, tels que les voyageurs invoquent Castor et Pollux, au fort de la tempête. Je répondis alors, non pas à Chasles qui certes n'en valait pas la peine, mais devant mille personnes que, si prêcher la justice et l'humanité, recommander la soumission aux lois et le pardon des injures, inspirer, réchauffer l'amour de la patrie et de la république, réunir tous les Français dans une société de frères, était organiser une Vendée, je tiendrais à gloire d'être à la tête d'une pareille Vendée. Ce que je disais alors, je le répète aujourd'hui parce que je le pense.

Les citoyens de Brioude relevèrent dans le temps l'imputation de ce Chasles par une adresse à la Convention, où ils disaient qu'une Vendée formée dans les principes de paix, de justice et d'humanité que j'avais prêchés dans ce département, devait être l'objet des vœux de tous les bons Français, et la Convention en était tellement persuadée elle-même qu'elle fit mention honorable de cette adresse et en ordonna l'insertion au *Bulletin*.

C'est cependant cette expression des principes les plus purs, des sentimens les plus touchants, approuvés, honorés par la Convention, que Chasles a empoisonnés, qu'il a contournés en une plate fanfaronnade, et c'est dans le laboratoire de votre inséparable ami, que vous avez été ramasser cette ordure qui a encore acquis dans vos mains un degré de corruption de plus. Mais c'est par ses effets plutôt que par vos tours d'adresse qu'il faut juger ma mission dans le département de la Haute-Loire.

Vous prétendez que j'y ai organisé la guerre civile ? Rendre à la société de malheureuses victimes de la tyrannie, apaiser les ressentiments, calmer les cœurs aigris, ramener les esprits égarés, substituer dans les administrations la capacité à l'ignorance, l'humanité à la barbarie, l'esprit d'ordre et de conservation aux extravagances anarchiques, est-ce là ce que vous appelez organiser la guerre civile ? Eh bien ! j'en suis encore coupable. Aussi ne s'est-il manifesté aucun trouble dans le département pendant la durée de ma mission, et plus de trois mois après. Ce n'est qu'aux approches de prairial, lorsque vos amis, les précurseurs de Babœuf, les héros de ce mois-là, soufflèrent la révolte sur tous les points de la République que le département de la Haute-Loire commença à s'agiter, mais ce mouvement céda bientôt à la sagesse et à l'activité du représentant du peuple Chazal qui, heureusement, y fut envoyé en mission. Depuis lors tout a été tranquille, tout l'était, lorsque vous êtes arrivé dans ce département, et, tout le serait si vous n'y aviez jamais été.

C'est vous qui avez porté le trouble de la désolation dans ces malheureuses contrées à qui il n'est donné de respirer que par intervalles. Parti de Paris après les journées de vendémiaire, et fort du secret de quelques-uns de vos amis, vous vous êtes fait procéder de la terreur renaissante à votre voix. Elle était telle qu'à votre approche tous fuyaient. La municipalité du Puy délivrait des passeports par centaines, et ne pouvait plus y suffire. Relisez la lettre vraiment curieuse que vous lui écrivîtes à ce sujet.

Barbare, humain, sévère, indulgent, suivant votre bon plaisir ou la facilité de votre digestion, vous avez fait incarcérer 200 citoyens sans motifs, et vous les avez fait élargir sans examen.

Ardent pour les combats au milieu de la paix, vous avez fait investir des communes tranquilles, vous avez fait déployer l'appareil militaire contre des citoyens paisibles et désarmés. Un jour vous laissez piller les propriétés sous vos yeux, vous encombrez les cachots. Le lendemain, vous rendez à la liberté des hommes que le représentant qui m'avait succédé, avait été obligé de faire arrêter.

Et c'est dans une mission de quelques instants que vous avez ainsi comblé la mesure.

Enfin vous avez tout fait pour aigrir, pour irriter, pour porter au désespoir un peuple naturellement doux, et vous y avez réussi. L'indignation l'a jeté hors de son caractère, et il a opposé la force de la résistance à la force de l'oppression.

Il est arrivé alors ce qui arrivera toujours lorsqu'on confiera le pouvoir à des hommes passionnés et extravagants. L'autorité a été compromise dans vos mains, et le gouvernement a été forcé, par vos premières sottises, à vous fournir des troupes dont vous vous êtes servi pour en commettre de nouvelles.

A votre voix, comme au son de la trompette, tous les brigands du pays sont sortis de leurs repaires, et ont, de nouveau, menacé d'envahir les administrations, les tribunaux, les fortunes, les honneurs... ; malheureusement la Constitution venait d'être mise en activité. Le corps législatif était en fonction. Et vous n'avez pu leur léguer que vos espérances. Mais elles étaient grandes, elles sont aujourd'hui très grandes, vos espérances, citoyen Poultier...

Je demande maintenant qui s'entend le mieux, de vous ou de moi, à organiser une Vendée, et à préparer la guerre civile, lequel de nous deux y a travaillé le plus efficacement dans la Haute-Loire.

Faut-il relever encore les inconséquences, les absurdités, les platitudes dont votre lettre fourmille ? Vous commencez par une apostrophe d'une chaleur admirable ; vous me parlez comme à chef de parti ; vous faites de moi un Charette ou un Condé, vous m'envoyez à mon armée précisément dans les mêmes termes que le consul Romain envoyait Catilina à la sienne, et votre début feroit pâlir d'effroi qui ne vous connaîtrait ni l'un ni l'autre. Plus bas, je ne suis plus qu'un *stupide*, un *cerveau lourd et borné*, une espèce de *bigot* qui, pendant ma mission dans le département de la Haute-Loire, n'a travaillé que pour la grande gloire de Dieu et le salut de mon âme.

Ces deux termes ne se concilient guères. Pour lequel vous décidez-vous ? Croyez-moi, citoyen Poultier, ne choisissez pas, l'un ne me convient pas plus que l'autre. Je n'ai été ni au milieu des combats comme un *Condé*, ni à l'ombre d'un cloître, comme un Poultier, et je conviens aussi peu au métier de chef de parti qu'à celui de prédicateur capucin. Je crois en Dieu, car je n'ai pas été prêtre. Ce dogme consolateur est pour moi, comme pour tous les gens de bien, une source féconde de moralité ; il m'enchaîne à l'amour de mes semblables, de mon pays, de la vérité, et si quelque chose pouvait m'attacher davantage à ma croyance, ce serait la conduite de ceux qui, comme vous, ont commis la lâcheté et l'extravagance de l'abjurer.

Après m'avoir si gratuitement décoré de l'écharpe de Condé ou de Charette, vous convenez que ne suis point *royaliste*. Vous me faites même la grâce de m'associer aux *patriotes du Panthéon*, et c'est par la même force de logique que vous me peignez ici comme un stupide et que, quelques lignes plus bas, vous me rangez parmi ces hommes *dévorés d'ambition, altérés de richesses, d'autorité, de crédit, tourmentés du besoin d'avoir à eux des généraux, des administrateurs, des armées*.

Enfin, ne sachant plus que faire de moi, vous m'appelez *chouan*, en convenant cependant, que vous ne savez pas trop ce que le mot signifie. Eh bien ! ce que vous ne savez pas, citoyen Poultier, je vais vous l'apprendre. Les Chouans sont des renégats de toutes les religions et de toutes les constitutions, les chouans sont des brigands qui pillent les propriétés, attentent à la liberté des citoyens, qui troublent l'ordre public partout où on les souffre, et quand les gens de votre espèce appellent *chouans* ceux de la mienne, vous ne ressemblez pas mal à ces filous qui crient *au voleur !* en fouillant dans les poches.

Vous terminez ce joli morceau par m'accuser de ne pas savoir lire. Ah ! citoyen Poultier, vous êtes injuste, et la meilleure preuve que je suis un intrépide lecteur, c'est que je vous lis. Oui, tout *stupide*, tout *borné*, que vous me supposez, je vous lis, je ne vous entends pas toujours, mais des savants m'en ont donné cette raison que, souvent, vous ne vous entendez pas vous-même. Ils m'ont dit qu'en général vous négligiez le raisonnement comme au-dessous de vous et comme susceptible, d'ailleurs, d'affaiblir les grands efforts de votre éloquence. Ils m'ont ajouté que, pressé de vous élever au grand dans ce dernier genre, vous vous étiez promptement emparé du génie de Marat, de Barère et de Robespierre lui-même, que vous vous étiez surtout attaché à leurs tournures oratoires, et qu'avec vos dispositions naturelles, ces tournures vous étaient devenues si familières que vous les appliquiez à tout propos, et souvent fort mal à propos.

Je ne crois pas tout à fait à ces savants. Cependant, en relisant la lettre que vous m'avez écrite, on y voit des *administrateurs qui font mordre la poussière à mes phalanges rebelles*, on y trouve les grands mots de *boucherie religieuse*, de *torches allumées*, de *satellites*, de *despotes*, de *noble armée*, de *brandons de guerre civile*, de *traîtres*, de *scélérats*, de *contre-révolutionnaires*. On croit avoir rétrogradé de deux ans et entendre Barère débitant par ordre l'une de ses carmagnoles accoutumées. Un connoisseur seroit peut-être embarrassé pour décider à qui cette lettre appartient, de Barère ou de vous, mais un lourdaud comme moi tranchera nettement la difficulté, en disant qu'il est possible que vous y ayez travaillé tous deux.

Vous employez le reste de votre lettre à insulter, sans raison et contre toute pudeur, ceux de vos collègues que vous supposez sans crédit, et vous leur rappelez comment avant le 12 mars de l'an 2, vous étiez ardent à poursuivre sous les drapeaux de Marat les représentants qui luttèrent, avec désavantage, sans doute, mais avec un mémorable courage, contre le débordement d'horreurs qui menaçoit dès lors de recouvrir la République. Vous leur rappelez avec quelle férocité vous avez insulté aux immortelles victimes du 31 mai, à ces hommes à qui vous avez fait expier la généreuse audace d'avoir défendu la propriété sous les piques de la convoitise, et la liberté sous les poignards des assassins.

Oui, citoyen Poultier, c'est vous qui avez ouvert devant eux la barrière de l'échafaud, lorsque dans un écrit émané de vous, imprimé et distribué avec profusion, vous disiez

11

au peuple, à ce peuple qui a eu, cette fois-là, le tort de vous écouter : « Pauvre France, en quelles mains es-tu livrée ? A des traîtres, des intrigants, des fripons et des sots. Il te reste heureusement des amis vigoureux, retranchés sur la Montagne. C'est de cet inébranlable rocher, l'effroi des faibles, des lâches, des fourbes, des esprits tortueux, des méchants, qu'ils repoussent, à toute heure, les flèches empoisonnées que font pleuvoir sur eux et cette comique phalange d'*hommes soi-disant d'Etat*, et cette ménagerie marécageuse d'*appelants au peuple*, et *ces triumvirs scélérats et perfides*qui se sont érigés sans patente en conseillers du roi, qui se sont effrontément donné à eux-mêmes une mission conciliatrice pour mettre à plus haut prix leur influence liberticide et leur éloquence pestilentielle, qui, enfin, se sont offerts sans pudeur à la corruption de la liste civile sous le titre spécieux de *médiateurs.* »

Vous voyez, citoyen Poultier, que je vous lis et que j'ai même le très rare mérite de conserver vos productions. Apparemment que la nature m'aura dédommagé de ce côté. Je me souviens même encore que vous n'avez pas mieux traité les auteurs de la Constitution actuelle que vous ne traitiez les Vergniaud, les Gensonné, les Condorcet.

Il est vrai que, pour cette fois, vous avez mal calculé. Vous insultiez ces derniers aux approches du 31 mai, et le 31 mai vous a fait avoir raison. Vous avez insulté les autres dans des temps non moins difficiles, et les événements ultérieurs vous ont fait avoir tort ; mais il n'en est pas moins curieux de rappeler encore ce que vous disiez à ces derniers. Vous présentiez aux patriotes un projet de constitution populaire que vous avez volé à Babeuf, et vous disiez dans le préambule :

« Il faut qu'une constitution vraiment démocratique anéantisse le despotisme toujours renaissant. J'en offre une qui peut remplir ce but, mais je prévois qu'elle aura les honneurs de la question préalable. Les charlatans ont leurs combinaisons ; ils éloignent ceux qui peuvent mettre quelque obstacle au débit de leurs pilules palliatives. C'est pourquoi *les grands faiseurs de la Convention* me fermeront les avenues de la tribune (quel dommage !) »

Vous ajoutez, et ceci est très précieux à remarquer :

« Le peuple » — c'est-à-dire, votre peuple, — « sera plus juste. Un peu plus tôt, un peu plus tard, il mettra mon ouvrage à l'ordre du jour. La discussion en sera peut être orageuse ; elle sera peut-être précédée de convulsions terribles, et, lors des accès de cette crise violente, si tous les exemplaires de ma constitution sont anéantis, le texte s'en trouvera dans le cœur des hommes libres et des vrais républicains. »

Jugez maintenant, citoyen Poultier, combien vous êtes heureux d'avoir affaire à un cerveau lourd et borné tel que moi. Car si j'étais tant soit peu délié, comme je vous rendrais la pareille des *soldats de Jalès* et des *satellites de Dussaillant*, dont vous me composez de nobles escortes.

Je ferais voir comment, dans votre préambule, vous protestez contre la Constitution de 1795 et contre toute constitution qui ne serait pas vôtre, c'est-à-dire populacière, pillarde, subversive de tout ordre public, et je demanderais si, avant et depuis la Constitution de 1795, votre ami Chasles, et votre associé Babœuf, n'ont pas répété la même protestation.

J'observerais comment vous vivez dans l'espoir d'une insurrection qui culbutera l'ouvrage des *charlatans à pilules palliatives*. Je dirai que cet espoir prend sa source dans un sentiment entraînant et aveugle chez les auteurs médiocres, dans l'amour propre outragé. J'ajouterai que cet espoir suppose un violent désir et que d'un pareil désir à l'action, il n'y a toujours qu'un pas.

Je placerais ici une liaison publique, avouée, avec les conspirateurs que le gouvernement poursuit, et, d'après vos propres expressions, je vous convaincrais déjà d'être uni avec eux au moins d'intention et d'amitié.

Que serait-ce si, poussant plus loin mon examen, je faisais voir que Babœuf et compagnie préparaient des convulsions terribles et une crise affligeante, un malheureux bouleversement, et que vous avez annoncé, prédit et nécessairement souhaité pour vous mettre en lumière, des convulsions terribles, une crise affligeante, un malheureux bouleversement.

Et si, m'élevant de la recherche des moyens à celle du but qu'on se propose, je demandais : Que poursuivait Babœuf ? que voulaient ses amis, à la faveur de ces horribles bouleversements ? je trouverais qu'ils poursuivent précisément ce qui est depuis si longtemps l'objet du violent désir de Poultier, *une constitution vraiment démocratique qui anéantisse l'égoïsme sans cesse renaissant*, etc., etc.

Ainsi, je prouverais sans peine qu'il y a entre vous et les conspirateurs que le gouvernement poursuit, amitié, identité d'intention, identité de moyens, identité de but. Vous ne pourriez pas au moins refuser le brevet de prophète de la bande.

Mais non, citoyen Poultier, vous m'avez rendu justice en croyant que je n'étais point un royaliste. Je vous rends la pareille, en publiant que vous n'êtes point un conspirateur. Ce malheureux préambule n'est qu'une pierre d'attente que vous jetiz dans l'incertitude des événements et pour être en mesure avec tous les partis. La nature vous a donné une âme servile et rampante, qui s'est encore façonnée au joug dans la misérable éducation du cloître. Vous vous êtes constitué le valet de Marat et de Robespierre par ce même instinct qui vous avait rendu dans votre couvent l'espion du maître des novices et l'âme damnée du prieur.

Vous avez été créé, mis au monde, élevé pour être ventre à terre devant quelque puissance que ce soit, pourvu qu'elle soit puissante et, si les destinées de la France la condamnaient jamais à la honte de recevoir un roi, vous quitteriez bien vite les brillantes épaulettes d'officier général pour l'humble capuchon, et on vous verrait de nouveau la tête rase et le front humilié, solliciter une place de sacristain dans sa chapelle.

Je finirai par les mêmes expressions que vous. En voilà assez sur une matière dégoûtante, et qui rappelle d'affreux souvenirs. Croyez-moi, Poultier, n'écrivez plus, ou vous éprouverez que le silence que les gens de bien gardent avec vous et vos pareils, est plutôt fondé sur le mépris qu'ils vous ont voué que sur l'impuissance de vous confondre.

Les reproches de versatilité que Pierret adressait à Poultier ne se vérifièrent que trop. Celui qui avait voté la mort du tyran, devint le serviteur dévoué de l'Empire au Corps législatif et dans la Chambre des Cent jours. Celui qui avait fait décréter à la Convention la démolition de tous les châteaux féodaux sur tout le territoire de la République, devint commandant de place à Montreuil-sur-Mer, sa patrie, avec le grade de colonel, et chevalier de la Légion d'honneur. Frappé par la loi contre les régicides, il devait mourir en Belgique, à Tournay, le 6 février 1826.

•᛫•

Aux articles de *l'Ami des Lois* se joignit le *Journal des hommes libres* qui publia une lettre anonyme contre lui.

Pierret fit la réponse suivante :

Pierret représentant du peuple en réponse à une anonyme insérée dans le « Journal des hommes libres » numéro cent trente cinq (1).

J'ai lu dans *le Journal des hommes libres* une lettre qui paraît avoir été écrite au Puy, chef-lieu de la Haute-Loire, et adressée à un représentant du peuple qui garde l'anonyme ; j'y suis dénoncé comme chef de Vendée pour l'y avoir organisée il y a huit mois. J'y suis traité de scélérat, etc., etc., et l'on en tire la preuve de la manière dont j'ai organisé dans cette commune les autorités constituées. Je pouvois m'attendre à cela, parce que j'ai eu le courage de dire et d'imprimer des faits dont j'ai les preuves matérielles en mains ; quelques méprisables que soient cette lettre et son auteur, qui n'ose se montrer, il faut détruire une calomnie.

Les citoyens de la commune du Puy assemblés me désignèrent à l'appel nominal douze citoyens pour me donner

(1) Ces mots forment le titre de cette brochure que nous avons rencontrée à la Bibliothèque nationale, Ln. 27, 16295. Cette brochure porte des corrections manuscrites de la main de Pierret,

les renseignements nécessaires à mes opérations, et pour m'indiquer les personnes les plus propres à composer les autorités constituées ; ce sont ces douze citoyens qui m'ont eux-mêmes remis le tableau contenant les noms de ceux qu'il fallait destituer, les noms de ceux que l'on regardait propre à les remplacer. Ce tableau est écrit de la main d'un des douze, il est signé de tous, et voici leurs noms : d'Authier, maire actuel, Dessaignes, officier municipal, Lavialle, Ballard, J... P... Charre, Vital Bertrand, Duranson, Tollegros, Berot, Liogier de la Poste, Alphonse Aulagnier et Laurent. Voilà les directeurs de mes opérations, les auteurs des nominations que j'ai faites, et par conséquent les seuls coupables des erreurs qui auraient pu être commises. Je ferai imprimer un jour ce tableau en entier, et on verra que je l'ai suivi de point en point, on y verra les motifs qui y sont énoncés, et ce n'est que sur des démissions et défaut d'acceptation qu'il y a eu ensuite quelques changements, encore approuvés par les mêmes. Les autres nominations ont été faites par le peuple en assemblée générale (1).

Il est encore bon pour ma justification que je rapporte ici en entier une lettre à moi, écrite par le citoyen Alphonse Aulagnier, l'un des douze que j'ai cité, et patriote connu.

Ici Pierret rapporte la lettre en date du 24 pluviôse au III que nous avons citée plus haut page 46, et dont nous possédons l'original.

C'est sur cette lettre qu'à la tribune de la société populaire je m'y exprimai ainsi : si destituer des hommes qui me sont désignés par des patriotes pour devoir être remplacés ; si l'avoir fait par des citoyens purs, d'une probité et d'un patriotisme qui m'étaient attestés, et sur les rensei-

(1) Pierret met ici cette note : « J'ai aussi des notes qui m'ont été remises par deux représentants de la Haute-Loire et qui m'ont dirigé dans mes opérations. Je conserve leurs lettres par lesquelles ils les approuvaient ».

gnements les plus certains ; si prêcher partout l'amour de la République, la soumission à ses lois, la justice et l'humanité, sont des moyens d'organiser une Vendée, je consens à en être l'auteur et le chef. Ce discours a été tenu en présence de plus de deux cent personnes ; et vous qui avez la lâche perfidie de présenter une phrase ainsi détachée de ce qui l'a précédé et suivi, comparez-la maintenant avec la lettre que vous venez de lire et que je conserve.

J'ajouterai peu de chose, quant à présent, à ces faits et pour répondre à un anonyme, c'est déjà trop... Je dirai seulement, quant aux rassemblemens de déserteurs, de brigands, de scélérats qui assassinent dans la Haute-Loire, vouloir me faire considérer leur protecteur, et cela plus de sept mois après ma mission dans le département, c'est en imposer trop grossièrement, Ah ! vils calomniateurs, vous ne me connaissez pas, ou plutôt vous me connaissez trop ; mais injuriez-moi, inventez même des faits, poussez vos ressentimens pour m'être plaint de vos brigandages, et les avoir désapprouvés ; attendez plus de sept mois pour jeter de l'odieux sur ma conduite ; désignez-moi sous les noms les plus monstrueux, vous ne me ferez pas rougir : j'ai la conscience pure. Je puis rendre compte de ma conduite jour par jour, heure par heure, avec des pièces authentiques. Mes discours, mes proclamations, mes arrêtés sont là ; et vous-vous gardez bien d'en argumenter. Je tiens aux principes que j'y ai développé, et j'y tiendrai jusqu'à la mort. Je suis prêt à me présenter devant tous les tribunaux possibles, et jamais ne fuirai pour me soustraire à aucun examen. Je le provoque moi-même, et vous qui feignez de le désirer, et le craignez sans doute, nous comparerons notre conduite, ensuite on nous jugera. Je vais m'occuper d'une plus ample défense, j'attendrai avec calme les nouvelles productions que la malignité enfantera contre moi. Je n'ai encore rien dit qu'avec des preuves que j'ai en mains ; j'invite mes adversaires à agir de même.

Au mois de germinal l'an V (mars-avril 1707), les

électeurs de l'Aube furent appelés à élire de nouveaux représentants au Conseil des Anciens et au Conseil des Cinq cents. Ils ne purent réélire Pierret qui était désigné par le sort pour sortir du Conseil des Cinq cents. Ils nommèrent à sa place un représentant d'opinions semblables, Lambert Rivière, président de l'administration départementale, qui fut élu par 164 voix sur 238. Bien qu'il fût inéligible, Pierret obtint pourtant encore 38 voix. On le nomma en dédommagement juge au tribunal civil de l'Aube.

Nous avons rencontré parmi des documents relatifs à Claude Dorizy qui avait été député à l'Assemblée législative, le billet suivant de Pierret :

En déménageant, je retrouve, cher concitoyen, des papiers qui vous appartiennent. Vous les trouverés ci-joints.

Je retourne enfin dans mon pays y passer quelques jours avant que d'aller remplir les fonctions de juge auxquelles on a bien voulu m'appeler.

J'aurai toujours du plaisir à avoir l'occasion de vous renouveler les sentiments d'estime avec lesquels je suis

Votre concitoyen,
PIERRET.

Paris, ce 9 prairial.

Il aurait pu sembler à Pierret que, dans sa nouvelle profession, il n'entendrait plus parler de ses anciens adversaires. Une circonstance vint pourtant lui rappeler le souvenir de Poultier. Le célèbre janséniste troyen Herluison, alors bibliothécaire de l'École centrale du département, dont Sainte-Beuve a parlé dans son *Port-Royal* avec tant d'éloges, avait, dans un discours, à la fête du 10 thermidor, blâmé les agissements

de la Terreur. Le parti jacobin s'empara de ce discours. On représenta la ville de Troyes comme livrée
à la contre révolution. Poultier, dans son *Ami des Lois*,
écrivit qu'on y criait publiquement : *Vive le roi ! A bas
le Directoire et les républicains !* La municipalité indignée, dans des délibérations des 13 et 20 thermidor,
an V. chargea l'un de ses membres de poursuivre
Poultier devant les tribunaux.

Celui-ci n'en continua pas moins vivement ses attaques contre Herluison qu'il qualifiait de réactionnaire
enragé et dont il signala, dans l'*Ami des Lois* du
17 fructidor, la conduite à toute la sévérité du ministère. On peut imaginer que, dans le déchaînement de
rage de Poultier contre Troyes et les personnalités du
département de l'Aube, il y avait un souvenir de ses
démêlés avec Pierret.

Pierret résilia bientôt ses fonctions de juge pour
reprendre à Brienne, où il vécut environné de l'estime
de tous, celles du notariat. Il devint l'homme de confiance de Madame de Loménie de Brienne, veuve du
comte de Brienne, qui avait été ministre de la guerre
et mourut sur l'échafaud. Il fut son guide expérimenté
dans la liquidation des affaires successorales de son
mari. A la mort du comte de Brienne on avait confis-
qué ses biens. Elle était parvenue à faire lever cette
confiscation et était rentrée en possession de la terre
de Brienne le 1ᵉʳ septembre 1795.

On sait les liens qui rattachaient Pierret à la famille
de Brienne. N'avait-il pas succédé à son père, Jean-
Nicolas Pierret, notaire à Vallentigny (1), dans ses of-

---

(1) Joseph-Nicolas Pierret avait eu quatre fils : Etienne-Ni-
colas, curé de Villeneuve sur-Yonne ; Antoine-Pierre, cultivateur à Vallentigny ; Zacharie, propriétaire à Troyes, et
Joseph-Nicolas, le « législateur » Ce dernier racheta de ses
frères la maison paternelle de Vallentigny qui subsiste en
core. Il y exerça avant la Révolution son office de notaire
au comté de Brienne. Ce fut vers ventôse an VII qu'il ache-

fices de notaire aux comtés et bailliages de Brienne et de Romay et de procureur fiscal de la baronnie de Morvilliers. Le futur conventionnel s'était ainsi trouvé de très bonne heure en rapport avec cette famille que l'esprit nouveau séduisit aussi bien que Pierret. On reprocha souvent à ce dernier, au cours de ses fonctions législatives, ces relations anciennes avec des « aristocrates », et l'on a vu plus haut que Reynaud reproduisait une lettre de l'un de ses amis qui blâmait chez Pierret « son hypocrisie et sa scélératesse qu'il avait puisée sans doute dans la famille des Loménie-Brienne dont, dit on, il a été l'agent pendant vingt ans ».

Le 10 vendémiaire an VII, une petite nièce de Mme de Brienne, Adrienne Hervée-Louise de Carbonnel de Canisy, âgée de quatorze ans, — née à Paris, paroisse de Saint-Sulpice, le 5 février 1785, de François-René-Hervé de Carbonnel de Canisy, et d'Aimée-Marie-Charlotte de Loménie, qui adoucit par son affectueuse présence les dernières heures de son oncle, le cardinal de Loménie, et fut guillotinée en même temps que le comte de Brienne, — épousa Louis-Emmanuel de Carbonnel de Canisy, cousin-germain de son père. Le mariage eut lieu à l'Hôtel de Ville de Brienne (1). Pierret y représenta, avec l'avocat J.-B Nicolas Girardin, les parents absents.

Pierret devint membre du Conseil général du département de l'Aube. Nous le voyons figurer au sa-

ta de Charles Angenoupt sa maison de Brienne où il transporta son étude. Cette maison, fort belle, a été conservée. Elle se trouve en face de l'Hôtel de Ville. Elle appartient aujourd'hui à M. Vagbeaux, petit neveu de Pierret, qui possède un portrait de son grand oncle. Cf. le très intéressant ouvrage de M. Alfred Bardet, *Brienne au temps jadis*, 1901.

(1) En 1813, Louise de Canisy divorça. Elle épousa en 1827 le marquis de Caulaincourt, duc de Vicence. Elle est morte en 1876, à l'âge de 91 ans.

ore de Napoléon comme président du collège électoral de l'arrondissement de Bar-sur-Aube et de l'assemblée du canton de Brienne (1). Il fut maire de Brienne de 1810 à 1814.

Il mourut à Brienne, à l'âge de 67 ans, le 10 février 1825, (2) et le *Journal politique de l'Aube* exprima l'universel regret que causait cette mort dans le département.

Voici son acte de décès :

L'an mil huit cent vingt-cinq, le vingt-huit février, heure de huit du matin,

Par devant nous, Alexandre-Louis-Henry Mailly, maire et officier public de l'état-civil en la commune de Brienne-le-Château, étant à l'hôtel de la Mairie,

Sont comparus sieurs Charles-Louis Vabgeaux, âgé de quarante-six ans, marchand de bois, demeurant à Brienne, neveu du cy après nommé, et Claude-Nicolas Millon, âgé de soixante ans, propriétaire demeurant à Vallentigny, beau-frère du cy après nommé à cause de Dame Marie-Anne Pierret, son épouse,

Lesquels nous ont déclaré que Monsieur Joseph-Nicolas Pierret, ex-législateur, ancien notaire, âgé de soixante-six ans, mari de Dame Hélène Lebon, son épouse, maintenant sa veuve, est mort du jour d'hier à neuf heures du soir en son domicile à Brienne, Grande rue, en face de l'hôtel de ville et près l'église.

Et ont les déclarant signé avec nous le présent acte après que lecture leur en a été faite, ainsi que des parents du défunt présent, les an et jour sus dits.

MILLON, VAGBEAUX, VAGBEAUX LE BON, HUTIN, J.-B. LE BON, PIERRET, MAILLY.

(1) Cf. *Procès-verbal de la cérémonie du sacre*, Paris, Imprimerie impériale, an XIII 1805, p. 72 et 87.
(2) Pierret avait épousé Hélène Le Bon, de Montiérender, dont il n'eut pas d'enfants.

DEUXIÈME PARTIE

PIERRET AU PUY

Son caractère politique. — Son rôle administratif

En envoyant dans le département de la Haute-Loire un représentant dans toute la force de l'âge — Pierret n'avait pas encore 37 ans —, un conventionnel qui avait résisté aux menaces des Montagnards, combattu les Dantonistes et les Hébertistes ainsi que les partisans de Robespierre et du régime de la Terreur, la Convention continuait l'œuvre qu'elle avait commencée dans sa séance du 9 thermidor, lorsqu'elle décréta l'arrestation du général Hanriot et de son état-major, celle des deux Robespierre, de Le Bas, de Couthon et de Saint-Just. Choisir, pour l'envoyer en mission, un représentant qui avait joué dans son sein le rôle politique de Pierret, c'était caractériser la mission qui lui était confiée, définir le rôle actif qu'il devait remplir, le but que ses efforts devaient poursuivre et atteindre.

Les événements dont le département de la

Haute-Loire avait été le théâtre à maintes reprises confirmaient encore son intention. Au régime de la Terreur et du bon plaisir qu'un farouche montagnard, Solon Reynaud, avait instauré dans le département et particulièrement dans la ville du Puy, dont il avait été le maire en 1791, dont il était alors le représentant, elle voulait substituer le règne de la justice et de la liberté, de la paix et de la concorde. Elle voulait rendre confiance aux sincères patriotes, aux républicains honnêtes, aux citoyens vertueux, que les satellites d'un tyran sanguinaire et despotique avaient traités en hommes dépravés, auxquels ils réservaient le sort des vulgaires fanatiques ou des contrerévolutionnaires.

Le département de la Haute-Loire et la ville du Puy méritaient de la Convention cette marque d'intérêt, nous pourrions dire cette preuve de compassion. A la cause révolutionnaire, ils avaient maintes fois donné, et dans des circonstances difficiles, dangereuses même pour l'œuvre de la Révolution, des preuves manifestes du plus pur loyalisme et d'un dévouement inébranlable.

Les efforts des armées contrerévolutionnaires et de tous les factieux s'étaient sans cesse brisés contre leur ténacité et leur fidélité. Leurs montagnes escarpées, leurs gorges profondes, leurs forêts inaccessibles servaient de retraites aux bandes des émigrés, aux prêtres réfractaires, aux conscrits déserteurs; à leurs portes, s'étaient organisées les conspirations du camp de Jalès et du comte de Saillans, agent des émigrés dans le Midi; la ville du Puy, en juillet 1792, dans la nuit du 8 au 9, avait été choisie par Claude Allier pour devenir le chef-lieu du mouvement insurrectionnel; en mai 1803, les soldats de l'armée chrétienne du Midy, commandés par l'ex-constituant Charrier, s'étaient emparés de Marvejols et de Mende, et menaçaient d'envahir les montagnes de la Haute-Loire tant du côté de l'Habitarelle et de Pradelles, que du côté de Saugues et de Langeac, pour opérer leur concentration dans le Bois Noir. Ces assauts incessants, ces incursions des rebelles et des fanatiques dans notre région, loin d'ébranler la confiance des citoyens du Puy et du département, avaient au contraire excité leur enthousiasme. « C'est à qui ira exterminer l'armée soi-disant chrétienne », écrivait, le 31 mai 1793, aux citoyens ministres, le président du département, le citoyen Duranson. « Faites-nous avoir des armes », tel était le seul désir qu'il formulait; « on ne peut pas se défendre avec des bâtons ». Aussi bien, la ville de Langogne, placée sur la zone frontière de la Haute-Loire et de la Lozère, avait-elle sollicité son rattachement au Puy. Trois mois plus tard, en août 1793, dans les bois de Seneuges et à Thoras, la résistance des gardes nationaux avait raison encore du retour offensif du prieur de Chambonas, Claude Allier. La nouvelle du soulèvement des Lyonnais, loin d'abattre leur courage, provoquait leur ardeur patriotique. Les canonniers du Puy écrivaient aux administrateurs du district qu'ils ne pouvaient voir de sang-froid l'insulte faite à la nation (l'arbre de la Liberté avait été abattu à Lyon) et sollicitaient d'être réquisitionnés « pour voler vers la ville de Lyon et aller secourir leurs braves frères, les sans-culottes de la ditte ville, et venger un pareil attentat à la liberté ». L'état d'esprit qui animait nos populations dans cette période critique, un an avant l'arrivée de Pierret, ressort bien de la lettre que les corps constitués, réunis en assemblée permanente, avaient adressée aux citoyens volontaires de l'Ardèche en station dans la ville du Puy, au moment de l'insurrection de Charrier (1) :

(1) Les renseignements sur le mouvement contrerévolutionnaire de Charrier sont empruntés au *Registre des lettres envoyées hors du département et des réponses reçues*, du 22 février 1793 au 28 vendémiaire an IV, pp. 29-38. Archives départementales, 9 B. — Sur la conspiration du comte de Saillans, cf. les *Commentaires du soldat du Vivarais suivis de la Conspiration de Saillans avec les pièces authentiques*, rédigé et imprimé par ordre du département de l'Ardèche en 1792 ; réimprimé en 1871, tel que le modèle, avec même orthographe et même ponctuation. Privas, imprimerie typographique Roure, 1872. — Sur le mouvement contrerévolutionnaire de Charrier, cf. dans *la Révolution de 1789 dans le Velay*, par Maxime Rioufol, pp. 313-319, les lettres d'Hubert Boudinhon, volontaire de la Haute-Loire et fils de l'accusateur public du département.

Maxime Rioufol établit une corrélation étroite entre la conspiration Saillans et le mouvement de la Lozère ; il laisse supposer et paraît croire que ces deux insurrections s'exercèrent simultanément. L'affaire du comte de Saillans eut son épilogue le 9 juillet 1792 ; l'insurrection de Charrier, le 17 juillet 1793. Suivant le même auteur, le comte de Saillans fut fusillé. Les pièces authentiques publiées par ordre du département de l'Ardèche prouvent qu'il fut massacré par la foule exaspérée, que les soldats furent impuissants à contenir, et immolé à coups

Braves citoyens,

La horde scélérate de Charrier a été dissipée et l'assemblée vous invite à rentrer dans vos foyers. Elle n'est point étonnée de l'ardeur que vous avez montrée à voler contre le nouveau monstre qui ont enfanté les forêts du Gévaudan. Votre patriotisme et votre courage sont connus. Déjà vous aviez vu de près ce que peut l'hydre du fanatisme. Les complots du traître Saillans qui ont fait couler dans votre département le sang des patrio'es ont dû non se ilement révolter les bons citoyens de vos contrées, mais même désiller les yeux à ceux que des suggestions perfides avaient détourné des principes éternels sur lesquels la Révolution se fonde.

de sabre sur la principale place des Vans avec ses quatre compagnons : le curé de Banne, Pradon ; Boissin, abbé ; Nadal, vétéran de Banne ; et son domestique.

L'ex-constituant Charrier fut guillotiné à Rodez le 17 juillet 1793. Le citoyen Gros, de Langeac, membre du Conseil général d'administration du département de la Haute-Loire, écrivait de Rodez à ses collègues : « Je vous dirai que Charrier est mort de la meilleure grâce du monde, non pas cependant en général d'armée, mais à la façon d'un fanatique. Le rasoir national ne l'a pas plutôt eu frappé qu'on a crié : Vive la République. Ainsi a fini la cérémonie. » — Quant à Claude Allier, arrêté le 18 août 1793, le tribunal criminel de la Lozère le condamnait à mort le 6 septembre, ainsi que Vidal de Montreson, maire de Thoras, canton de Saugues, qui lui avait offert l'hospitalité et chez lequel il avait été pris. Ils furent exécutés dans les vingt-quatre heures et leurs biens confisqués. Sur Claude Allier, voir Louis André, *Essai sur l'Histoire de la Révolution en Lozère*, pp. 72-117, 133-134 et p. 278.— Cf. encore *Le Conseil général de la Haute-Loire*, tirage à part des *Mémoires de la Société agricole et scientifique de la Haute-Loire*, par Charles Godard, p. 91 (en cours d'impression) ; — Ernest Daudet, *Histoire des conspirations royalistes du Midi sous la Révolution.*

Citoyens, le tigre est rentré dans sa caverne et sans doute votre va'eur s'indigne de ce que vous n'avez pas été les premiers à lui porter les coups qui l ont terrassé. Il serait doux, en effet, pour tout vrai républicain que son bras eut aidé au triomphe de la bonne cause, mais elle a triomphé et cela vous suffit.

Comment, en effet, les habitants de la Lozère, comment les fanatiques de toute la France oseront-ils désormais persister dans leur aveuglement, quand ils apprendront que les exhorcismes de leurs prêtres ne les rendent pas invulnérables, quand ils verront que partout la victoire reste aux sectateurs des Droits de l'Homme, de ces Droits qui fondés sur la nature le sont par conséquent sur les droits de l'Eternel et ne peuvent être con'raires aux principes de la Religion que nous nous vantons aussi de professer, de cette religion dont la morale bienfaisante ne prêche que l'Egalité et la Fraternité.

Retournez, citoyens, à vos estimés travaux ; les bénédictions des habitans de la Haute-Loire vous accompagneront et vous pouvez comptez sur leur éternelle reconnaissance. Surveillez les fanatiques comme nous les surveillerons. Surveillez aussi les anarchistes, ces hommes dont la morale impure tend à rompre tous les liens sociaux, il faut que nous fassions tous nos efforts pour ne faire qu'une seule et même masse. Viennent après les despotes, les rois, les triumvirs et les tribuns, et nous sommes debout et nous jurons que la République une et indivisible tiendra.

A ces gages de fidélité à la Révolution, le montagnard Solon Reynaud avait répondu par des mesures vexatoires et arbitraires et par une répression implacable (1). Tout le département

(1) Voir première partie p. 71, le Rapport fait à la Convention nationale par Pierret, sur sa mission dans le département de la Haute-Loire.

et la ville du Puy tremblaient sous la domination de la faction terroriste. Les patriotes et les
républicains les plus sincères étaient déclarés
suspects et incarcérés. Les prisons ne pouvaient
loger tous les détenus, la guillotine était installée en permanence sur la place du Martouret,
et chaque jour voyait des exécutions nouvelles.
Les registres du tribunal criminel du département de la Haute-Loire, ceux du district du
Puy nous renseignent sur le nombre et la qualité des victimes ; ils ne peuvent révéler toutes
les exactions odieuses commises par les agents
de Reynaud et que le représentant Pierret
devait flétrir dans son discours du 20 nivôse
an III devant l'assemblée générale des citoyens
de la commune (1). Terroristes, agent national,
juge, maire, suivant l'exemple et les conseils
de Solon Reynaud, faisaient de leurs caprices
des articles de loi. « Un juge insultait au malheur des condamnés et témoignait sa joie à
leur supplice ; il retenait des pièces que le citoyen Assézat, alors poursuivi, lui avait remis
en confiance et qui lui étaient indispensables
pour sa justification. L'agent national d'un district avait fait incendier trois chapelles dans la
commune de Bas et avait voulu requérir des
volontaires pour fusiller les reclus. Un terroriste faisait payer une amende à quiconque
n'assistait pas aux messes d'un curé constitutionnel. Un concierge, plus tard destitué, se

(1) Nous publions plus loin le texte *in extenso* de cet important discours de Pierret.

permettait toutes sortes de vexations et d'indé-
cences à l'égard des détenus. Un maire menaçait d'emprisonner quiconque lui résistait. Un
juge de paix lançait plus de quatre-vingts mandats d'arrêts, parfois illégaux, signait de faux
rapports, imposait des taxes arbitraires sur les
détenus, enivrait des gardes nationaux au détri-
ment d'un notable chez qui était faite une réquisition (1). » Le Tribunal, comme l'avaient

(1) Ch. Godard, *Le Directoire et l'administration départementale*, p. 136.— Voir aussi la supplique adressée par des détenus au Comité de sûreté générale de la Convention par l'en-
tremise des citoyens Lanthenas et Lemoine, députés de la
Haute-Loire, à la Convention qui a été imprimée sous ce titre :
*Tyrannie de Robespierre dans le département de la Haute-
Loire*. Bibl. municip. du Puy. Broch. 7513. — Les exactions
du régime de la Terreur ont permis à l'abbé Péala, *Conférences
ecclésiastiques*, et à l'abbé Cornut, *Causeries historiques sur
le Velay*, de ne voir dans la Révolution que l'œuvre terroriste.
N'est-ce pas cependant l'avocat royaliste Berryer, qui, en 1825,
portait ce jugement sur la Convention : « Je n'oublierai jamais que la Convention a sauvé mon pays ! » Dans leur partialité révoltante, ces auteurs auraient dû rappeler que nombre
de terroristes furent à leur tour victimes de la Terreur blanche.
Ils n'auraient pas dû oublier que, parmi les papiers abandonnés
aux Tuileries par Louis XVIII, au moment où Napoléon reve-
nait de l'île d'Elbe, on avait trouvé certaine liste qui compre-
nait les noms des représentants de la nation, sur lesquels la
vengeance des émigrés se serait exercée, si au début de la
Révolution la fortune des armes leur eût été favorable. Dans
cette liste, publiée déjà en 1815 par le gouvernement impérial
et rééditée par Maurice Spronck, dans *la Révolution française*,
numéro du 14 juillet 1885, nous trouvons des noms apparte-
nant à la Haute-Loire, comme ceux de *Bonnet de Treiches*, de
Châteauneuf de Randon, condamnés à être écartelés ; *Latour-*

demandé les Jacobins à la Convention, était
« débarrassé des formes qui étouffent la conscience et empêchent les convictions ». L'au-
dition des témoins, les plaidoyers des accusés
n'étaient plus admis. Qui ne partageait pas les
idées terroristes était « un mauvais citoyen »,
dangereux pour la cité ; qui les combattait,
méritait la peine de mort.

La chute et la mort de Robespierre et de ses
amis devaient donc avoir dans cette région une
profonde répercussion. Ce fut de tous côtés, dans
la ville comme dans la campagne, un double
cri de délivrance et d'espoir. Dans sa séance du
17 thermidor an II, le Directoire départemental
félicitait la Convention d'avoir conjuré « l'hor-
rible complot formé contre la liberté et d'avoir
puni les traîtres ».

La conjuration que vous venez d'anéantir nous a
pénétrés d'horreur pour les monstres qui l'ont conçue
et d'admiration pour vous qui l'avez déjouée par votre
énergie, votre constance et votre fermeté.

Bien loin de porter la moindre atteinte à la liberté,
cette conspiration la consolide, car les despotes et les
suppôts, tant intérieurs qu'extérieurs, doivent être
convaincus à présent que la République française est

Maubourg, Lafayette, voués *au supplice de la roue* ; d'autres
« devaient être pendus ou envoyés aux galères ». Sans vouloir
excuser les torts du parti terroriste, on peut bien dire : on connaît le nombre des victimes du régime de la Terreur (13.000
dans toute la France, dont 2,191 à Paris), on ne connaîtra jamais le nombre de celles que firent les bandes contrerévolutionnaires et les fameuses compagnies de Jéhu ou les compagnons
du Soleil.

impérissable, et que tous leurs efforts viendront se briser contre elle.

Qu'ils sont heureux, nos frères de Paris, d'avoir été à portée de défendre la représentation nationale ! Notre seul regret, et celui de tous les bons Français, est de n'avoir pas pu partager avec eux cet avantage.

Rep·ésentants, grâces immortelles vous soient rendues : vous avez sauvé la patrie de plusieurs dangers, mais le dernier est le plus imminent qu'elle ait encore couru.

Rest z donc à votre poste ; continuez d'être fermes et inébranlables sur la montagne sacrée, asile du vrai, du pur patriotisme, et de toutes les vertus républicaines.

Vous trouverez la récompense de vos longs et pénibles travaux dans le fond de vos cœurs, dans l'amour des Français vos contemporains, et dans la reconnaissance de leurs descendants, qui chériront votre mémoire jusque dans les siècles les plus reculés (1).

Le Conseil général de la commune du Puy, que composaient cependant encore des créatures de Reynaud, des admirateurs de Marat et de Le Pelletier, votait, dans sa séance du 22 thermidor an II, une adresse à la Convention nationale pour lui exprimer sa satisfaction du « nouveau triomphe qu'elle avait remporté sur la tyrannie » (2).

La mort de Robespierre et la victoire de la Convention terminaient l'ère du Terrorisme en

(1) Registres du district du Puy, séance du 11 thermidor an II.

(2) Malgré nos recherches, nous n'avons pu retrouver, dans nos archives locales, le texte de cette adresse, dont mention est faite dans les registres des délibérations du Conseil de la commune, D 313ᵇ.

France; dans le département de la Haute-Loire, elles mettaient fin à la domination tyrannique et sanguinaire de Solon Reynaud (1). Avec le représentant Pierret allait commencer le règne du gouvernement provisoire révolutionnaire, s'ouvrir la période dite de *Réaction thermidorienne*.

Les documents publiés dans la première partie de cette étude ont montré comment s'exerça l'action de Pierret dans le département de la Haute-Loire. Cette action devait se faire sentir plus efficace encore dans la ville du Puy, à la fois chef-lieu administratif et judiciaire, et centre de toutes les organisations révolutionnaires. Ce côté particulier de la mission de Pierret fera l'objet de cette deuxième partie. Le rôle joué par Pierret sera envisagé à deux points de vue spéciaux : dans ses manifestations politiques et dans son action administrative, notamment dans la question des subsistances et dans la lutte que soutint la ville du Puy pour revendiquer la propriété de la place du Breuil, classée bien national.

(1) Solon Reynaud signait ainsi une lettre qu'il adressait le 21 mars 1793 aux administrateurs du Puy : « Le citoyen républicain, député à la Convention, et non près la Convention nationale, siégeant constamment à la Montagne, ardent en patriotisme et distingué par sa bonne foi, ennemi juré des tirans, des despotes, encore plus des rois et de ceux qui désirent le devenir, ennemi enfin des intrigans et de ceux qui prêchent la loi agraire en disant que les députés de la Montagne la veullent. » Archives départementales, registre B 7.

CHAPITRE PREMIER

LE ROLE POLITIQUE DE PIERRET

Arrivée de Pierret. — Situation des partis dans la ville du Puy. — Les représentants Guyardin et Boric. — La Société populaire et Solon Reynaud. — Proclamation de Pierret. — Son premier discours devant les citoyens assemblés. -- Son arrêté sur « l'appareil des exécutions à mort ». — Renouvellement de la municipalité. — Pierret et la Société populaire. — Conséquences de la mission politique de Pierret. — Comptes décadaires du procureur syndic au Comité de Salut public.

Chargé le 23 frimaire an III (19 décembre 1794) par la Convention de se rendre en mission dans le département de la Haute-Loire, le représentant Pierret arrivait au Puy le 11 nivôse suivant (31 décembre). Il venait de Privas, chef-lieu du département de l'Ardèche, où il avait fait un court séjour. Pierret ne pouvait, dès son arrivée, se dissimuler ni les difficultés de la tâche qu'il devait remplir, ni les résistances puissantes qu'il devrait vaincre, ni les hostilités qu'il allait provoquer en même temps que les espérances qu'il devait faire naître.

Trois partis bien définis se trouvaient, en effet, en présence : les terroristes et les amis de

Solon Reynaud que les dissensions commençaient à diviser ; — les modérés ou Girondins, les honnêtes gens, qu'avaient révoltés les exactions du régime de la Terreur dont quelques-uns avaient souffert et qui applaudissaient au retrait des mesures révolutionnaires décrétées naguère par la Convention sous l'influence de Robespierre ; — les contrerévolutionnaires, les fanatiques, les partisans des prêtres refractaires, les royalistes qui caressaient toujours le projet de favoriser le retour du roi et exploitaient les exactions commises par les Jacobins ou les nécessités impérieuses de la défense nationale pour gagner à leur cause les citoyens de la ville et particulièrement ceux des campagnes.

L'arrivée de Pierret devait modifier la situation politique respective de ces trois partis. Les terroristes virent en lui, intentionnellement, plus un adversaire qu'un défenseur de la cause révolutionnaire, leur règne était désormais fini ; ils ne lui ménagèrent ni les attaques injustifiées qu'inspirait une évidente mauvaise foi, ni les accusations les plus mensongères que leur dictaient la crainte et une déception mal contenue. Les modérés reprenaient au contraire confiance et Pierret ne tardait pas à leur remettre la direction des affaires municipales. Les royalistes, à la faveur d'une équivoque voulue, imitaient les « muscadins » et les « incroyables » de Paris, pour se dissimuler et se poser en républicains modérés. Avec Pierret nous assistons à la lutte entre ces trois éléments différents.

Ses premières paroles allaient bientôt éclai-

rer l'opinion, ses premiers actes dévoiler son
énergie en même temps que son esprit de modération et de tolérance. Leur portée et leur
signification découlent des événements immé-
diats qui précédèrent son arrivée dans la ville
du Puy.

.·.

Solon Reynaud, rappelé à Paris par un arrêté du Comité de Salut public à l'occasion du
différend survenu entre lui et le représentant
Châteauneuf-Randon, avait quitté le Puy vers
la fin de germinal an II (18 avril 1704). Le
Directoire départemental, le Conseil général
du district et de la commune, la Société populaire étaient remplis de ses créatures et de
ses partisans. Dans son arrêté du 10 frimaire
an II, il s'étonnait « de l'insouciance que té-
moignaient les citoyens pour l'exécution des
lois, ce qui ne peut provenir que d'un concert projeté entre l'aristocratie et ses prosélytes », il s'alarmait « du mépris continuel qui
se manifestait dans le Département de la
Haute-Loire et plus particulièrement dans la
ville du Puy, le chef-lieu, pour les décrets
que l'amour du bien dicte et que la sagesse
dirige » (1). En partant, il pouvait du moins espérer que son œuvre serait continuée, surtout lorsqu'il apprit l'envoi dans la Haute-
Loire, des représentants Guyardin et Borie,

______

(1) Archives départementales, série I.

ses anciens collègues à la Montagne. Les événements devaient, au contraire, lui réserver une déception.

Guyardin et Borie s'inspirent cependant de la même pensée que Reynaud. Déjà le 16 février 1794, alors qu'il se trouvait à Privas, Guyardin avait lancé une proclamation qui s'adressait aussi bien aux citoyens de l'Ardèche qu'à ceux de la Haute-Loire. Il réclamait l'épuration de tous les fonctionnaires publics.

Dans les trois jours de la réception du présent, il sera procédé dans chaque commune à l'épuration de tous les fonctionnaires publics, savoir : des membres de l'admini-tration du département ; de l'Agent national près le District ; des membres du Directoire et de l'administration du District ; des membres du Tribunal du District ; de l'Agent national près la commune, et des membres du Conseil général ; des membres du Comité de surveil'ance de la commune ; du juge de paix du canton, de ses assesseurs et du greffier ; des officiers de la gendarmerie nationale de l'arrondissement ; du Payeur général du Département ; du Trésorier du District ; des Directeurs des Postes ; des agents de la Régie du droit d'enregistrement et des domaines ; de ceux de l'administration des ponts et chaussées, et généralement de tous ceux dont les fonctions s'é!endent à la commune (1).

Cet arrêté resta lettre morte, et lorsque Guyardin, après le départ de Reynaud, arriva au Puy le 26 avril, les hommes que Solon Reynaud avait appelés au pouvoir y furent maintenus. Ils n'a-

_____

(1) Archives départementales, série L.

vaient pas démérité, ils étaient dignes de la confiance du nouveau représentant. Cependant, premier symptôme de division entre les terroristes et les amis de Reynaud, cinq reclus étaient mis en liberté sur l'autorisation de Guyardin. De cette mesure de réparation date le mouvement d'hostilité qui devait se manifester dans la ville et au sein de la Société populaire contre Solon Reynaud. La lettre que les administrateurs du département adressaient au citoyen Borie prouve même à quel point de surexcitation se trouvaient les esprits, dans la ville du Puy, quelques mois avant l'arrivée de Pierret :

Au Puy, le 3 thermidor an II (22 juillet 1794).

Les administrateurs du département de la Haute-Loire, au citoyen Borie, Représentant du Peuple Français.

Par la lettre du 26 messidor dernier (1), tu nous demandes, Citoyen, s'il existe dans notre département quelque tribunal révolutionnaire, commission populaire ou militaire, et tu nous invites à te donner tous renseignemens que nous croirons utile au bien public.

Nous nous empressons de correspondre à ta confiance et nous te déclarons qu'il n'y a dans l'étendue de notre ressort d'autres tribunaux que les ordinaires et que nulle commission populaire ni militaire n'y est établie. Nous avons dans les trois districts nombre d'individus détenus comme suspects, parmi lesquels il peut se trouver de grands coupables.

Déjà, plusieurs ont été traduits au tribunal révolutionnaire séant à Paris ; mais il seroit à désirer pour le bien public, que ceux qui le sont encore fussent frappés comme eux du glaive de la Loi, cette mesure ne pourroit (nous le pensons) que vivifier l'esprit public et intimider ceux qui oseroient encore tenter de le corrompre.

Le fanatisme avoit dans un temps fait des progrès très rapides ; mais la surveillance des autorités constituées, mais tels exemples de quelques prêtres qui ont subi ici la peine due à leurs forfaits, ont rétabli l'ordre en partie, et nous voyons avec plaisir que nos concitoyens commencent à ouvrir les yeux sur les fourberies mensongères que ces êtres leur avoient débité

(1) Borie avait envoyé de Saint-Flour, le 26 messidor an II (14 juillet 1794), cette lettre aux administrateurs du département :

> J. Borie, représentant du peuple français, délégué dans le Gard et la Lozère pour l'organisation du gouvernement révolutionnaire, et pour les mesures de Salut public dans la Haute-Loire et le Cantal,

> Aux administrateurs du département de la Haute-Loire.

Chargé par le Comité de Salut public, Citoyens, de venir dans votre département pour les mesures qui peuvent intéresser le Bien public, je le suis aussi de lui faire savoir s'il y existe quelque tribunal révolutionnaire, commission populaire ou militaire.

Je vous invite à me donner sur cet objet les renseignemens que je suis tenu de transmettre au Comité et tous autres que vous croirez utiles au bien public.

Salut et fraternité
Signé : Borie.

P. S. — Je me rends demain dans le district de Brioude ; des affaires qui m'appellent à Mende m'empêchent dans ce moment de venir au Puy. Je recevrai vos lettres à Mende.

13

pendant trop long-temps ; et la beauté et l'abondance de notre récolte leur prouve que sans leur intermédiaire elle parvient à sa maturité.

Il y a quelque temps qu'il s'est élevé une division parmi les membres composant la Société populaire de cette commune ; elle provient de la conduite que le Comité de surveillance a tenue depuis le départ de ton collègue le montagnard Reynaud : il avoit fait procéder aux arrestations de nombre d'individus, et en partant il avoit recommandé au comité de ne rien toucher au travail qu'ils avoient arrêté ensemble ; mais ton collègue Guyardin l'ayant remplacé, ce comité l'engagea à prendre divers arrêtés qui mirent quelques personnes en liberté. Guyardin fut trompé sur leur compte, car parmi ceux-là il paroît qu'il s'y trouve de grands coupables. La Société jetta les hauts cris à l'époque de leur sortie, et trois membres du comité de surveillance ayant dénoncé publiquement et par écrit la conduite de leurs collègues, il fut formé par la société une commission chargée de prendre tous les renseignemens, de présenter un rapport sur cette affaire, ainsi qu'une liste de citoyens propres à remplir ces places importantes.

La commission s'acquitta de son devoir, mais nous pouvons penser que les amis et les parens des différents membres de ce comité et des reclus, craignant sans doute la sévérité de la loi, ont agi en leur faveur pour travailler l'esprit des différents sociétaires, car il y a eu des altercations très vives pendant plusieurs jours ; et enfin la Société, mécontente du rapport de ses premiers commissaires, forma une deuxième commission et dans l'intervalle du rapport qu'elle devait faire, on chercha à tout assoupir. Guyardin étoit ici, il a dû emporter avec lui copie de toutes les pièces relatives à cet objet, afin de se concerter avec Reynaud, et les choses en sont là. Nous devons cependant te dire que la minorité de la société et du comité de surveillance a toujours resté ferme dans ses principes : mais la majorité l'a emporté sur elle.

Nous avons sçu aussi par voye indirecte qu'une division avoit également subsisté dans la société de Brioude, sans que nous en ayons connu les motifs. Nous savons que tout s'est à peu près rallié et ton séjour dans cette commune l'aura sans doute mis au fait, si tu n'y as pas été trompé.

Voilà, Citoyen représentant, tous les renseignemens qu'il est en notre pouvoir de te donner ; tu sais que nous n'avons ni la surveillance, ni l'exécution des mesures révolutionnaires, ainsi notre correspondance pour ces arretés ne nous a rien fourni. Nous te verrons dans nos foyers avec le plus grand plaisir, tu te feras rendre un compte plus detaillé sur l'objet du comité, tu verras les pièces et tu jugeras.

Compte que tu trouveras aussi en nous des hommes entièrement dévoués à leur patrie et qui ne sauront te parler que vray.

Salut et amitié.

Le représentant Boric, « investi de pouvoirs illimités pour l'organisation du mouvement révolutionnaire et pour les mesures de salut public », arrivait au Puy le 10 thermidor (29 juillet). Il ne devait y faire qu'un court séjour. Sa mission était « d'etouffer les mouvements séditieux qui avoient paru se manifester dans la Lozère et dans la Haute-Loire ». Les arrestations continuèrent (1). Son passage fut particulière-

(1) Charles Godard, *Le Conseil général de la Haute-Loire*, p. 135.

ment marqué par son arrêté du 11 thermidor
« relatif à des assassinats commis sur des patriotes par des ex-nobles (1) ». Il fut toutefois
impuissant à arrèter le déchaînement des passions et le sentiment de révolte contre son pré-
décesseur Solon |Reynaud. Au lendemain de la
chute de Robespierre, la minorité de la veille
était devenue la majorité. Solon Reynaud écrivait même à l'administration départementale
qu' « *il regrettait d'avoir pris naissance dans la
commune duPuy* ». Parce que le Comité de surveillance avait fait remettre en liberté avec la
Société populaire de nombreux détenus, parmi
lesquels notamment les citoyens Richond (2) et

(1) Archives nationales. Comité de Salut public. AF II, 863,
cart. 115. Cet arrêté a trait à l'assassinat par les « deux frères
Morangiers, ex-nobles et quelques autres contre-révolutionnaires, portés sur la liste des émigrés », du brigadier de gendarmerie Jouve qui, avec un détachement, s'était rendu au village
du Vialar, canton de Saint-Privat-la-Roche, district du Puy,
pour mettre en arrestation leur sœur, ex-religieuse. Ce sont, dit
Borie, les mêmes Morangiers qui, l'année dernière, assassinè-
rent Riou, administrateur du département. « *Les Morangiers,
frères, leur mère et sœur, ex-religieuse,* et leurs complices, seront saisis partout où ils se trouveront, ainsi que Vayssier,
Azemar et Montlogis, et conduits devant les tribunaux compé-
tents. — Ceux qui arrêteraient les dénommés en l'article ci-
dessus, auront droit à une somme de mille livres, à titre de
gratification pour chaque arrestation. »

(2) Richond, au lendemain de sa mise en liberté, adressait à
ses collègues du Conseil général de la Haute-Loire, la lettre
suivante qui reflète un noble sentiment d'abnégation et de dévouement et dont nous empruntons le texte au registre B 9 de
nos Archives départementales :

Liogier (1), comité et société n'étaient plus composés que de citoyens dominés par les intriguants, les prêtres et les nobles. À ce moment, 16 brumaire, se place un des événements les plus importants de la vie politique de Reynaud : soumis à l'épreuve d'un scrutin épuratoire, lui, qui avait créé le mouvement révo-

Paris, le 23 vendémiaire an 3 (15 oct. 1794).

Le citoyen Richond, à ses collègues de l'administration du département de la Haute-Loire.

Citoyens collègues,

Enfin, après trois mois d'une affreuse captivité, la justice nationale m'a tendu une main secourable ; enfin, mon patriotisme opprimé a su de son souterrain faire entendre sa voix, et à l'aide des certificats que vous avez bien voulu m'accorder, je viens de renaitre à la Liberté.

Si depuis le moment de mon arrestation jusqu'à ce jour, je ne vous ai pas écrit, c'est que la délicatesse de mes sentimens me le défendait, et je ne voulais pas que mes ennemis pussent croire que je mendiais des certificats, pour faire plus sûrement triompher mon innocence. Libre, dans les fers, ma conscience ne me reprochait rien ; on m'a vu en homme libre supporter sans me plaindre les fers dont on avait eu soin de me charger et que je n'ai quitté qu'à la porte de mon cachot.

Confiant dans la justice nationale, j'ai sollicité plusieurs fois ma mise en jugement et certes depuis longtemps je serai libre si les députés de la société se fussent adressés directement au tribunal. Mais ne pensons plus à ce qu'on aurait dû et pu faire, ce serait toucher à une matière que je ne veux plus approfondir, j'ai tout oublié pour ne penser qu'à ma patrie, il me tarde d'être réuni à vous pour partager vos pénibles travaux, et réparer par un travail assidu le temps que j'ai perdu pour la chose publique.

Salut, amitié, fraternité.

Vive la République ! Vive la Convention !

Signé RICHOND.

(1) Liogier mourait à Paris, peu après sa libération « à la suite des mauvais traitements et des chagrins qu'il avait essuyés ».

lutionnaire dans la ville du Puy, se voit *à l'unanimité* rejeté de la Société populaire (1).

Tels étaient les événements qui avaient eu pour théâtre la ville du Puy et qui s'étaient déroulés au sein des sociétés révolutionnaires, quelques jours après la chute de Robespierre et quelques semaines avant l'arrivée de Pierret. L'opinion publique était inquiète. Les administrateurs de la cité partageaient cette inquiétude et réclamaient l'envoi d'un représentant aux Comités de Sûreté générale et de Salut public de la Convention. Dans la séance du 15 vendémiaire an III (6 octobre 1794), le conseil général de la commune votait l'envoi de cette adresse :

Représentants,

Cinq années de travaux utilisés à la patrie par notre commune seroient infructueuses, si nous n'avions le droit de vous demander l'application d'un remède au mal qu'elle a souffert depuis que les malveillans ont voulu diviser les bons citoyens. Les effets de cette malveillance sont funestes. Déjà la calomnie pèse sur cette commune qui n'a jamais dévié le vray sentier révolutionnaire. On cherche à déprécier et avilir les autorités constituées.

Les prêtres réfractaires y sont introduits (malgré

(1) Voir à la fin du chapitre la pièce complémentaire : *Exposé des raisons qui ont nécessité l'exclusion du citoyen Reynaud, représentant du peuple, du sein de la Société populaire du Puy, chef-lieu du département de la Haute-Loire.* Bibliothèque municipale du Puy, 6711. Cet exposé des raisons est un violent réquisitoire contre Solon Reynaud.

notre surveillance) pour alimenter le fanatisme le plus cruel de tous nos maux. Un de ces membres a été découvert par la municipalité ; le glaive national en a fait justice ; mais il est utile d'en trouver ou faire fuir bien d'autres. Des scellérats sont répandus dans les campagnes pour obstruer l'exécution de la loi du maximum. Ils persuadent les cultivateurs crédules que cette loi n'est pas strictement exécutée dans les districts et départements qui nous avoisinent ; que les denrées de première nécessité s'y vendent à un prix beaucoup au-dessus de celui qui est fixé ; de là il arrive que notre commune où la Loi s'exécute rigoureusement, manqueroit de subsistances et que les mal intentionnés enlèveroient au peuple des ressources qu'il ne peut trouver que dans les campagnes.

Citoyens, représentants,

Ce que nous demandons est également sollicité par la Société populaire qui vous présente le tableau de ce que les patriotes de cette commune ont fait pour la Révolution ; la même énergie et les mêmes sentiments, les animent encore ; mais il est instant que la présence d'un représentant du peuple les ralie, les encourage et fasse justice des dissentions que l'on a cherché à y semer. Par ce moyen les ennemis de la chose publique seront déjoués : les autorités constituées marcheront d'un pas plus ferme ; l'exécution des loix n'aura plus d'entraves,et la paix et l'abondance reigneront dans une commune qui n'a cessé de maintenir la liberté, la République, son unité et son indivisibilité.

Salut et fraternité.

Cette adresse définissait le double caractère, économique et politique, de la mission que devrait remplir le représentant Pierret.

C'est au milieu de cette agitation, de cette situation troublée et incertaine, que, le lendemain même de son arrivée, le représentant Pierret lançait sa proclamation aux citoyens du département (1) :

Proclamation du Représentant du peuple
Pierret, envoyé en mission
dans
le département de la Haute-Loire
aux citoyens de ce département
du 12 nivôse, l'an 3ᵉ de la République Française,
une et indivisible

Citoyens,

LA CONVENTION NATIONALE, au milieu des grands travaux qui l'occupent et qui embrassent la République entière, porte encore sa sollicitude sur la situation particulière des divers départemens, et veut s'assurer que ses bienfaits s'étendent à chacun des points du sol de la LIBERTÉ : chargé d'être dans vos contrées l'organe de sa volonté, je dois en vous rappelant ses principes, vous annoncer en son nom, ce que vous devez attendre de celui qu'elle a choisi pour les affermir parmi vous, et en assurer à jamais le triomphe (2).

UNE grande Révolution s'est opérée, les noms sacrés de la JUSTICE et de la VERTU ont été vengés des

(1) Archives départementales, série L et Bibliothèque de la ville, brochure 6.708.

(2) Ch. Godard, *Le Conseil général de la Haute-Loire*, page 141, dit que la Convention avait envoyé Pierret « surtout pour examiner les mines et les armes ». De cette proclamation, il résulte au contraire que la mission de Pierret était essentiellement politique. La lettre des administrateurs de la commune que nous avons publiée, page 194, le prouverait encore.

outrages des nouveaux tyrans, mais la tyrannie n'a pu être frappée du même coup dans ses dernières racines, et telle avait été la nature de ses ravages, qu'ils ne peuvent être séparés qu'avec lenteur et persévérance ; ramener l'ordre et la confiance, rassurer l'empire des Lois et de la Justice maintenir la Liberté et les Vertus qui en sont inséparables, ranimer le commerce et l'industrie, et r'ouvrir toutes les sources de la prospérité publique, voilà l'objet des travaux que la Convention nationale poursuit avec constance et fermeté ; c'est là que je veux trouver la règle de ma conduite, c'est à ce but que seront dirigés tous mes efforts dans l'exercice de l'autorité qui m'est confiée. Loin de moi donc tout ce qui pourrait ne pas tendre à m'en rapprocher sans cesse : que les préjugés, que les préventions s'éloignent, que les passions, que les haines, que les personnalités se taisent, je veux le bien général, je le veux avec force et constance ; et pour l'opérer, il n'est point de travaux que je ne puisse entreprendre, point d'obstacle que je ne cherche à surmonter.

En arrivant dans ce département, je me suis proposé de parcourir tous les lieux qui appelleront ma surveillance et où j'aurai quelque bien à faire. Les Tribunaux, les Administrations, toutes les autorités constituées fixeront mon attention ; dépositaires des Lois et chargés de leur application, il faut que les établissemens publics soient composés d'hommes instruits, probes et laborieux ; et soit qu'il convienne d'en éloigner quelques membres, soit qu'il convienne d'en appeler de nouveaux, le vœu public sera consulté et sera seul écouté.

S'il existe encore des détenus dans les maisons d'arrêt de ce département, je m'empresserai d'y porter la lumière et la justice, de faire triompher l'innocence et de pardonner à l'égarement involontaire : plaintes, demandes, réclamations, instructions locales, tout sera favorablement accueilli; j'entendrai, j'observerai tout, et n'oublierai point combien il est doux de réparer les maux qu'on a souffert par les consolations qu'on peut répandre.

Vous sentez, Citoyens, qu'en me proposant cette carrière difficile à parcourir, j'ai compté sur l'appui et le zèle des vrais Républicains; je les conjure donc, au nom de la PATRIE, de s'unir à moi, de seconder mes vues, et préparer le succès de mes opérations, par les moyens que le Patriotisme sait toujours inspirer. Mais je leur rappellerai encore, et toujours ce langage sera dans ma bouche comme le sentiment qui l'exprime est dans mon cœur, que c'est de leur conscience seule qu'ils doivent prendre conseil. Je n'invoque que la voie de la vérité; il ne s'agit point de substituer des préjugés à des préjugés, des passions à des passions, des partis à des partis; que les vengeances particulières soient sacrifiées; que les dénonciations et les dénominations injurieuses soient oubliées; que les restes impurs des *Factions*, de la *Superstition*, du *Fanatisme*, disparaissent devant le bien général; que le règne de la *Terreur* fasse place à celui de la *Justice* et de l'*Humanité* : LIBERTÉ, CONCORDE, PROSPÉRITÉ, tel doit être l'objet des pensées et des désirs de tous. Puissé-je, en parcourant votre Département, réunir les esprits et les cœurs à ce point unique de ralliement ! puissé-je en vous quittant, laisser parmi vous, le règne des Lois, l'Amour de l'Ordre, l'Union et la Fraternité, j'aurai rempli les vues de la CONVENTION NATIONALE, et mes vœux seront satisfaits.

IL me reste une invitation particulière à faire aux Cultivateurs et Propriétaires de grains dans les campagnes; qu'ils se ressouviennent qu'ils doivent contribuer particulièrement au bonheur de leurs Concitoyens, en approvisionnant avec soin les communes de ce Département des grains dont elles peuvent avoir besoin ; qu'ils sachent bien que la Convention Nationale, en établissant la libre circulation des grains, a compté sur le zèle des bons citoyens, à ne pas abuser de cette liberté, et à la faire tourner toute entière au profit de la chose publique. Malheur à celui qui ne seroit pas animé de ces principes !...

La présente Proclamation sera imprimée au nombre de quatre cents exemplaires en placard et six cents in-4°, et sera envoyée aux Districts et Municipalités de ce Département, pour y être lue, publiée et affichée.

Au Puy, le douzième jour de Nivôse l'An troisième de la République, une et indivisible.

Signé : PIERRET, *Représentant du Peuple.*

Au Puy
de l'Imprimerie de la Société typographique.

La proclamation de Pierret ne laissait subsister aucun doute sur ses sentiments et sur ses intentions. « Ramener l'ordre et la confiance, rassurer l'empire des Lois et de la Justice, maintenir la Liberté et les vertus qui en sont inséparables, ranimer le commerce et l'industrie », tel était le programme qu'il voulait poursuivre. Pour l'accomplir, il ne se posait pas en vengeur implacable, bien qu'il condamnât l'œuvre de ses prédécesseurs dans la ville et dans le département. C'était un nouveau langage qu'il tenait aux citoyens : il prêchait l'oubli des fautes du passé. A la bonté, à l'amour, à la justice, il demanderait la réparation des maux dont avaient souffert les patriotes sincères. Au lieu d'opprimer l'innocence, il serait son défenseur. Mais il ne voulait faire

preuve d'aucune faiblesse : « les actes impurs
des factions, de la superstition, du fanatisme
doivent disparaître devant le bien général ». Il
abordait encore une question qui devait bientôt
le préoccuper : celle des subsistances.

Quel que pût être l'effet produit par cette
proclamation sur une population jusque là ter-
rorisée par les abus de pouvoir les plus monstrueux, Pierret voulut immédiatement prendre
contact avec les citoyens eux-mêmes.

Le 18 nivôse (7 janvier), sept jours après la
publication de sa proclamation, il écrivait aux
administrateurs de la commune pour leur faire
connaître les mesures qu'il allait prendre. Il
invitait tous les citoyens de la commune à une
assemblée générale. La municipalité en infor-
mait officiellement les habitants de la ville et, le
20 nivôse, elle « allait prendre le dit citoyen
Pierret, représentant, pour monter au Temple
de l'Etre suprème » (la Cathédrale) (1). Devant
cette assemblée, Pierret prononça un éloquent
discours où il développait les idées déjà contenues dans sa proclamation.

(1) Registre des délibérations de la municipalité. Archives de
la mairie. Registre D 31 2°.

DISCOURS PRONONCÉ dans une assemblée générale des citoyens de la Commune du Puy, chef-lieu du département de la Haute-Loire, le 20 nivôse, l'an III de la République Française, une et indivisible, par le REPRÉSENTANT DU PEUPLE PIERRET, envoyé en mission dans ce département (1).

LIBERTÉ, EGALITÉ, JUSTICE

Citoyens,

Un Représentant du Peuple est au milieu de vous ; il apporte avec lui le désir brûlant de faire le bien : ayez le même besoin, et bientôt sa mission sera utilement et glorieusement remplie.

Que les petites méditations de l'intrigue, les *(p. 4)* calculs froids de l'intérêt privé cessent aujourd'hui : la marche de la Justice est sûre, et rien ne peut l'arrêter ; elle sera rendue à chacun.

Que vos jours, que vos nuits soient paisibles ; si la Terreur, mère de l'esclavage, vous fut envoyée, je vous rapporte la paix : je ne viens point pour détruire, mais pour changer si le salut public l'exige, et mettre tout à sa place.

Je ne ferai point couler des larmes, partout, je chercherai à les essuyer. Je ne viens point, précédé

(1) Bibliothèque municipale du Puy, brochure 6.711 (don de M. Paul Marthory). — Dans la reproduction de cet important discours, nous avons indiqué entre parenthèses la pagination de l'opuscule imprimé. Selon Reynaud répondit, en effet, à ce discours de Pierret, en s'efforçant de détruire les accusations portées contre lui et en renvoyant aux pages de cette brochure. Cette réponse a été publiée dans la première partie, page 39.

de la vengeance, vous annoncer que tous les hommes, malheureusement trop fameux avant le *9 thermidor*, doivent porter leur tête sur l'échafaud ; non, parmi plusieurs crimes, il est de nombreuses erreurs, et les erreurs ont besoin d'indulgence ; le crime seul ne doit point espérer de pardon ; composer avec lui, seroit s'en rendre complice.

Une faction sanguinaire a long-temps désolé notre malheureuse Patrie ; sans doute ces contrées n'ont pas été à l'abri de ses fureurs, sans doute des plaies saignent encore et sollicitent de prompts remèdes.

Je suis ici armé de l'autorité nationale, non pas, je le répète, pour répandre dans vos *(p. 5)* Cités, dans vos habitations, la terreur et l'é ivante, mais pour tendre à l'opprimé une main secourable ;ma is pour consoler la vertu trop longtemps persécutée ; mais pour déployer la sévérité des Lois contre les hommes de sang, les dilapidateurs de la fortune publique, et contre ceux qui, abusant des principes d'équité qui dirigent le gouvernement, auroient pu concevoir quelques espérances de retour au despotisme.

Protection aux faibles, guerre implacable aux mé-chans, justice à tous, telle est la volonté du Peuple français, telles sont les intentions de la Convention Nationale, tel est le but de ma mission.

Certes, ce sera un grand sujet de méditation pour la postérité que cette fatalité qui, après nous avoir fait passer par toutes les périodes de la Liberté, nous a précipités, au milieu de nos triomphes et de nos victoires, sous le joug le plus honteux qui ait déshonoré l'espèce humaine ! Nous-mêmes, nous nous demande-rons long-temps, comment une poignée d'hommes méprisables étoit parvenue à s'élever au dessus de la Représentation Nationale, comment et par quelles invariables combinaisons elle avoit réussi à fonder sa domination sur la République toute *(p. 6)* entière, qui dans sa stupeur étoit devenue muette d'étonnement, de voir au milieu d'elle, les lettres de Cachet, de Bastilles et les Echafauds du despotisme auprès de la Déclaration des Droits de l'Homme.

Il est donc vrai, et les annales du monde nous en offrent trop d'exemples, qu'un Peuple qui marche à l'indépendance ne doit espérer d'arriver à la LIBERTÉ, qu'après s'être épuré au creuset de l'adversité : une Nation qui veut s'affranchir du joug par cela même que son élan vers la LIBERTÉ, la rend susceptible de toutes les vertus, de toutes les résolutions magnanimes, est facile à entraîner dans l'erreur. Eh ! comment seroit-il possible que l'opinion publique ne s'égarât pas quelquefois au sein des orages révolutionnaires, de ce rapide mouvement qui fait paroître sur la scène politique une si grande variété d'hommes et de choses ? C'est à l'école de l'expérience que les Nations apprennent à être libres : dans une Révolution où toutes les passions fermentent, l'esprit de parti trouve toujours des prosélites ; bientôt vous voyez marcher à sa suite les haines et les vengeances individuelles ; l'amour de la patrie n'est plus que le prétexte de nouveaux attentats, les principes s'altèrent au gré des passions, les mots sacrés de JUSTICE et *(p. 7)* de LIBERTÉ ne signifient plus rien autre chose dans le vocabulaire des proscripteurs, qu'*Assassinats* et *Tyrannie*. Au milieu de cette maladie universelle, de cette tourmente générale, l'ambitieux, calme et de sang-froid, marche à son but ; il flatte l'orgueil des uns, excite les passions des autres, promet des honneurs à l'ambition, de l'or à la cupidité, des places à l'ignorance, cette Satellite fidèle de la Tyrannie, cette compagne inséparable de ses excès ; l'homme de bien, étonné, frappé de terreur, cherche en vain sa première énergie, désespérant d'être utile à son pays, il s'enveloppe de sa vertu, et n'attend plus que l'ordre de livrer sa tête à l'échafaud ; c'est alors que le conspirateur n'a plus qu'un pas à faire ; le pouvoir est à lui, et le Peuple trompé, est prêt à bénir la main qui l'enchaîne, jusqu'à ce qu'enfin le Tyran succombant sous ses propres excès, n'offre plus qu'un objet d'horreur et de mépris.

Telle est en peu de mots l'histoire de la Tyrannie que l'énergie de la Convention Nationale a renversée le 10 thermidor. Il est une fatalité plus forte que les hommes, et au-dessus des calculs de la prévoyance ; profitons de nos *(p 8)* erreurs, réparons le mal, brisons avec courage les faisceaux de la dictature, et condamnons au mépris des siècles, ces stupides et féroces Proconsuls.

Il est de la destinée de ac tes les révolutions qui enfantent la Liberté, de parcourir le cercle de toutes les factions, de toutes les folies, pour revenir ensuite aux principes où elle se fixe irrévocablement.

Tel est le point où nous sommes arrivés, où nous devons former l'inébranlable résolution de nous maintenir : il faut aujourd'hui que les mots soient rendus à leur signification primitive, et les hommes et les choses remis à leur place.

Citoyens, pour parvenir à cet heureux résultat, je n'ai que mon courage et la constante volonté de faire le bien. Que tous les Républicains se réunissent à moi ; qu'ils m'environnent de leurs lumières, et me secondent de leur zèle : c'est à la lueur de l'opinion publique que je veux rechercher les abus et punir les coupables ; l'opinion publique n'est pas pour moi dans une administration, dans une aggrégation particulière, quelque soient d'ailleurs ses intentions ; mais *(p. 9)* dans tout le Département, dans toute la France, qui veut enfin que la JUSTICE ne soit plus une chimère et la LIBERTÉ un mot vide de sens. Je recueillerai donc tous les avis qui me seront donnés, et toutes les plaintes qui me seront faites : indiquez-moi le citoyen opprimé, celui qui ne reçoit pas les secours que la Loi accorde aux malheureux. La vertu que la Nation appèle à remplir les places, le talent que la Tyrannie a relégué dans l'obscurité, son poste n'est point dans l'oisiveté de la retraite, mais à la tête des affaires ; c'est lui qui en Pilote habile doit faire rentrer dans le port le vaisseau de l'Etat, que l'orage en avoit écarté, et qui alloit être englouti dans les flots sans le génie protecteur qui veille sur notre Patrie : quand bien même ce ne seroit pas à l'homme éclairé un devoir impérieux de donner son temps et ses veilles à la République, quelle carrière plus douce à parcourir pour l'honnête homme que celle où il peut faire le bien, en faisant sentir à ses concitoyens quelle différence il y a entre l'instruction et l'ignorance !

Administrateurs, Magistrats, que la force des circonstances a placés à la tête des corps politiques, et qui pour remplir ces fonctions difficiles dans un moment de Révolution principale *(p. 10)*ment, vous sentez incapables d'en supporter le pénible fardeau, abdiquez courageusement un poste que vous ne pouvez occuper avec succès ; et au sein de la retraite, au milieu de sa famille, que de devoirs il reste à remplir envers la Patrie pour le véritable républicain ! C'est là que mettant à profit une utile industrie, il sert réellement son pays et lui-même ; c'est là qu'il pratique les vertus qui siéent à la LIBERTÉ. Rendons au commerce le négociant habile dont les spéculations habiles enrichissent l'Etat ; rendons au travail l'artisan laborieux, aux champs l'agriculteur utile ; qu'appelés tour-à-tour aux fonctions publiques, ils les considèrent plutôt comme un fardeau que le bien de la Patrie leur impose passagèrement, que comme un moyen de fortune et d'ambition.

Trop longtemps un système barbare a ravagé la France, dévoré sa population, ruiné ses moyens d'existence, proscrit les arts, comprimé l'énergie du talent et mis un frein à l'essort du génie ; nous avons de nos jours, et dans le siècle de la philosophie, vu renouveller les fureurs des forts et des Vandales ; posons des bornes insurmontables à tant d'excès, la France républicaine veut que le régime des principes commence, son vœu sera rempli *(p. 11).*

Les principes réprouvent la Tyrannie de quelque masque qu'elle se couvre ; les amis de *Cadet* et ceux de *Robespierre* sont les mêmes aux yeux des Républicains : ils leur ont juré une guerre à mort, et ils ne déposeront leurs armes que lorsqu'ils seront réduits à l'impossibilité de nuire : en effet, les uns et les autres n'ont-ils pas les mêmes intentions, ne marchent-ils pas au même but, quels que soient les termes qu'ils emploient ? ne prêchent-ils pas la même doctrine, de quelques noms qu'ils décorent leurs desseins sacrilèges ? Dictature, Triumvirat, Royauté, n'est ce pas toujours de la Tyrannie ? Certains personnages n'ont-ils pas semblés se ranger sous la même bannière que les vrais ennemis du Peuple ? N'ont-ils pas également conspiré contre la Représentation Nationale en s'associant à un nouveau Tyran, en offrant de lui servir de rempart contre la vengence des Lois, en couvrant la France de deuil et d'assassinats ? La Convention Nationale les a tous anéantis d'un même coup, sans doute ils forment des vœux insensés, ils se nourrissent de coupables espérances ; leurs menaces, leurs projets d'assassinats manifestés jusques dans le Sénat, seront anéantis : qu'ils tremblent, il n'est point d'amnistie pour eux, et la Justice *(p. 12)* réellement mise à l'ordre du jour, n'admet plus de composition avec le crime !

Aujourd'hui la ligne de démarcation est tracée, d'une manière ineffaçable, les amis et les ennemis de la Liberté sont en présence dans l'intérieur comme aux armées ; dans l'intérieur comme aux armées les derniers sont vaincus, et bientôt la République jouira du bonheur et de la Paix que le règne de la Justice a déjà assuré à nos Cités et à nos Campagnes.

Qu'ils sont insensés ces partisans de la terreur ! Eh quoi ! quel esprit de vertige les a pu porter à croire qu'après avoir frappé le dernier Tyran, le PEUPLE FRANÇAIS auroit pu consentir à laisser survivre la TYRANNIE ; qu'il eut préféré l'esclavage le plus ignominieux aux douceurs de la LIBERTÉ, le régime des Bastilles et des proscriptions à celui des droits de l'Homme, et de la JUSTICE ? Ils ont pu croire, ils ont osé dire que nos armées ne vaincroient plus, que le découragement s'empareroit de nos braves frères d'armes, sans doute, parce que leurs parens, leurs amis ne seroient plus précipités dans les *Cachots*, et traînés sur les *Echafauds*, par les caprices d'un d'entre les cent mille despotes subalternes ! ils ont pu *(p. 13)* croire que tant de sang généreux n'avoit été répandu que pour consolider leur domination, et que les soldats de la Liberté seroient assez récompensés par l'honneur de mourir pour eux et de recevoir dans le cours d'une pasquinade un éloge réprouvé par la fierté Républicaine.

Français, quel est celui d'entre vous dont l'âme ne se soulève pas d'indignation au souvenir de tant d'horreurs ? *Jurez tous avec moi que la tyrannie s'est levée sur la France pour la dernière fois, votre serment retentira dans la Convention nationale. elle apprendra que du centre aux extrémités il n'est qu'un seul cri,* JUSTICE *et* LIBERTÉ. Dans ce vœu unanimement et énergiquement prononcé, elle trouvera de nouvelles forces pour achever sa pénible et glorieuse carrière.

Heureux de seconder au milieu de vous ses intentions bienfaisantes, je ferai tous mes efforts pour répondre à la confiance dont elle m'a investie, en propageant ses principes avec toute l'énergie d'un Républicain armé de la Toute-puissance Nationale, pour faire choisir *la* JUSTICE *et fonder la* LIBERTÉ. Malheur à qui opposera de la résistance à ses décrets salutaires ! Malheur à qui tenteroit *(p. 14)* avec dessein d'opposer des préjugés proscrits à la volonté Nationale, et qui auroit trouvé dans le retour des Français aux principes, une réaction favorable à ses combinaisons perfides et à ses intentions criminelles.

Je vais passer maintenant à quelques réflexions sur ce qui a eu lieu dans votre Département.

La Haute-Loire a donné de grandes preuves de son attachement aux principes Républicains. Comment se fait-il que les Lauriers cueillis par les enfans n'ayent pas préservé de la foudre les pères et les mères de famille ? Pourquoi, lorsque l'on étoit parfaitement tranquille sur la conduite de ce Département, pourquoi, lorsque ses phalanges ont renversé le Royalisme dans la Lozère et dans Rhône et Loire, a-t-il été traité en pays rebelle ? S'est il manifesté dans son sein des mouvemens qui fussent capables d'alarmer les bons citoyens ? A-t-il fallu employer contre lui les forces Nationales ? Non, ce sont ses propres habitans qui se sont déchirés entre eux ; c'est l'audace de quelques-uns et la faiblesse du plus grand nombre des Patriotes qui ont ouvert toutes les portes à la Tyrannie.

Les Apotres zélés du Terrorisme, s'ils ne sont pas des perfides qui vouloient ramener le des(p. 15)potisme par l'anarchie, sont au moins des insensés qui puisoient leurs fureurs dans un cœur corrompu et dans une âme vénale : celui-là ne peut être vrai Républicain, un ami sincère de son pays, qui fait un mal inutile, qui triomphe au milieu des souffrances de l'humanité dont il se rend l'aveugle et le vil fauteur.

Je connois quels ont été parmi vous, les commencemens, les progrès et le comble de la terreur ; je connois, et ne puis m'en taire, avec quelle légèreté les citoyens ont été entassés dans les Maisons d'arrêt (1), avec quelle inhumanité certains individus chargés de veiller à leur garde, ont insulté au malheur. Portez vos regards en arrière, et que ce soit pour la dernière fois : voyez l'abîme que vous creusoit votre imprévoyance, et que le passé vous serve donc à jamais de leçon ; calculez combien la LIBERTÉ publique est compromise, lorsque celle des individus est foulée aux pieds.

(*p 16*) Que veulent dire ces listes de proscriptions, sans signature, et sans motifs, avec lesquels on arrachoit impunément les citoyens à leurs foyers ? Que signifient ces dénonciations où l'on accusoit d'intelligence avec les malveillans, des particuliers qu'on déclaroit en même temps *incapables d'avoir apperçu les principaux événemens de la Révolution ?* et celle où l'on établissoit *qu'une probité rare n'est pas une preuve de civisme ?* Jetter ses semblables dans les cachots sur de pareils motifs, et sur d'autres plus foibles encore, n'étoit ce pas préparer de gaîté de cœur des victimes au Tyran ? n'étoit ce pas s'exposer, se livrer soi-même à sa hache meurtrière (2) ?

Lorsque la JUSTICE et les hommes sont avilis à ce point, à quels excès ne peuvent pas se porter les partisans du désordre, les ennemis des principes et des mœurs ? Quelles sont les autorités constituées qu'ils

(1) J'ai trouvé dans les prisons du Tribunal criminel, des Bergers et un très-grand nombre d'hommes, de femmes et de filles de campagne d'une ignorance crasse et dans la plus affreuse misère, incarcérés depuis très long-temps, la plupart pour des propos fanatiques.

(2) Les incarcérations étaient faites avec tant de confusion que le Comité de surveillance du Puy, après la loi du 18 Thermidor a été obligé de demander à quelques détenus, depuis quand, et pourquoi, ils y étaient.

ne feront point plier sous le joug de leurs passions brutales et effré(*p 17*)nées, celles de cette Commune et de ce Departement, je le dis à regret, n'ont pas été exemptes de cette foiblesse. Ce n'est pas sans douleur que j'ai appris que pendant *huit mois entiers* l'instrument de la mort avoit affligé dans cette Cité (1) la vue des Républicains ; que des femmes dont la foiblesse doit toujours être respectée, avoient été expo-sées aux ignominies les plus atroces, et que ces scènes dégoûtantes n'avoient point été arrêtées par la présence même des Magistrats du Peuple : sommes-nous donc des Cannibales ou des Français régénérés ?

Des mesures, j'en conviens, devoient être prises pour assurer la tranquillité compromise par les regrets et l'inquiétude de la superstition, par quelques prêtres factieux et des Religieuses imbéciles ; mais astreindre sous peine d'amende ou de reclusion, des filles qui ne tenoient à aucune corporation, des mères de famille, à un serment qu'aucune loi, qu'aucune vue politique (*p. 18*) ne rendoient nécessaire de leur part (2) ; *mais couvrir de boue* la figure humaine, c'est violer tous les droits, c'est établir la domination des hommes exaspérés, qui transforment tout en crime pour ne vivre que de vexations et de cruautés. Enfin, c'est renverser toutes les règles de la nature et de la so-ciété, et si les maisons ont été incendiées (3), si le brigandage a étendu ses ravages jusques sur la chau-

(1) J'ai appris que des femmes de campagne, pour avoir été trouvées un peu mieux ajustées un jour de Dimanche, avoient été enfermées sous l'*Echafaud* de la *Guillotine*.

(2) Dans la commune de Vélonne, ci-devant Saint-Paulien, la Municipalité a pris un Arrêté portant que toutes les filles et femmes mariées ou non, seraient tenues de prêter le serment sous peine d'amende ou de réclusion. *Cet arrêté a été exécuté.*

(3) Ces faits ont eu lieu dans les cantons de Rozières, district du Puy, et près de Grazac, district de Monistrol.

mière du pauvre, et si les routes ont été rougies du sang des prévenus que la JUSTICE tenoit sous sa main (1), quel exemple veut-on (*p. 19*) de plus pour prouver à quel point sont blamables les Fonctionnaires qui n'ont point opposé une digue à ces débordemens : heureux s'ils n'ont pas souvent flâté le vice, et n'ont pas été ses principaux instigateurs ! Vous avez vu où nous avoient conduits tant d'excès ; ils se commettoient sous vos yeux, et dans votre stupeur, vous en étiez complices par un lâche silence, ou par une inaction condamnable.

Revenons, Citoyens, à des idées plus saines, voyons la LIBERTÉ et L'EGALITÉ des yeux de la philantropie. Que la Haute Loire ne ternisse plus les actions éclatantes qui lui assurent une des premières places dans les fastes de la République ; profitons de nos erreurs mutuelles pour ne plus nous laisser surprendre. Je reconnois dans la masse des habitans de ce Département, un patriotisme mille fois éprouvé, et une parfaite soumission aux Lois et aux Autorités constituées. Mais je suis chaque jour plus révolté de voir combien le vendalisme et l'esprit de vertige avoient égarés votre bonne foi, et vous avoient éloignés du véritable sentier. Je (*p. 20*) seconderai de tout mon pouvoir les efforts que vous avez déjà faits pour y rentrer.

S'il existe dans les corps constitués et dans ceux qui dirigent la force armée, de ces hommes qui repoustoient l'humanité, qui se faisoient un patrimoine de la

(1) Dans le courant de l'année dernière, les nommés Aulagnier, ex-procureur de la commune d'Issingeaux ; Perbet, exprêtre, et Montagnac, tailleur d'habits, furent assassinés lors de leur translation avec d'autres détenus, de Mont-franc au Puy. Ils étaient conduits par un détachement de Gardes Nationaux du Puy et d'Issingeaux, qui s'empresseront, sans doute, à désigner les vrais coupables.

Révolution, et qui seroient les serviteurs les plus soumis de la Tyrannie si elle existoit encore, je saurai les connoître ; je saurai aussi ce que sont devenues les taxes révolutionnaires, et les amendes arbitraires. *Je ne souffrirai pas que des Juges de Paix ayent été impunément les ministres de la guerre intestine* (1).

Mais que le patriote qui ne fut emporté que par son trop de zèle, s'il est d'un cœur droit et désintéressé, ne perde rien de notre estime ; la Convention n'en veut, vous ne devez en vouloir qu'à l'immoralité bien caractérisée : ne jettez vos vues que sur les constans amis du Peuple, qui furent en tout tems l'appui de leurs concitoyens opprimés ; qui se prononcèrent dès le commencement de la Révolution, et qui restèrent toujours dans la ligne des vrais principes.

Je serai circonspect à entendre ceux qui *(p. 21)* eurent à se plaindre de trop de rigueur ; je le serai encore plus à l'égard de ceux qui ne furent pas exempts de reproches, et que les mesures de sûreté générale durent nécessairement atteindre ; si la Nation triomphante les a rendus à la liberté, c'est pour donner un exemple de sa générosité ; mais qu'on ne pense pas qu'elle soit tentée de donner de nouvelles armes aux préjugés nobiliaires, ou superstitieux ; si d'une main elle soulève les baïonètes que des furieux capables de tout perdre, dirigeoient contre les opinions, de l'autre, elle tient avec fermeté le sceptre de la Justice, avec lequel elle saura réprimer toutes les entreprises, tous les écarts qui sembleroient appeler le retour des principes destructeurs du gouvernement libre et démocratique.

Citoyens, réunissez-vous à moi, soyez avides du bon ordre et du repos, et nous y parviendrons :

(1) On m'a assuré qu'il s'est commis dans le canton de Rozières une infinité de vexations.

sachons éviter tous les écueils, les chants trompeurs
des Sirènes, les chiens et les loups dévorans de Caribde
et de Scylla : c'est ainsi q ie nous conduirons enfin à
bon port le vaisseau de la République.

Rétablissons partout l'empire de la Fraternité, qui
excuse et qui pardonne ; de l'Egalité qui *(p. 22)*
agrandit l'âme, en rendant à l'homme sa dignité ; de la
Liberté qui procure aux citoyens paisibles la sûreté
de leurs personnes, et de leurs propriétés, et à l'Etat
sa gloire et sa puissance.

Vive la République.

N. B. — L'impression de ce discours et l'envoi à toutes les
communes du département a été demandé à l'unanimité par
l'Assemblée générale et par la municipalité du Puy.

Au Puy, de l'imprimerie de J.-B. Lacombe et Compagnie
pet. broc. in 8°, de 22 p.

Le rôle que le représentant Pierret voulait
remplir, ressort clairement de ce discours :
protection aux faibles, guerre implacable aux
méchants, justice à tous, tel est le but qu'il se
propose. Il veut l'atteindre non par l'épouvante
et la terreur, mais en tendant à l'opprimé une
main secourable, en consolant la vertu trop
longtemps persécutée, en déployant la sévérité
des lois contre les hommes de sang(1), les dila-

(1) Les registres des délibérations du Directoire, ceux des
délibérations de la municipalité fournissent plusieurs exemples
de cet intervention de Pierret, notamment les séances de pluviôse et ventôse an III. Ainsi, il fait restituer à des habitants de

pidateurs de la fortune publique, contre ceux qui abusant des principes d'équité auraient pu « concevoir quelques espérances de retour au despotisme ». Ce programme et ce langage surprirent et inquiétèrent les terroristes. Leur chef, Solon Reynaud, se voyant démasqué et nettement accusé, répondait à ce discours. Il entreprit de se disculper en rejetant fautes et exactions sur ses collègues et ses prédécesseurs. C'était plus qu'un aveu, c'était aussi une réprobation. Les terroristes ne cessèrent de poursuivre Pierret de leurs attaques, même après son départ. Ils justifiaient ainsi sa conduite et les mesures qu'il prit contre eux.

Mais ce discours devait aussi réconforter les patriotes sincères, rendre confiance à ces hommes de bien qui, « étonnés, frappés de terreur, désespérant d'être utiles à leur pays, s'enveloppaient dans leurs vertus, et n'attendaient plus que l'ordre de livrer leur tête à l'échafaud ». Pour la première fois, un représentant du peuple faisait entendre des paroles de justice et de paix (1). Il ne venait pas pour dé-

la ville des objets qui leur avaient été enlevés arbitrairement lors de visites domiciliaires. D'un autre côté, il destitue des canonniers parmi ceux qu'il démasquait et flétrissait dans son discours lors du renouvellement des autorités.

(1) Le représentant Faure, dans une lettre aux administrateurs du Puy, en date du 30 mai 1793, écrivait : « Il est bon que je vous dise que le mot anarchiste est synonyme de patriote, de républicain, et celui d'ami de l'ordre et de paix et des loix est synonyme de contrerévolutionnaire. » Archives départementales, registre B 7.

truire, mais pour changer, si le salut public l'exigeait, et mettre tout à sa place. Pierret, par ce discours et les faits qu'il invoque, prouvait encore qu'il avait une juste conscience de l'état des esprits dans la ville et le département, qu'il n'ignorait rien du passé politique des citoyens qui l'écoutaient ni des exactions dont ils avaient été les témoins irresponsables, dont la plupart même avaient souffert. Toutefois, la modération qu'il affirmait, n'était pas synonyme de faiblesse ou de tiédeur ; comme dans sa proclamation, il ne faisait aucune concession, aucunes avances aux factieux royalistes. Il les confondait dans une réprobation commune avec les terroristes : « Malheur, disait-il, à qui opposera de la résistance à ces décrets salutaires ! Malheur à qui tenterait avec dessein d'opposer des préjugés proscrits à la volonté nationale et qui aurait trouvé dans le retour des Français aux principes, une réaction favorable à ses combinaisons perfides et à ses intentions criminelles ! »

Des paroles, le représentant Pierret passait bientôt aux actes.

Dix jours après cette assemblée générale des citoyens de la commune du Puy, le 10 pluviôse an III (29 janvier 1795), il procédait au renouvellement des autorités constituées. Dans une nouvelle assemblée, il prononçait un second discours (1) et soumettait le résultat de ses opérations aux citoyens. « Si je me suis trompé,

(1) Voir ce discours première partie, page 27.

empressez-vous de me le faire connaître. Ne me laissez pas commettre d'injustice, elle retomberoit sur vous et je n'aurois que le regret d'avoir été l'instrument avec lequel on auroit opéré la perte d'un seul citoyen (1). » Pierret ne voulait pas, comme Solon Reynaud, imposer des administrateurs aux citoyens, il voulait le gouvernement du peuple par la volonté du peuple. Il l'appelait à désigner lui-même ceux qui lui paraissaient dignes, par leur probité et par leurs vertus civiques, d'occuper les charges judiciaires ou administratives.

Dans toutes les réformes qu'il entreprend, s'accuse sans cesse avec plus de force l'opposition entre deux politiques, entre Solon Reynaud et Pierret (2). Reynaud avait installé la guillotine en permanence sur la place du Martouret (alors place de la Liberté), pour familiariser les citoyens avec les idées de sang et de destruction ; la guillotine était l'emblème du régime de la Terreur cher aux Montagnards. Pierret, aux sentiments sanguinaires de son prédécesseur, répond par des sentiments d'humanité. Le 15 pluviôse (3 février), il publie

(1) Cf. première partie, page 33.

(2) Autour de Solon Reynaud et de Pierret on pourrait grouper les événements les plus importants de la Révolution dans notre département et caractériser les principales phases de cette époque. Ils représentent, en effet, deux conceptions politiques absolument opposées dans l'action. Une étude comparative sur ces deux représentants mériterait de tenter quelque historien local ou quelque universitaire désireux d'emprunter à notre histoire un sujet de thèse pour le doctorat.

l'arrêté suivant « relatif à l'appareil des exécutions à mort » (1) :

Au nom de la République Française, le Représentant du Peuple, pour le département de la Haute-Loire,

Considérant que si la peine de mort a été jugée nécessaire dans certains cas, pour le maintien de l'ordre public, il n'en est pas moins affligeant pour l'humanité que la société soit obligée d'exercer un acte de sévérité qui intervertit le cours de la nature ;

Considérant que sur-tout sous le régime républicain, le jour où un citoyen termine sa vie sur l'écha·faud, doit être un jour de deuil, puisqu'il rappelle des infractions graves faites à la volonté nationale et des attentats commis contre la sûreté du Peuple ;

Considérant que l'appareil des exécutions doit rappeler autant qu'il est possible, les citoyens aux grands principes de la morale, par le juste effroi des méchans et la sécurité de ceux qui se conforment aux lois ;

Que le *terrorisme* avoit produit un effet tout contraire, et que les habitans de ce Département n'avoient été que trop long-temps familiarisés, par l'effet d'une *guillotine* permanente, avec des idées de sang et de destruction, toujours nuisibles à l'établissement de la confiance qui doit unir des républicains ;

Considérant enfin que le Représentant du Peuple Jean de Brie, mon collègue, délégué dans les départemens de la Drome, Vaucluse, et l'Ardèche, a pris un Arrêté pour que les boutiques soient fermées au moment de l'exécution à mort, et que cet arrêté a été approuvé par la Convention Nationale, qui en a ordonné la mention honorable et l'insertion au bulletin,

(1) Archives départementales, série L.

Arrête ce qui suit :

1° Les dispositions de l'Arrêté du Représentant Jean de Brie, ci dessus rapportées, sont rendues communes à ce Département : en conséquence les boutiques seront fermées au moment des exécutions à mort.

2° Le condamné sera conduit à la mort avec les précautions de sûreté, sans tambour ni instrument de musique ; et en conservant à l'accusé tout ce que l'humanité souffrante exige.

3° Immédiatement après les exécutions à mort, la machine à décoler et son échafaud seront enlevés à la diligence du Commissaire National.

4° L'Accusateur public près le Tribunal Criminel de ce Département, est chargé de tenir la main à l'exécution du présent Arrêté, de le faire imprimer, publier et afficher aux lieux accoutumés, et par tout où besoin sera.

Pour copie conforme,

Signé PIERRET, Représentant du peuple.

Au Puy, de l'imprimerie de J.-B. Lacombe et Compagnie.

Après un voyage à Velaune (Saint-Paulien), à Brioude où il change l'administration du District (1), à Paulhaguet et à Craponne, Pierret revient au Puy et, le 18 ventôse an III, publie l'arrêté suivant qui réorganisait la municipalité de la ville, en fonctions depuis le 20 frimaire an II :

(1) Cf. plus loin page 228, arrêté pris par Pierret au sujet de la réorganisation des autorités du District de Brioude.

Liberté

Egalité

République française

Au Puy le 18 ventôse an III de la République française.

Le Représentant du Peuple en mission dans le département de la Haute-Loire,

Considérant que le maire de la commune du Puy. ensemble quelques autres officiers municipaux de cette commune ont donné leurs démissions, que d'autres sont décédés, qu'il y a par là nécessité de procéder à la réorganisation du Conseil général de cette commune, en conséquence arrête qu'il sera composé des citoyens qui suivent :

Le citoyen SOUTEYRAN, ex-juge de paix, *maire*.

Officiers municipaux

Les citoyens Augustin Morel, marchand ; Maurin premier, marchand ; Hedde fils, négociant ; Vacberon premier, membre du bureau des subsistances ; Baptiste Pons, Caslanet premier, Bellidentis de Bains, Laussac fils, Ribeyron, Berjat, aubergiste ; Dessaignes premier.

Membres du Conseil général

Dugonne second, Bouchet fils premier ; Sollier, officier de santé ; Lhéritier, orphèvre ; Roussel, notaire ; Eyraud premier, Chappuis père, Gardès, officier de santé ; Alphonse Aulanhier, Reymond, ex avoué ; Reymond, de Fay ; Beral, Ballard, Beaumont, Lavialle premier, Vallat fils premier, Liogier de la poste,

Charre, marchand ; Brunel, rue des Farges ; Henry Reymond, Marie père, boulanger ; Augustin Bon, oncle, Morgues père, Teyssonnier, marchand grenetier.

Agent national

Le citoyen MARTIN, homme de loi ; le citoyen Descours second, substitut de l'agent national.

Les anciens officiers municipaux rendront les comptes auxquels il sont tenus aux nouveaux officiers municipaux dans le délay de deux mois à compter de ce jour.

La nouvelle municipalité ainsi organisée sera installée dans ses fonctions le vingt-un du présent mois sur les dix heures du matin.

Charge spécialement l'agent national du district du Puy de la dite installation. En conséquence, il demeure autorisé à faire les convocations nécessaires et à prévenir la municipalité, actuellement en fonctions, de la dite installation.

En cas de démission ou autrement de la part de quelques officiers municipaux, les membres composant le Conseil général seront appellés à les remplacer suivant l'ordre de leur inscription.

Signé : PIERRET.

Conformément à cet arrêté, la nouvelle municipalité désignée par Pierret fut installée le 21 ventôse, an III.

Aujourd'huy vingt-unième ventôse, l'an trois de l'Ere républicaine heure de dix avant midy, le Conseil général révolutionnaire de la commune du Puy, chef-lieu du département de la Haute-Loire, assemblé à la maison commune ensuite de la convocation faite en sa forme et manière accoutumée à l'effet d'estre remplacé par la nouvelle municipalité et notables choisis par le citoyen Pierret, représentant du Peuple en mission dans ce département par son arretté du 18 du courant, où étoient présents les citoyens Mathieu Bertrand, maire, Laussac, Chambon, Ribeyron, Filhiol, Barre, Milz, Baptiste Pons, Berlioux, Entier et Tisson, officiers municipaux ; Eyraud, agent national ; Descours, substitut ; Billoer, Fidèle Fabre, Reynaud, Dagier, Lavialle, André Roux, Liogier, Rome, Masclet, Pellissier, Lepage, Rival, Baudier Etienne, notables ; les autres absents quoique duement invités.

La séance est ouverte en la manière accoutumée.

L'assemblée ainsi formée, le citoyen Borne, agent national du district, chargé par le citoyen Pierret d'installer la nouvelle municipalité et conseil de la commune, étant entré et ayant pris place à côté du citoyen Bertrand, maire, a fait lecture du susdit arrêté.

Après cette lecture, il a requis le serement individuel de tous les membres composant ladite municipalité et conseil de la commune, de remplir avec exactitude les fonctions qui leur sont confiées, de maintenir de tout leur pouvoir la Liberté, l'Egalité et la République, une indivisible et démocratique, ou de mourir en les défendant, lequel serement a été pretté par chaqu'un d'eux.

Ledit serement pretté, le citoyen Borne a prononcé un discours plein d'energie et qui a mérité les plus vifs applaudissements, dans lequel il a montré aux magistrats nouvellement ellus, leur devoir envers le peuple ; et au peuple ses devoirs envers les magistrats.

De son côté, le citoyen Bertrand, maire, a pris la

parole pour justiffier la municipalité et le conseil de la commune sortant de leurs fonctions, de certains reproches que le public leur a fait au sujet de leur adminis·tration et en particulier des subsistances, et il a pleinement satisfait l'assemblée à cet égard.

Après cella, les citoyens officiers municipaux et membres du conseil de la commune sortant de charge, se sont dépouillés de l'écharpe et en ont investy les nouveaux membres avec l'accolade fraternelle.

Les citoyens Souteyran, nouveau maire, Ribeyron, officier municipal, et Martin, agent national, nouveaux ellus, ont aussi chaqu'un prononcé un petit discours analogue à la circonstance.

Après quoy il a été arretté par le nouveau conseil de rendre au citoyen Pierret, Représentant du peuple français, le premier hommage de leur installation par une visite qui seroit faitte à l'instant par tous les membres du Conseil. Ce qui a été exécuté.

De tout quoy a été dressé le présent procès verbal qui a été signé par ledit citoyen Borne, agent national du district, les membres de la municipalité et conseil général nouvellement élus et le secrétaire greffier, les anciens membres de la municipalité et conseil général s'étant retirés (1).

La municipalité que Pierrret remplaçait avait été désignée par Solon Reynaud. Pendant quinze mois consécutifs elle avait occupé l'hôtel de ville. Les circonstances qui avaient présidé à sa nomination expliquent la mesure prise par Pierret; elles prouvent aussi combien différaient les méthodes des deux représentants, du farouche montagnard Reynaud et du « brissotin » Pierret.

(1) Registre des Délibérations de la municipalité, D, 31 2e.

A la suite d'une manifestation en l'honneur
de Marat et de Le Peletier, qui avait laissé in-
différente la municipalité, alors que des dames
de la ville s'étaient offertes, au passage du
cortège, à porter les bustes de ces « héros de la
Liberté », Solon Reynaud prenait contre les
administrateurs de la ville, le 19 frimaire an II
(10 décembre 1793), un arrêté dont nous voulons
retenir particulièrement les considérants, car
ils nous montrent comment Solon Reynaud
exerçait ses fonctions et quel sentiment tyrannique inspirait ses décisions et ses actes.

Le Représentant du peuple français envoyé par la
Convention nationale dans les départemens de la
Haute-Loire, de la Lozère et autres,

Moins navré par la douleur de se voir forcé de destituer des magistrats du peuple qui avoient été élevés
à cette dignité par la confiance, que des espérances flat-
teuses avoient déterminée; il eut peut-être moins tardé
à remplir ce devoir pénible qui lui avoit été prescrit.

En vain il a calculé les moyens de concilier l'indulgence avec les intérêts de la nation, une voix respectable et terrible à la fois s'est fait entendre : Frappe,
a-t-elle dit, celui qui a oublié la cause du peuple, qui
a cessé d'être l'ami du peuple et qui enfin a détesté
l'ami du peuple.

La municipalité du Puy se trouve dans ce cas; les
cendres des héros de la Liberté renaissant par les efforts du patriotisme, furent méprisées par des officiers municipaux. L'invitation d'une société populaire
ne fit qu'augmenter la tiédeur que de tous temps ils
avoient ressenti pour les Marat et Les Pelettier. Etait-
ce honte à l'aspect des vertus qu'ils avoient naguères
calomniées ? Etoit-ce le regret de ne leur avoir rendu
le tribut d'un sincère hommage dans la personne de

ces deux martyrs de la Révolution? Certes, cette indifférence fut remarquée par les contrées les plus reculées de la République, et le Temps, pressé d'indignation, l'a burinée sur le bronze en caractères profonds. O Marat! ô Pelletier! Consolez-vous si des magistrats ont voulu méconnoître vos vertus, s'ils ont dédaigné les services que vous avez rendus à la République, vous avez des amis encore dans les murs de cette ville. S'ils sont peu nombreux, ils sont au moins fidèles à vos principes et reconnaissants de vos bienfaits. Oui, il en est qui ont marché sur vos traces et la mort seroit pour eux ce qu'elle fut pour vous. Enfin, le flambeau de la philosophie les conduisoit dans le chemin de la Gloire Eternelle qu'ils désirent acquérir en marchant sur vos traces. Comme vous, ils haïssent les ennemis de la Liberté, mais si comme vous, ils ne les peuvent combattre par des forces morales, ils les vaincront au moins par des forces phisiques. Vous avez maintenu la liberté pour le bonheur de la nation, et pour elle vous avez répandu votre sang. Comptez sur la reconnaissance des citoyens qui ont sceu apprécier vos travaux et vos intentions.

Considérant donc que le mépris manifesté dans la circonstance de l'inauguration du tableau de l'immortel Marat et du buste des Rousseau et Le Pelletier, étoit une insulte manifeste envers toute la République; lequel sentiment étoit cependant dans certains membres plutôt le résultat de l'ignorance que de la méchanceté, et néantmoins l'opinion publique réclamant sa justice et sévérité contre certains autres griefs qui tenoient encore plus à l'insouciance qu'à la méchanceté.

L'intérêt public exige que des citoyens se conduisent dans leurs fonctions avec zèle, tout comme avec civisme, ce qui a constamment manqué dans la municipalité de la commune du Puy (1).

(1) Registre des Délibérations de la municipalité, D 31 2·.

Ce langage contraste singulièrement avec ce lui de Pierret. Reynaud ajoutait dans son arrêté : « les citoyens désignés pour remplacer le Conseil général de la commune ne pourront *sous aucun prétexte* en refuser les fonctions honorables ou *ils seront regardés comme suspects et indignes du titre de citoyen.*» Reynaud choisit lui-même ses créatures, et leur impose des fonctions ; Pierret réunit le peuple, fait appel au concours des citoyens pour les désigner. Pierret eut encore entendu les protestations énergiques que les administrateurs destitués adressaient au représentant du Peuple ; Solon Reynaud fit la sourde oreille et n'en tint aucun compte. Ils se justifiaient cependant des accusations portées contre eux.

Représentant, écrivaient-ils à Solon Reynaud,

C'est avec autant de surprise que de douleur que nous venons de voir dans ton arrêté, concernant le renouvellement de la municipalité, les reproches dont tu flétris aux yeux de la Convention et de la nation entière de braves et de fiers républicains qui ont la conscience d'avoir fait leur devoir.

Comment, toi, Représentant, par conséquent homme juste et sans prévention, tu nous reproches de n'être pas les amis du peuple ! Tu nous accuses d'indifférence pour les vertus républicaines ; tu nous imputes d'avoir manifesté notre mépris et notre haine contre les ardents défenseurs de la République ; et tu te vois forcé de venger, au nom de la Loi, la nation offensée ! Qu'aurais-tu dit de plus contre les monstres qui l'ont trahie, et quel sujet penses-tu avoir d'inculper aussi grièvement des magistrats qui depuis une année qu'ils sont en place, ont sçeu maintenir au milieu des orages, la paix, l'harmonie, l'union, la tranquilité, la liberté, l'égalité, l'unité et l'Indivisibilité de la République ? Nous ignorons quels sont nos accusateurs auprès de toi ; mais qu'ils se montrent et nous sommes assurés de les confondre, ou plutôt nous invoquons l'opinion publique : elle ne se trompe jamais. Consulte-la et tu nous rendras ton estime. Nous ne regrettons pas nos places, nous n'y tenons que par le bien que nous pouvions y faire ; mais nous tenons à l'honneur qui fait la seule et la vraie richesse des républicains, prends en considération les élans de douleur des âmes sensibles. »

La décision prise par Pierret, le 18 ventôse, de remplacer cette municipalité choisie par Reynaud était la conséquence à la fois des événements qui se déroulaient à Paris et des événements locaux dont la ville était le théâtre.

Des administrateurs imposés au peuple parce que fervents maratistes ne pouvaient logiquement rester en fonctions au moment où le culte de Marat était honni en France, où dans les rues et les maisons on brisait les bustes de l'Ami du Peuple; au moment encore où la Convention faisait fermer les clubs maratistes et où elle publiait son décret ordonnant que le corps de Marat serait enlevé du Panthéon (1). Pierret avait compris que pour collaborer à son œuvre

(2) L'opinion ne s'est guère modifiée sur le compte de Marat. Il y a une quinzaine d'années, une statue de Marat, œuvre du sculpteur Baffier, avait été placée à Paris sur l'une des Pelouses du square Montsouris ; elle y resta peu de temps : la réprobation publique obligea la municipalité à la faire disparaître. Elle fut un beau soir clandestinement placée aux Buttes-Chaumont dans une pelouse, sans aucune inauguration. De nos jours, en juin 1907, un Comité s'est constitué pour ériger un monument

politique, pour ramener la confiance et l'espoir,
il fallait des hommes nouveaux qui n'eussent
joué aucun rôle actif pendant la période de la
Terreur. Il suivait encore les conseils que lui
donnait le citoyen Alphonse Aulagnier, désigné
par le Peuple pour donner à Pierret les renseignements nécessaires à ses opérations, quand il
lui écrivait à Brioude : « Des demi-mesures
nous laisseraient dans une fluctuation de crainte
et d'espérance qui pourroit enfin ammener une
explosion dangereuse. Venez achever de consolider votre ouvrage(1). » Les citoyens de la Ville
du Puy se plaignaient d'ailleurs déjà de l'Administration municipale et blâmaient son incurie
dans l'approvisionnement de la commune. Au
mobile politique se joignait ainsi une question
d'intérêt local.

Un mois auparavant, à Brioude, les mêmes
raisons avaient poussé Pierret à destituer et à
remplacer les autorités de ce district. A Brioude
comme au Puy, le Représentant du Peuple
poursuivait le même but et appliquait la même
politique. Il avait compris que le département
était un « de ceux où le vrai civisme avait été
étouffé avec le plus d'audace par cette espèce
d'hommes ignares et impudens qui ne furent
jamais connus que par leur inconduite » (2). Il

en l'honneur de Marat. Sera-t-il plus heureux et parviendra-t-
il à triompher de cette réprobation ? Au Puy, la Société populaire avait donné le nom de *Marat* à la rue Saint-Jacques.

(1) Lettre d'Alphonse Aulagnier au citoyen Pierret du 24 pluviôse an III, première partie, page 46.

(2) Cf. première partie, page 31.

ne voulait plus à la tête de l'Administration des hommes « aussi audacieux qu'immoraux » qui avaient fondé « une sous-tyrannie locale se rattachant à celle du dernier tyran », ou qui « ramassaient les restes impurs du Terrorisme et s'associaient aux détestables opérations de leurs prédécesseurs ». Les considérants qui motivaient son arrêté du 27 pluviôse réorganisant les autorités du district de Brioude (1) s'inspiraient des principes qu'il avait affirmés, des idées de justice et d'humanité, de concorde et de liberté, qu'il avait développées en arrivant dans le département, dans sa Proclamation du 12 nivôse (2), dans son discours du 20 nivôse (3) et dans celui qu'il prononçait le 10 pluviôse, lors du renouvellement des autorités du District du Puy.

Considérant qu'une République ne peut prospérer qu'autant que les fonctionnaires y donnent l'exemple des vertus ; que ceux-là ne sont pas républicains qui calomnient leur pays pour acquérir de l'autorité ou pour la conserver ; qui craignent l'examen de leur conduite et de leurs comptes ; qui s'opposent au succès d'une Révolution qui a substitué la justice et l'humanité aux caprices des tyrans subalternes ;

Considérant que le Peuple du District de Brioude s'est distingué dans toutes les époques de la Révolu-

(1) Cet arrêté de Pierret forme un fascicule imprimé de 12 pages (au Puy, imprimerie J.-B. Lacombe et Compagnie). Nous en devons la communication à l'obligeance de M. Paul Le Blanc, de Brioude.

(2) Cf. plus haut page 126.

(3) Cf. plus haut page 201

tion par un ardent amour pour la Liberté ; que ses
constantes actions parlent hautement en sa faveur, et
cependant qu'un petit nombre d'hommes, aussi audacieux qu'immoraux, est parvenu depuis près de deux
ans à fonder une sous-tyrannie locale qui se rattachait
à celle du dernier tyran ;

Considérant que c'est dans l'obscurité des Comités
et dans la coalition de plusieurs Fonctionnaires avec
les Receveurs comptables qu'il a été préparé une
grande flétrissure contre la commune de Brioude ;
que les ambitieux ont eu l'impudeur de dire que le
patriotisme y étoit en minorité, tandis que l'unanimité de son patriotisme étoit attestée par les récentes
levées en masse des Citoyens contre les rebelles de la
Lozère et de Lyon ; et que par Décret du 21 ventôse
an 2ᵐᵉ, la Convention nationale a décrété que la Commune de Brioude avoit bien mérité de la Patrie ;

Considérant que les mercenaires qui s'étoient mas-
qués de noms célèbres avoient poussé l'impudence
jusqu'à déclarer qu'il n'y avoit dans cette Commune,
au delà des Autorités, que du patriotisme sans lumières, ou des lumières sans patriotisme ;

Considérant qu'ils avoient asservi la Société populaire pour n'y pas trouver une censure importune, et
pour qu'il ne restât aucune barrière à leurs excès ;
qu'ils avoient eux-mêmes limité le nombre et le choix
des Sociétaires, ce qui étoit un attentat à la liberté
publique, et une injure perfide pour tous les autres
habitants de la Commune ; injure qui leur préparoit
le despotisme le plus effréné sur la vie et l'honneur de
tous leurs concitoyens ;

Considérant que plusieurs fonctionnaires publics,
loin d'opposer un courage républicain aux projets dé-
vastateurs dont leur pays étoit menacé, s'avilissoient
au point d'applaudir à tant d'audace, de se livrer eux-
mêmes aux orgies les plus coûteuses avec les comptables qu'ils étoient obligés de surveiller ; que même

la plupart d'entre eux enchaînoient la liberté de leurs opinions à la table de leurs subordonnés ;

Considérant qu'il est résulté de la surprise faite à des autorités constituées, que le vice a pris le gouvernail, que les bons citoyens ont été livrés à toute la barbarie des *hommes de sang*, que les subsistances ont été négligées, que les fonds publics n'ont point servi à leur destination, que les Lois rigoureuses ont été exécutées avec un surcroît de dureté, et que les Lois de bienfaisance sont tombées dans l'oubli ;

Considérant que les Administrateurs ont non-seulement négligé de faire poursuivre un de leurs collègues, prévenu depuis plus de deux ans par eux-mêmes d'infidélités et de dilapidations mais même qu'ils ont souffert qu'il fût conservé parmi eux, et lui ont donné des commissions de confiance ;

Considérant que dans le District le mot sacré de *Liberté* a servi de marche-pied pour parvenir à la tyrannie a un petit nombre d'intrigans inconnus ou méprisés dans les premières années de la Révolution ;

Considérant que l'ancien Comité révolutionnaire a laissé des preuves de son inhumanité en différentes circonstances ; qu'il a refusé à des cultivateurs détenus la consolation d'embrasser leurs enfans au moment de leur départ pour les Frontières ; qu'il a inventé des conspirations, des prisons en même temps qu'on en inventoit à Paris ; qu'il en a pris prétexte de refuser aux détenus la triste consolation de communiquer entre eux, et même le libre usage de l'air ; qu'il a sollicité et obtenu que ses membres apposeroient et lèveroient les scellés sans la présence du Juge de Paix, ce qui est très-suspect ;

Considérant qu'il existe sur les registres des altérations et interlignes faites par des membres de ce Comité après coup, soit pour augmenter le nombre des victimes, soit pour aggraver les notes à charge des

malheureux livrés à leur arbitraire, et dans un cas
particulier pour atténuer les notes pour favoriser un
de leurs partisans, et lui procurer une place dans laquelle il pût servir leurs projets ; qu'ils se sont rendus
dispensateurs de tous les emplois ;

Considérant que depuis le 9 Thermidor ce Comité
a redoublé d'activité pour provoquer la Guillotine sur
la tête d'un grand nombre de citoyens en les annonçant
aux Autorités supérieures, non comme des *Accusés*,
mais comme des *Convaincus*, mandiant à cet effet une
approbation et prompte expédition ; que pour donner
le change à des Citoyens, et les laisser dans une mor-
telle sécurité, il a souvent délivré, en vertu de la Loi,
extrait de motifs légers aux individus, tandis qu'il ar-
rangeoit dans l'ombre, des motifs affreux qu'il envoyoit à leur insu, au Comité de Sûreté générale ;
qu'il a cherché à intimider la Commune dans ses
vues de justice et d'humanité ;

Considérant que tant que les lâches oppresseurs du
Comité, que plusieurs autres membres des Autorités,
ont fait tous leurs efforts pour empêcher l'envoi d'un
Représentant qui pût porter dans le Département l'esprit de justice et d'humanité de la Convention ; voir
de près leurs opérations et les démasquer ; qu'ils ont
employé la terreur pour contrarier une adresse de
félicitations sur la clôture des Jacobins, et plusieurs
autres non moins patriotiques ; que ne pouvant empêcher ces Adresses, ils ont refusé de les signer ; qu'ils
ont comprimé les élans du Peuple dans les tribunes,
lorsqu'il étoit question d'Humanité et de Justice, ou
d'applaudir aux vues de la Convention ; qu'ils n'ont
cessé de provoquer dans la Société des persécutions
contre les utiles cultivateurs de Brioude et de la
campagne ; qu'ils ont provoqué la disette en parlant
sans cesse de subsistances, et ne prenant pas les moyens
de les faire aboutir ; qu'ils ont provoqué un Décret qui
portât la peine de mort contre ceux qui vendoient ou

achetoient au delà de la taxe ; qu'ils n'ont cessé d'agiter, dans les cafés qu'ils fréquentent, en élevant des doutes sur les opérations de la Convention, et sur l'utilité d'un Représentant dans le Département ; qu'ils ont occasionné des scènes scandaleuses dans la Société, et blâmé des Adresses de la Commune qui sont dans le cœur de tous les bons citoyens ;

Considérant que le nouveau Comité révolutionnaire, loin de profiter des heureuses circonstances où il s'est trouvé, a cherché à jeter de la défaveur sur les opérations du Comité de Sûreté générale ; qu'il n'a point combattu le *Terrorisme* ; qu'il a semblé vouloir au contraire en ramasser les restes impurs et s'associer, pour ainsi dire, aux détestables opérations de ses prédécesseurs ;

Considérant que les moyens de rappeler le bonheur et la tranquillité, sont, premièrement, de signaler au Peuple ses vrais ennemis ; ceux qui ont fait valoir un faux patriotisme aux dépens du patriotisme réel de leurs concitoyens, afin de les opprimer impunément ; ceux qui ont préféré leur ambition à la tranquillité de leur pays ; ceux qui ne trouvent de bonheur que dans les maux d'autrui ; ceux qui ont dilapidé la fortune publique ; ceux qui favorisent les dilapidations ; ceux qui ont négligé d'employer en subsistances des fonds que la Loi destinoit à cet usage ; ceux qui ont passé de la pauvreté aux richesses ; ceux qui veulent être républicains sans frugalité, sans vertus, et patriotes sans amour de leur pays, sans humanité et sans justice ; secondement, de lui rendre des Magistrats éclairés et dignes de l'estime publique ;

Considérant enfin que quelques citoyens ne peuvent plus occuper certaines places à cause de leur grand âge, ou de leurs affaires, ou de leur inexpérience ; que ceux ci ne s'appliqueront rien des considérations précédentes, et que le peuple qui voit toujours juste lorsqu'on ne l'égare pas, distinguera ceux-ci des autres auxquels il rendra son ancien mépris (1).

Si les arrêtés de Pierret s'inspiraient de la même doctrine politique, ils provoquaient ce-

(1) A ces considérants Pierret ajoutait les articles suivants qui assuraient la réorganisation des autorités composant le District de Brioude.

Article premier

L'Administration du District de Brioude sera composée des citoyens ci-après nommés :
Labastide aîné, *président.*

Membres du Directoire

Richard, de la Chaise-Dieu ; Allouis premier, de Brioude ; Belmont, de Saint-Ilpize ; Martinon-Saint-Ferréol.

Membres du Conseil-général du District.

Servant-Lafaye, de Langeac ; Verrière, cultivateur, de Vieille Brioude ; Grenier, homme de Loi ; Fournier fils, de Saint-Ilpize ; Léon Lachaud, de Blesle ; Maigne-Barnier, de Brioude ; Bertrand-Labastite, de Lamotte.
Borel aîné, *Agent national.*
Mathieu Belmont, *Secrétaire.*

II.

Tribunal du District

Pierre Dalbine, *président* ; Jean-François Croze-Mombriset, *juge* ; Dupont aîné ; Jean Roux premier ; Pissis-Larochette.
Croze, *commissaire national.*
Allezard, *greffier.*

Suppléans

Gueyffier-Lespinasse ; Bertrand-Labastide, de Lamotte ; Chauchat-Saint-Martin, de Langeac ; Michel Vidal.

pendant des appréciations et des sentiments opposés. A Brioude, son arrêté du 27 pluviôse

III.

Municipalité de Brioude

Beauno, continué *Maire.*

Officiers municipaux

Saturnin ; Biffe, notaire ; Bouquet, cultivateur ; Dejax père ; Belmont, notaire ; Nozerine Maigne ; Martinon-Aubagnat ; Ducros.

Conseil général de la commune

. Maigne aîné, du Postel ; Vernière, *juge de paix* ; Caillié ; Pruneyre, cultivateur Pradal, cultivateur ; Silvestre Tourrette ; Thomas Marchand ; Jean Barreyre, négociant et cultivateur ; Ostalier ; Esbrayas, maître de Poste ; Long ; Vayron ; Pissis fils. officier de santé ; Borel père ; Florat ; Labranche, marchand ; Croze-Neyreneuf, boucher.
Mombriset Monfleury, *Agent national de la commune.*
Caldaguet, *Greffier.*.

IV.

Bureau de Conciliation.

Caillié ; Cousserand ; Bertier père ; Grenier, homme de Loi ; Delorme ; Couguet-Florat.
Maison fils, *Greffier.*

V.

Juge de Paix de la Commune.

Rochette aîné, continué *juge de paix.*
Guillot, *greffier.*

Assesseurs.

Couguet-Floral ; Gueyffier, marchand ; Michel Vidal ; Morin ; Barreyre-Milicien ; Bonnet, marchand, ex-avoué.

réorganisant l'administration du district sou-
levait un enthousiasme général. La Com-

VI.

Juge de Paix du Canton de Brioude.

Jean Vernière, continué *Juge de paix*.
Ravaise fils, *greffier*, aussi continué.

VI *bis.*

Les membres du Tribunal de Commerce sont continués dans
leurs fonctions.

VII.

Comité de Surveillance.

Toutel père, *président*; Beauchamp, d'Auzon ; Baune fils, de
Brioude ; Mathieu, de Brioude ; Richard, organiste de la Chaise-
Dieu ; Bonnet, marchand à Brioude ; Dussuc, fils, de Cer-
zat ; Martin, de Langeac ; Rabany-Beauregard, de Brioude;
Biffe cadet, chapelier de Brioude ; Touchebeuf, de Blesle; La-
porte second.

VIII.

Garde nationale.

Perron, *commandant.*
Borel second, *commandant en second.*
Mombriset-d'Auvernat, *adjudant.*

IX.

Le Receveur du District est et demeure destitué de ses fonctions ; elles seront désormais confiées au citoyen Thomas fils
deuxième, actuellement employé à la Trésorerie nationale à
Paris, lequel sera tenu de se faire recevoir à ladite place dans
le plus bref délai, et jusqu'au moment de sa réception, le citoyen Reyroles, receveur actuel, sera tenu de continuer ladite
recette,

mune de Brioude écrivait à la Convention,
dans une adresse en date du 4 ventôse an III :

X.

Le citoyen Granchier, receveur du droit d'enregistrement du Canton de Brioude, est et demeure pareillement destitué de ses fonctions. L'Agence de l'enregistrement sera tenue de pourvoir à son remplacement dans le plus bref délai; et en attendant, le citoyen Moreau, vérificateur, remplira ou fera remplir les fonctions dudit Receveur.

XI.

Tous les Fonctionnaires publics, autres que les deux destitués par les deux articles précédens, qui se trouvent dans le cas de cesser leurs fonctions en vertu du présent arrêté, sont tenus de les exercer, chacun à leur égard, jusqu'à l'installation de leurs successeurs.

XII.

Tous ceux desdits fonctionnaires publics ainsi destitués, et qui par leurs fonctions sont comptables de la gestion et administration qu'ils ont pu faire des deniers publics, sont tenus de présenter leurs comptes dans le délai d'un mois, aux nouvelles administrations et à leurs successeurs, chacun à leur égard; et ne pourront néanmoins lesdits fonctionnaires publics comptables, sortir de la Commune de Brioude avant l'apurement de leurs comptes, sous peine d'être déclarés suspects et poursuivis comme tels.

XIII.

Les Maires et anciens Officiers municipaux de la Commune de Brioude qui se trouvent confirmés dans leurs fonctions par le présent Arrêté, appelleront dans le plus bref délai, ceux de leurs concitoyens désignés par l'article III pour compléter la Municipalité, afin de recevoir d'eux le serment prescrit par la Loi, et les installer de suite dans leurs fonctions.

XIV.

La Municipalité de Brioude, organisée suivant l'art. précé-

*« Pierret nous a fait en pluviôse une révolution
du 9 Thermidor* (1). » Au Puy, la décision prise
par Pierret de changer la municipalité donnait au contraire naissance à un vif incident
entre le Représentant du Peuple et la Société
populaire.

***

Au sein de cette Société, partisans et adversaires de Reynaud et du régime de la

dent, demeure spécialement chargée du présent Arrêté ; en
conséquence elle est autorisée à faire les convocations nécessaires pour que l'installation de toutes les Autorités constituées,
énoncées au présent Arrêté, ait lieu le premier Ventôse prochain.

XV.

Le présent Arrêté sera imprimé, publié et affiché dans toutes
les communes du District de Brioude ;

Et après la lecture du présent Arrêté dans une assemblée
nombreuse de citoyens de la commune de Brioude, le Peuple,
après avoir applaudi aux nominations qui y sont faites, a ob-
servé, sur la réclamation du citoyen Vauzelles, qui se trouvoit
remplacé dans les fonctions de Commissaire national près le
Tribunal du District de Brioude, que sans doute il ne devoit
être coupable que de quelques erreurs, qu'il demandoit sa conservation ; en conséquence il est arrêté que le citoyen Vauzelles est et demeure conservé dans la place de Commissaire
national près le Tribunal du District de Brioude, et la nomination du citoyen Croze regardée comme non avenue, l'ayant lui-
même demandé, et excité ses concitoyens à la réclamation qui a
été faite.

Fait et arrêté à Brioude, aujourd'hui, vingt-sept pluviôse, an 3
de la République Française, une et indivisible.

Pour copie conforme,
Signé, PIERRET, Représentant du peuple.

(1) Cf. première partie, page 48.

Terreur étaient sans cesse aux prises (1). Déjà, d'ailleurs, la réorganisation par Pierret, le 10 pluviôse an III, des autorités constituées du district du Puy avait soulevé dans cette enceinte des mécontentements, des hostilités contre lui. A son retour de Brioude, rappelé par les agissements des terroristes dans les campagnes, il s'était rendu au siège de la Société et, devant plus de deux cents citoyens, avait répondu aux griefs dont il était l'objet : « Si destituer des hommes qui me sont désignés par des patriotes pour devoir être remplacés ; si l'avoir fait par des citoyens purs, d'une probité et d'un patriotisme qui m'étoient attestés et sur les renseignements les plus certains ; si prêcher partout l'amour de la République, la soumission à ses lois, la justice et l'humanité sont des moyens d'organiser une

(1) La fondation de la Société populaire du Puy remonte au mois de décembre 1793. Elle avait eu comme sœur aînée la Société des Amis de la Constitution, qui avait obtenu son affiliation au club des Jacobins de Paris, le 25 décembre 1790, sous la Constituante, par une lettre signée Mirabeau l'aîné, Foydet, Villars, secrétaire. Sur la Société populaire du Puy, voir *Velay-Revue*, numéros du 11 août 1900 et suivants, « Papiers révolutionnaires », par E. V. (Ernest Vissaguet, sénateur de la Haute-Loire) ; — Albert Boudon, *Les Municipalités du Puy pendant la période révolutionnaire*, tome III, pages 62-65, 116-102 ; — Abbé Péala, *Conférences ecclésiastiques du diocèse du Puy*, pages 123-130 ; — Registre des délibérations et arrêtés des administrations du Directoire du District du Puy, registre A 4 ; — Registres des délibérations de la municipalité D 31¹⁰, fol. 35 ; D 31²⁰, fol. 67, 69, 93, 102 ; D 31³⁰ fol. 88, 95, et Archives municipales, dossier I.

Vendée, je consens à en être l'auteur et le chef. » Bientôt ces paroles allaient être intentionnellement mal interprétées contre Pierret (1). Mais le deuxième conflit, qui éclatait entre lui et la Société populaire, devait être plus grave et avoir des conséquences plus sérieuses.

Avant son départ pour Craponne, le 2 ventôse (20 février), Pierret, dans une réunion de la Société populaire, avait manifesté l'intention de changer la composition du Conseil général de la commune. Les membres de la Société reçurent la mission de lui désigner les citoyens susceptibles de pouvoir participer à la réorganisation de la municipalité. Après son départ, s'éleva une violente discussion. Les uns prirent la défense de la décision de Pierret, les autres s'insurgèrent contre elle, disant que la municipalité n'avait pas cessé de mériter la confiance de la Société. Pierret fut même accusé de parler au Puy un langage différent de celui qu'il tenait à la Convention.

A son retour de Craponne, Pierret, au courant de ces incidents, se rend sur-le-champ au siège de la Société. Prenant la parole, il condamne énergiquement la conduite de ses membres pendant son absence et relève les propos tenus contre lui, à savoir qu'il ne parlait pas ici comme à la Convention. Il blâme encore la Société de n'avoir pas laissé pénétrer comme

(1) Voir première partie, page 165, la réponse de Pierret à la lettre d'un anonyme parue dans le *Journal des Hommes Libres*.

autrefois tous les citoyens dans la salle des réunions. Il refuse d'accepter les noms qui lui sont propo·és pour l'aider dans la réorganisation de la municipalité, annonce qu'il convoque les citoyens en assemblée générale et qu'il ferme la Société populaire jusqu'à nouvel ordre. C'était le 14 ventôse an III (4 mars 1795). Le lendemain, il prenait cet arrêté qui confirmait ses déclarations de la veille au sein de la Société (1) :

Au Puy, le 15 ventôse an III de la République Française une et indivisible.

Au nom de la Républ'que française,

Le représentant du peuple en mission dans le département de la Haute-Loire,

Considérant que des circonstances particulières

(1) Archives municipales, I, 12 ᵇⁱˢ. = Pierret en adressant cet arrêté à la municipalité lui écrivait la lettre suivante :

Le Puy 15 ventôse an III.

Aux citoyens Maire et officiers municipaux de la commune du Puy,

Vous trouverez ci-joint, citoyens, l'expédition d'un arrêté que je viens de prendre pour la suspension des séances de la Société populaire de cette commune et la convocation pour demain d'une assemblée générale du peuple au Temple de la Raison.

Vous voudrez bien vous y conformer pour sa publication et la convocation de l'Assemblée à demain et m'en accuser la réception.

Salut et fraternité,
PIERRET.

ayant donné lieu à une séance assez orageuse dans le
lieu où se réunissent les citoyens en Société populaire ;
— qu'il y a eu une discussion peu réservée à l'occasion
d'une lettre par moi écrite à la Société populaire ; —
que m'étant rendu hier dans le sein, soit dans cette
Société *(sic)*, j'ai cru devoir en suspendre les séances
jusqu'à nouvel ordre.

Considérant aussi qu'il est instant que je fasse part
à tous les citoyens de cette commune, non seulement
de ces mesures, mais encore d'autres objets d'intérêt
public,

Arrête :

Qu'en conséquence de la déclaration faite par moi
hier quatorze du présent mois au lieu des séances où
se réunissent plusieurs citoyens en Société populaire,
il sera fermé jusqu'à nouvel ordre.

Que demain, 16 du présent mois, il y aura une
assemblée générale des citoyens de cette commune, à
dix heures du matin, au temple de la Raison ;

Que les officiers municipaux seront tenus de faire
annoncer sur le champ par l'un d'eux ladite assemblée, de manière que tous les citoyens puissent en être
prévenus,

Charge spécialement la municipalité du Puy de
l'exécution du présent arrêté et de veiller à ce que
l'ordre et la tranquillité publique ne soient pas troublés.

PIERRET.

Deux jours après la publication de cet arrêté,
les citoyens, sur l'invitation de Pierret, s'as-
semblent au Temple de la Raison ; ils recon-
naissent que la municipalité en fonctions doit
être réorganisée et approuvent les noms dési-

gnés par le Représentant du Peuple. Dans la nouvelle assemblée municipale les anciens membres se trouvent en minorité; les nouveaux administrateurs comptent en grande partie parmi des ci-devant reclus. Le jour même de l'installation de la nouvelle municipalité (21 ventôse-11 mars), Pierret faisait rouvrir la Société populaire et décrétait que tous les citoyens pouvaient en faire partie; désormais, pour être inscrits, ils n'auraient qu'à en manifester le désir. Voici son arrêté (1) :

Au Puy, 21 ventôse an III.

Au nom de la République française,

Le représentant du peuple en mission dans le département de la Haute-Loire.

Considérant que par mon arrêté du 15 de ce mois, les séances des citoyens qui se réunissoient en Société populaire dans cette commune ont été suspen-

(1) Archives municipales, Dossier I, 12 *. Albert Boudon, *op. cit*, tome III, a publié déjà ces deux arrêtés, mais sans indiquer la source où il les puisait. La rédaction de l'article 6 du deuxième arrêté contient dans Albert Boudon une omission qui le rend incompréhensible. L'article 9 a été supprimé. Il a cependant son importance, car il montre que Pierret plaçait pour ainsi dire la Société Populaire sous la surveillance de la municipalité. Sous Solon Reynaud, au contraire, cette Société imposait ses volontés aux corps constitués.

dues provisoirement ; que cette mesure a été rendue nécessaire par les motifs énoncés audit arrêté,

Considérant, cependant, les services que peuvent rendre à la chose publique les bons citoyens lorsqu'ils se réunissent en société et que là ils se bornent à y lire les lois, à en faire connaître les avantages aux personnes les moins éclairées, à y développer les vrais principes de la Morale et surtout à démontrer la nécessité d'un gouvernement fondé sur la justice et l'humanité : c'est alors que les avantages qui résultent de la réunion des bons citoyens sont incalculables et qu'on ne peut trop s'empresser, dans ce cas, d'exciter une pareille réunion.

Considérant, que c'est principalement par ces différents motifs que j'ai fait indiquer à ce jourd'hui l'ouverture des séances des citoyens de cette commune réunis en Société Populaire ; que cette ouverture ayant été faite par moi, après avoir rappelé les raisons qui avaient donné lieu à la suspension des séances de la Société, il étoit important pour les citoyens que cette suspension fut levée ; mais qu'il ne l'étoit pas moins, de bannir pour jamais de cette Société toutes lignes de démarcation, et surtout les haines et les passions particulières qui y avoient trop souvent régné ; qu'il devoit être permis à tous les bons citoyens de s'y réunir, afin que chacun put y communiquer ses reflexions, et que les dénonciations qui y avoient presque toujours été à l'ordre du jour ne pourroient plus par là y trouver un point d'appui dans ceux qui prétendoient exclusivement au droit d'y discuter.

Considérant enfin que les citoyens ont eux-mêmes consentis à se renfermer dans les principes ci dessus rappelés, et à se conformer au règlement par moi proposé,

En conséquence, arrête ce qui suit :

Article premier

La suspension provisoire, prononcée par mon arrêté du 15 de ce mois des séances des citoyens qui se réunissoient en Société Populaire dans la commune du Puy, est levée.

Art. 2.

Les citoyens se réuniront au lieu ordinaire des séances de la Société, les 3, 7 et 10 de chaque dé-cade (1).

(1) L'emplacement du local réservé à la Société populaire pour tenir ses séances n'a pas encore été fixé d'une manière certaine. Ernest Vissaguet, dans ses *Papiers révolutionnaires*, souhaite que quelque chercheur plus heureux que lui fasse connaître dans quel lieu se réunissait la Société populaire.

Le 16 nivôse an II (6 janvier 1795), écrit-il, la Société populaire du Puy demanda à la municipalité de lui fournir un local où les membres du Comité d'aliénation des biens des émigrés puissent se réunir et s'occuper dans le silence de l'objet de leur commission. La lettre relative à cette demande se termine ainsi :

« Il existe une propriété de la commune qui offre cet avantage; c'est l'appartement qui est au-dessus de celui qu'occupe le Comité de surveillance à la tour qui se trouve près du lieu des séances de la Société populaire. Nous vous demandons d'accorder à la Société ce local. Nous pensons qu'en considéra-ration de l'objet de sa destination qui est d'assurer la punition des conspirateurs, notre demande sera accueillie. »

Quelle est la tour dont il est ici question, dans quel lieu se réunissait la Société Populaire? Telles sont les deux questions posées par Ernest Vissaguet et auxquelles personne n'a encore répondu. Nous avons voulu serrer de plus près ce problème et lui donner une solution.

La Société populaire ayant succédé en décembre 1793 à la Société des Amis de la Constitution, ces deux sociétés ne se sont-

Article 3.

La liste actuelle des sociétaires est regardée comme non avenue. Le lieu des séances sera ouvert à tous les

elles pas réunies successivement dans les mêmes locaux ? Dans quel bâtiment la Société des Amis de la Constitution tenait-elle ses séances ?

Dans le registre des Délibérations de la municipalité D 31 10 nous trouvons la mention suivante, à la date du jeudi 21 février 1791 :

« Le maire a fait lecture d'une délibération des Amis de la Constitution par laquelle ils prioient et invitoient les officiers municipaux de vouloir bien leur indiquer la salle des Exercices du Collège pour leur assemblée tout le temps que les électeurs qui devoient procéder au remplacement des fonctionnaires publics qui n'avoient pas preté le serment scroient obligés pour cet objet de rester dans la ville, attendu que la salle ordinaire de leur séance se trouvoit trop petite pour y recevoir tous les électeurs qui se trouveront par affiliation membres de leur société. Sur quoy l'objet mis en délibération, ouy le procureur de la commune, il a été arretté à la pluralité des voix que n'ayant pas d'endroits plus commodes, il scroit fait droit à leur pétition et que ladite salle leur scroit indiquée, mais qu'au préalable il scroit écrit à M. Proyart, principal du Collège pour l'en prévenir. »

La Société des Amis de la Constituti n se réunit donc provisoirement dans la salle des Exercices du Collège, dans les vieux bâtiments occupés actuellement par le Lycée de garçons, fort probablement dans la salle affectée naguère à la Bibliothèque de la ville et transformée aujourd'hui en salle de conférences. Est-ce ce même local qui servit à la Société populaire ? Nous pouvons répondre négativement, bien que la disposition des lieux put répondre aux données renfermées dans la lettre de 'a Société populaire du 16 nivôse an II. Là, on remarque en eff t deux tours : celle du clocher de l'Eglise au-dessous de laquelle se trouvent plusieurs salles donnant dans une des cours ; puis 'e bâtiment en forme de tour carrée, à l'est de la première, qui p rte toujours cet e dénomination que se sont léguée les différentes générations d'élèves. Malgré cette coïncidence, la Société popu-

bons citoyens qui tous auront le droit d'y parler, en
observant de ne jamais s'écarter des vrais principes
de la morale, de la justice et de l'humanité. Aucunes

laire ne tenait certainement pas ses séances dans une dépendance
du Collège.

A la suite de l'incendie du Couvent des Capucins survenu dans
la nuit du 16 au 17 septembre 1791, le Directoire et le District du
Puy, qui tenaient leurs réunions dans les bâtiments du ci-devant
couvent, s'installèrent au collège. A cause de l'exiguïté des
locaux — il n'y avait donc aucune salle non utilisée qui aurait
pu être mise à la disposition du Comité de surveillance — l'église
du Collège, qui servait alors d'oratoire national, reçut les archives de ces administrations (Registre des Délibérations et arrêtés
des administrations du Directoire du District du Puy A 1, séances du 19 décembre 1700 et du 18 décembre 1791).

C'est une décision prise par la Société populaire qui nous permet de fixer ailleurs le lieu de ses réunions.

Le 2 pluviôse an II (21 janvier 1794), la Société populaire demandait au Conseil général de la commune de changer le nom
des rues et des places. « Le système féodal est anéanty. La
Raison fait chaque jour des progrès et s'élève sur les débris du
prestige et de la superstition. Cependant, des noms consacrés à
l'un ou à l'autre de ces abus révoltants servent encore à désigner des places et rues de cette commune. La société, convaincue de la convenance de faire disparaître de la liste des noms
des places et rues, ceux qui sont en opposition avec notre régé-
nération (sic), s'est occupée de faire un état de dénominations
qui puissent être substituées à celles proscrites par la Révolution (Registre des Délibérations de la municipalité, D 31º). »
Dans ce tableau nous trouvons les désignations suivantes :

anciens noms	nouveaux noms
section dite de Pannessac	section de l'Egalité
place devant la Société	place de l'Egalité
faubourg de Pannessac (ou	faubourg de l'Egalité
ruo Charles VII)	

dénonciations ne pourront y être faites, si elles n'intéressent essentiellement la chose publique, et après que le dénonciateur aura justifié avoir fait part aux

La place de l'Egalité sur laquelle se trouvait le local des réunions de la Société était la place occupée de nos jours à peu près par le square Lafayette.

Quel était l'immeuble réservé à ses séances et quelle est la tour désignée dans sa lettre du 16 nivôse an II ? Fixer la tour c'est désigner le local lui-même.

Dans le Registre des Délibérations de la municipalité (D 31²⁶, page 67 verso) nous trouvons la mention d'une pétition présentée par plusieurs citoyens pour qu'il soit placé « un reverbaire à la Tour de la gendarmerie, place de l'Egalité ». Cette tour de la gendarmerie donnant sur la place de l'Egalité n'était autre que l'ancienne tour de la maréchaussée « à base hexagone, surmontée d'un donjon ou belvédère rond, à toiture angulaire et à boule au sommet » (Isidore Hedde, *Le Puy d'Anis et le Velay*, *Etudes locales*, page 80). La gendarmerie depuis 1790 était installée dans la vieille tour. Auprès de la tour se trouvait un bâtiment qui avait servi avant la période révolutionnaire à une école de frères de la doctrine chrétienne. Sans témérité, on peut dire que la Société populaire devait se réunir dans cette ancienne école. Un local assez vaste lui était nécessaire, puisque Pierret nous annonce lui-même que dans une réunion de la Société, il parla devant plus de deux cents citoyens.

La tour de la maréchaussée figure dans le plan de la porte Pannessac et d'une partie des remparts limitrophes exécuté le 27 brumaire an XII, par l'ingénieur O'Farrell (archives de la mairie, liasse O.225). Son emplacement est actuellement occupé par le bâtiment de la Poste.

Quelques mois plus tard, le 27 octobre 1791, le conseil général de la commune manifesta l'intention de donner un nouveau local à la Société populaire. Il avait formé le projet d'édifier sur la place du Clauzel, ancien « grand cimentière ou clausel de l'hospital de Notre-Dame, donné par Grasmanent et sa femme pour faire cimentière aux trespassés dudict hospital » (*De Podio*, autorités constituées de sa dénonciation, et qu'elles n'auroient pas voulu y avoir égard.

Article 4.

Il sera ouvert un registre où les citoyens s'inscriront pour se soumettre à contribuer aux frais de la Société.

Article 5.

Le lieu des séances sera toujours ouvert, sans que l'entrée puisse en être interdite qu'à ceux qui seroient notoirement connus pour des perturbateurs et pour de vrais ennemis de la chose publique.

Article 6.

Le président et le secrétaire seront nommés tous les mois à l'appel nominal, et la majorité des assistants à la séance qui voudront prendre part aux délibérations formera le résultat d'après lequel la délibération sera admise.

Article 7.

Le président de la Société demeure spécialement

tome II, f. 100), un vaste bâtiment qui devait comprendre: 1° un grenier militaire; 2° un grenier d'abondance; 3° une halle aux blés; 4° un corps de garde; 5° une remise pour les canons; 6° *une salle destinée à la Société populaire* (Registre des délibérations de la municipalité, D 31²°). Dès mai 1795, la Société populaire n'existait plus. En décembre 1795, le bâtiment lui servant de local était mis en vente et le 7 nivôse an IV (20 décembre 1795), les adjudicataires écrivaient au Directoire pour « obtenir que l'Administration fasse retirer les différents meubles ou effets qui se trouvent dans ledit local, à l'effet d'y entreprendre les réparations nécessaires » (Registre des délibérations et arrêtés du chargé de là police de l'intérieur de la salle. Il sera, au surplus, nommé par le bureau, un nombre de commissaires pour y maintenir l'ordre. Pourront néantmoins, les citoyens, demeurer d'accord d'un règlement particulier pour l'ordre des délibérations et la discussion des matières.

Article 8.

En conformité des lois déjà rendues à ce sujet, la municipalité de la commune du Puy est spécialement chargée de veiller au maintien et à l'entière exécution du présent arrêté.

Article 9.

Le présent arrêté sera adressé à la commune du Puy qui sera tenue d'en faire passer de suite une expédition au président actuel de la Société.

PIERRET.

La Société populaire ne devait pas jouir longtemps de cette liberté. Deux mois après, à la suite de troubles survenus dans la ville (1) un arrêté du Directoire du 23 floréal an III (13 mai 1705) ordonnait la suspension des séances (2).

Directoire, A 4). Le mobilier de la Société populaire fut transporté dans l'église du Collège. Voir sur le sort réservé à ce mobilier la note complémentaire à la fin du premier chapitre.

(1) Voir plus loin l'affaire des déserteurs d'Yssingeaux et le tumulte provoqué au Puy par les hussards.

(2) Dans sa séance du 23 floréal an III, le Conseil du Directoire : présens les citoyens Moulin, président ; Richond, Duranson, Gueyffier, administrateurs ; Gros, procureur général syndic, et Gaubert, secrétaire général, prenait l'arrêté suivant (Registre du Directoire n° 10, du 22 pluviôse an III au 20 messidor même année) :

Cette fermeture provisoire devenait bientôt définitive à la suite du décret de la Convention du 23 août 1795 prononçant la dissolution de tous les clubs.

Cet incident entre Pierret et la Société populaire est caractéristique. Aux provocations Pierret savait toujours, si c'était nécessaire, opposer l'autorité et la fermeté la plus inflexible. Les terroristes et les créatures de Solon Reynaud n'avaient pas désarmé encore; n'ayant plus le pouvoir, ils s'efforçaient de perdre Pierret auprès de la Convention. Alors que la Société populaire elle-même, malgré souvent une profonde divergence de vues parmi ses membres, encourage Pierret dans sa mission (1), que tous les corps constitués de la ville envoyent à la Convention des adresses de remerciements pour avoir choisi Pierret et des

« Sur l'observation qui a été faite qu'il pourroit y avoir quelque inconvénient à ce que les citoyens se rendissent à la Société populaire, que la tranquillité pourroit en être altérée ;

« Le Directoire, après avoir pris l'avis des administrateurs du Directoire du District présens à la délibération et avoir entendu le suppléant du procureur général syndic,

« Considérant qu'il est essentiel de prévenir tout ce qui pourroit amener le désordre et troubler la tranquillité publique, que la fermentation des esprits dans les circonstances actuelles lui fait un devoir de prévenir tout rassemblement des citoyens, lequel dans des momens de troubles devient aussi préjudiciab'e qu'il est avantageux dans les momens de calme, que c'est dans la Société populaire qu'ont pris naissance les mouvemens qui ont agité cette commune, que c'est là que sont éclos les germes de la division,

« Arrête la suspension provisoire des séances de la Société populaire, invite en conséquence la municipalité de cette commune à prévenir les citoyens et à surveiller l'exécution du présent arrêté qui sera adressé au Comité de Sûreté générale. »

(1) Voir première partie, page 52.

félicitations pour l'œuvre politique que poursuit son représentant dans la Haute-Loire, quelques terroristes ou disciples de Solon Reynaud, comme ce Johanny Galaval, dénoncé par Alphonse Aulagnier dans sa lettre à Pierret, travaillent à semer l'agitation dans la ville, dans la campagne, et accusent Pierret d'organiser une nouvelle Vendée dans le département.

Dès le 4 ventôse an 3 (23 février 1795), la commune de Brioude protestait ; elle relevait cette accusation dans une adresse à la Convention : « Les ennemis de la Patrie, disaient les citoyens brivadois, ont dû se mettre en fureur : on a osé dire et écrire que Pierret organisait une Vendée. Ah ! si dans la Vendée on a un aussi vif amour pour la liberté, un aussi parfait dévouement à la Convention, que toute la France soit donc bientôt une Vendée, et si Pierret l'a organisée, il aura bientôt la gloire d'avoir uni toute la République. Pierret a été calomnié, mais Caton le fut cinquante fois en sa vie, et certes, Caton était républicain. »

Lorsque, quittant le département, Pierret adressait de Monistrol-sur-Loire ses adieux aux citoyens de la Haute-Loire (1), il songeait moins à se défendre contre ces attaques et à réfuter les griefs de ses ennemis (2) qu'à faire entendre

(1) Voir première partie, pages 53-59, le texte complet de cette proclamation.

(2) Plus tard, dans sa réponse à la lettre anonyme publiée par le *Journal des Hommes Libres* (page 105), Pierret sortait de son silence et, après s'être justifié, devenait à son tour accusateur.

encore une parole de sagesse et de modération :
que la Concorde plane au milieu de vous, — ou
bien à relever le courage de ces patriotes de
bonne foi qui furent trop longtemps déçus ou
terrorisés.

Ceux-là, Pierret les mettait une dernière fois
en garde contre ces hommes « connus de tout
temps par leurs excès et leur crapule ». —
« Rappelez-vous sans cesse les tourmens qu'ils
vous ont fait endurer, et combien ils étoient
faux dans les promesses qu'ils vous faisoient.
Quelle foi pourriez-vous encore ajouter à des
hommes qui furent enfans dénaturés, mauvais
pères, mauvais époux, mauvais amis, ou des
hommes sans cesse noyés dans le vin, ou dont
la fortune rapide sera toujours une énigme pour
l'artisan qui travaille du matin au soir, et peut
à peine sustenter sa famille ! Gardez-vous d'adorer désormais ces patriotes exclusifs qui alloient
prendre leurs suppôts dans les repaires de l'infâme patrocine, dans les cabarets, les tripots et
les lieux de débauche ; ces patriotes par excellence pour qui tout étoit contre-révolutionnaire,
qui proscrivoient le laboureur honnête parce
qu'il ne pouvoit renoncer à la religion de ses
pères, et le riche parce qu'ils convoitoient son
bien qu'ils s'étoient déjà partagé. » Pierret
reportait encore toute sa pensée sur les administrateurs qu'il avait laissés à la tête des affaires :
« Je vais me rendre dans le sein de la Convention nationale ; j'y parlerai de vos vertus, ne
soyez pas épouvantés si quelques nuages se
dressent sur vos têtes, la Convention les aura
vite dissipés. » Pierret s'oubliait lui-même, mais

il dut bientôt prendre sa propre défense.

A peine rentré au sein de la Convention, il se voit en butte aux attaques les plus violentes en même temps que les plus injustifiées. Il se croit même menacé dans sa personne. Son rapport à la Convention sur sa mission dans la Haute-Loire lui attire quelques lettres et réponses de Solon Reynaud. Le journal l'*Ami des Lois*, le *Journal des Hommes Libres*, le représentant Poultier, dans sa proclamation aux citoyens de la Haute-Loire, l'accusent d'avoir organisé la Vendée dans ce département. Tous les actes de Pierret protestent contre cette accusation. Mais la plus éloquente justification de Pierret, nous voulons la trouver moins dans ses ripostes aux uns et aux autres que dans les adresses de reconnaissance votées par les citoyens, les administrateurs de la Commune ou des districts du Puy et de Brioude, et dans les comptes décadaires envoyés, deux mois après son départ, par le procureur général syndic du département aux représentants du peuple composant le Comité de Sûreté générale de la Convention.

Le 5 prairial, le citoyen Gros, procureur général syndic, écrivait au Comité de sûreté générale :

Citoyens,

Il résulte des renseignemens transmis par les procureurs sindics de ce département :

1° Qu'en général les lois reçoivent leur exécution ;

2° Qu'en particulier on est moralement assuré qu'il n'est rentré aucun émigré dans cet arrondissement ;

3° Qu'il existe encore des prêtres qui auroient dû

être déportés dans le temps, mais qui continuent à se cacher ;

4° Qu'il seroit inutile et même impolitique de renouveller les recherches infructueuses qu'on a fait tant de fois pour les découvrir ;

5° Qu'à l'égard des prêtres sortis de réclusion on ne cesse de recommander aux municipalités de les surveiller et qu'il n'est encore parvenu aucune plainte sur leur compte ;

6° Que l'exercice des cultes n'a été ni l'occasion ni le prétexte d'aucun événement fâcheux ;

7° Enfin que si la malveillance avait eu le coupable avantage de troubler pendant quelques instants la tranquillité publique dans la commune du Puy, l'énergie qu'a déployé contre eux l'administration lui a fait perdre l'espoir d'obtenir ce qu'elle désiroit (1).

Pendant que Solon Reynaud et ses partisans accusent Pierret de faiblesse, le citoyen Gros, celui-là même qui rendait compte à ses collègues du Conseil d'administration du département de la mort du contrerévolutionnaire Charrier (2), exposait la situation tranquille de la Haute-Loire et rendait hommage à l'administration de Pierret. D'ailleurs, les événements qui s'écoulèrent entre le 5 germinal an III (26 mars 1795), date du départ de Pierret, et le 18 messidor an III (7 juillet), jour de l'arrivée du représentant Chazal dans la ville du Puy, justifient encore Pierret.

Après son entrée à la Convention, terroristes et factieux royalistes commencent à devenir ar-

(1) Archives départementales, Registre 9 B.
(2) Voir première partie, page 177, note.

rogants et veulent reconquérir une autorité perdue. Des déserteurs donnent des inquiétudes du côté d'Yssingeaux(1). Le 24 germinal, les administrateurs du district du Puy, dans une adresse aux habitants des campagnes prêchent le calme et engagentles déserteurs à quitter les bois qui leur servaient de retraites, « à venir avec confiance » se présenter à leurs administrateurs. Pour les convaincre, c'est le rôle bienfaisant joué par Pierret qu'ils font valoir à leurs yeux, c'est de ses actes et de ses paroles qu'ils se recommandent pour défendre la Convention.

Adresse des Administrateurs du District du Puy, département de la Haute-Loire, aux habitans des campagnes (2).

Du 24 germinal, An troisième de la République Française une et indivisible.

Après la Révolution du 9 Thermidor, après l'anéantissement des hommes de sang et de leurs échafauds, après la déclaration solennelle de la Convention de maintenir à jamais le règne de la Justice et de l'Humanité, et d'asseoir sur ces principes éternels, une République ferme et durab'e, où tout le monde soit

(1) Sur le mouvement des déserteurs dans l'arrondissement d'Yssingeaux, voir pages 265-266, le rapport décadaire de Duransson.

(2) Nous devons la communication de cette adresse à M. Paul Le Blanc, de Brioude. Elle forme un placard in-folio. ; elle est suivie d'un extrait des registres du directoire du district du Puy, séance du 24 germinal an 3, dans laquelle le District décida l'envoi de cette adresse aux habitants des campagnes.

heureux, les Administrateurs nouvellement appelés aux fonctions publiques, se promettoient en quittant leurs familles, de voir tous les citoyens se rallier à la voix d'un Représentant envoyé dans ces malheureuses contrées pour réparer les maux cruels de l'anarchie, pour cicatriser les plaies encore saignantes de la Terreur.

Pourquoi faut-il que leur attente n'ait été qu'une vaine illusion ? Par quelle fatalité arrive-t-il que les vœux ardens, que les travaux continuels de cet Envoyé du gouvernement, n'aient pas eu des succès plus complets ! Tous ses pas furent marqués par quelque acte de bienfaisance ; il porta l'espoir et la consolation dans les maisons d'arrêt ; il rendit à la liberté une infinité de victimes qui trainoient depuis long-temps le poids de leur malheureuse existence hors de la société ; il fit revivre le père que son fils croyoit perdu ; il fit cesser les cris perçans de la misère ; il donna des larmes à l'infortune ; enfin, en vous quittant, il voulut être votre conciliateur, et ses adieux furent ceux d'un homme qui, après tant de bienfaits, avoit encore le regret de n'en avoir pas pu faire davantage.

Il n'étoit cependant que l'organe de la Convention, et ce n'étoit qu'en son nom qu'il prodiguoit les actes de bienfaisance et de justice.

D'une extrémité de la République à l'autre, l'on trouvoit les traces sanglantes du crime ; toutes les familles en deuil demandoient avec instance des Représentans. La Convention touchée des accents de leur malheur, envoie par-tout des consolations. Ici c'est Jean de Brie, là c'est Perrin, ailleurs c'est Musset, par-tout ce sont des amis de l'humanité et de la Justice qui répandent les bienfaits dans les mêmes proportions que les monstres avoient répandu le mal ; et la Convention, tous les jours, consacre par des Lois sages, les travaux de ses envoyés dans les départemens.

L'Europe, étonnée, admire la France ainsi régéné·
rée ; les États les plus ennemis de la République re·
cherchent son alliance ; tous les gouvernemens se rap-
prochent pour fraterniser avec elle depuis que la Justice triomphe, depuis que l'Humanité a reconquis
tous ses droits parmi nous, et bientôt, oui bientôt, une
Paix honorable va faire rentrer nos enfans, nos amis
et nous ramener l'abondance.

Mais, hélas ! tandisque tout se pacifie au dehors,
tandisque les rebelles de la Vendée se réconcilient
avec les soldats de la Liberté, les embrassent et deviennent à leur tour les défenseurs de la Patrie ; tandisque la France entière se livre à la douce attente
d'une Paix prochaine, aurons-nous la douleur de voir
dans quelques communes du district du Puy, des
vengeances exercées à main armée, des pillages, des
désarmemens, des meurtres ?... Les camps seroient-
ils moins exposés que les chaumières des cultivateurs ?
Aurons-nous la douleur de voir s'allumer une guerre
civile dans trois ou quatre communes, et d'être contraint d'y porter le fer et la flamme pour les soumettre ? Faudra t-il aller à Saint-Hostien, à Saint Pierre-
Eynac, à Mont-Mégal et aux environs, redresser des
échafauds, y faire connoître les horreurs de la Vendée, y faire couler du sang..... pour apprendre aux
habitants à connoître le prix de la tranquillité, du
bonheur et de la soumission aux lois.

C'est à vous Déserteurs, que nous portons aujour-
d'hui des paroles de paix ; c'est pour vous, c'est pour
votre bonheur, c'est en faveur de vos parens et pour
leur tranquillité que nous venons vous faire entendre
le langage de la Convention ; secondez ses intentions
et les nôtres ou s'en est fait, nous portons sans pitié
la désolation, la flamme et le fer dans les lieux que
vous habitez. Vous avez abandonné vos drapeaux et ;
pour vous soustraire à nos poursuites, vous menez
une vie errante et misérable dans les bois ; vous vous

êtes irrités parce que des républicains, que la Loi commandoit, ont voulu vous arrêter, vous vous livrez aujourd'hui à des excès de férocité contre eux ; chaque excès vous éloigne de vos familles et vous conduit à votre perte. Bientôt la misère vous poignardera, bientôt vous aurez la douleur de voir vos maisons incendiées, vos possessions dévastées, vos parens enchaînés.

Ah ! malheureux, où courez-vous ? rentrez dans le sein de votre Patrie. Si la honte, si la crainte des punitions vous retenoient encore dans votre désertion, venez vous jeter dans nos bras, nous vous pardonnons, nous vous promettons amnistie au nom de la Convention ; nous vous recevrons comme des amis, comme des enfans que la peur a égarés un instant : quittez cette vie errante et fugitive. Est-ce au moment de la Paix que vous devez craindre de rejoindre vos drapeaux ? est-ce au moment où nos armées fraternisent avec leurs ennemis, que vous devez montrer de la lâcheté ? est-ce au moment où la justice va venger tout le monde, que vous devez vous livrer à des voies de fait ? est-ce au moment où la Loi garantit à vos parens la liberté de professer leur religion, que vous devez servir d'escorte à des ministres qui ne devroient jamais se faire suivre que par des vertus et de bons exemples : enfin, est-ce au moment où vos familles sont libres, où elles sont tranquilles, que vous devez provoquer contre vous et contre elles des mesures de rigueur ? Quittez, oui, quittez les bois ; sortez de cette misère où vous êtes ; venez avec confiance vous présenter à vos administrateurs, ils vous consoleront, ils adouciront vos peines, ils seront vos amis. C'est au nom de la Convention, de tous les bons citoyens, de vos intérêts les plus chers, qu'ils vous invitent à profiter de leur générosité.... Mais si la mesure de votre insensibilité passe celle de leur bonté, si vous vous obstinez, attendez-vous à une guerre à mort ; attendez-vous à être poursuivis et traités comme des rebelles. La France, libre et tranquille dans tous ses points, ne souffrira pas qu'une poignée de lâches troublent son repos et plus tôt que de laisser faire des progrès à vos désordres, nous ferons raser toutes les habitations qui pourroient vous servir d'azile. Pensez que dans la Vendée, plus de cent lieues de pays, de bois et de maisons ont été brulés, qu'il y a péri plus de trois cent mille âmes.... Nous abandonnons là ce triste souvenir, et nous nous livrons à l'espoir bien doux que nos vœux s'accompliront et que nous verrons par tout renaître l'amitié, la confiance et la sécurité.

Salut et fraternité (1).

Les administrateurs du District avaient raison de se recommander de la mission accomplie dans la ville et le département par Pierret. Ils interprétaient fidèlement les sentiments qu'il avait toujours manifestés, ils suivaient les conseils de sagesse et de modération qu'il n'avait cessé de donner aux citoyens comme aux autorités. Ils étaient les dignes continuateurs de son œuvre et le représentant Pierret n'eut certainement pas hésité à contre-signer leur adresse aux déserteurs et aux habitants des campagnes. Mais de nouveaux ferments de révolte s'affirmaient et, le 15 floréal, le citoyen Gros, dans son compte décadaire, demandait la présence d'un représentant et « des mesures rigoureuses pour réprimer l'au-

---

(1) Cette adresse était signée : Dauthier, président; Collet, Lashermes, Liogier, Jerphanion, administrateurs; Borne, agent national; Digonnet, secrétaire.

dace des agitateurs de la commune du Puy et
faire respecter les autorités ».

En effet, à la faveur de menus incidents,
sans graves conséquences, « le terrorisme
levait la tête dans la commune ». Ses partisans
affichent la plus grande audace ; ils se livrent
aux orgies les plus indécentes, permettent les
propos les plus avilissants contre la Convention,
insultent les citoyens et menacent la tranquillité publique (1). Le 29 germinal, l'administration du District ordonnait le désarmement
d'une trentaine de terroristes ; le 6 floréal,
ils recommençaient au Puy leurs manifestations
bruyantes (2).

Le 29 floréal, quelques hussards arrivés de
Vienne provoquent un violent tumulte dans une
réunion de la Société populaire. Ils refusent de
quitter leurs sabres avant de pénétrer dans la
salle, malgré les observations qui leur furent
présentées. Des rixes éclatent ; les hussards
crient : à cheval ! les citoyens répondent : aux
armes ! Les autorités, à la tête de la garde nationale, se rendent à la caserne où ils trouvent les
hussards sur leurs montures. Après les avoir ha-
rangués, les autorités parviennent à les ramener
au calme. Mais l'état d'effervescence fut grand
dans la ville. Des patrouilles parcourent les rues
pendant la nuit, et le lendemain le conseil général se réunissait pour statuer sur cette af-

(1) Registre des délibérations du district, A 1, séance du
11 germinal an III.

(2) Sur les exactions commises par les terroristes après le
départ de Pierret, cf. Ch. Godard, *op. cit.*, page 146.

faire. Les déclarations de quelques citoyens dévoilèrent plusieurs vexations commises par les hussards et établirent la complicité de certains agitateurs domiciliés dans la commune. Les officiers de hussards disent aux administrateurs : « qu'on fairoit bien de faire quitter l'habit de hussards à quatre ou cinq jeunes gens de la commune qui étoient les autheurs des troubles » (1). Le Conseil de la commune demanda à la Convention le prompt départ des hussards.

Quelques jours après, le 23 et le 24 prairial, le passage au Puy des membres de la Commission révolutionnaire d'Orange que la Convention traduisait devant le tribunal criminel du Vaucluse souleva de nouveaux tumultes. Les membres de la Commission furent hués et conspués. Les terroristes virent dans ces faits une provocation et, dans la nuit du 3 au 4 messidor, des cris de : Vive la Montagne ! Vive Robespierre ! se faisaient entendre dans les rues de la ville. Ces événements se produisaient au moment même où la Convention réprimait les insurrections des 12 germinal et du 1er prairial. C'était le prélude de la réaction contre les derniers Montagnards et de la Terreur Blanche. La situation de la ville et du département n'était cependant pas inquiétante. Le compte décadaire que le citoyen Duransson, suppléant du procureur général syndic du département de

(1) Registre des délibérations de la municipalité D 392 : feuillets 153-155. Cette délibération contient le compte rendu des dépositions faites par plusieurs témoins sur les faits et gestes des hussards.

la Haute-Loire, adressait le 12 messidor (1er juillet) au comité de Salut public, quelques jours avant l'arrivée du représentant Chazal, manifeste même une grande confiance. Il montre encore quelle était la situation respective des divers partis après le départ de Pierret.

Citoyens,

L'esprit public de ce département continue d'être agité en sens contraire, le terrorisme a levé la tête dans cette commune ; pendant la nuit du 3 au 4 de ce mois, des cris de Vive Robespierre ! Vive la Montagne ! se sont fait entendre. Cette audace de 4 à 5 factieux qui ne se sont pas portés à cet excès sans s'être enhardis suivant leur usage constant par une copieuse boisson, semble avoir été excitée par le désespoir qu'a porté chez eux la nouvelle qui venait d'arriver du juste supplice des chefs de la révolte du 1er prairial. D'autres prétendent que l'affectation inutile que les chanteurs du *Réveil du peuple* ont mis à s'arrêter sous les fenêtres des partisans désignés de la terreur a pu encore exciter cette expression aveugle de leur désespoir.

L'administration du département, qui avait cru devoir temporiser jusqu'à présent et qui avait laissé échapper deux occasions de séparer les mauvais des bons, a enfin fait arrêter ceux des désarmés qui sont reconnus pour les plus malins sans connoître précisément les vociférateurs sanguinaires de la veille, elle a regardé les Terroristes en général comme solidaires des cris séditieux qui ont rappelé le règne de la tyrannie et effrayé les citoyens paisibles. Le juge de paix est chargé de prendre des informations sur cet attentat à la tranquillité publique et la mesure prise par l'administration paroît avoir atteint quelques-uns des coupables ; d'autres sont en fuite.

Mais l'administration, pour prouver qu'elle ne veut permettre aucune es, èce de terrorisme, a dû même dénoncer à la police correctionnelle des provocations d'un genre opposé, faites par un jeune étourdi et qui passoient les bornes de la réaction qu'exigent les circonstances.

Cette démarche impartiale a produit un bon effet. Elle n'a pourtant pas entièrement suffi à un troisième parti composé d'hommes qui, à la vérité, se sont montrés dès le commencement de la Révolution, mais qui pour s'être prononcés plus tôt que les autres se croyent obligés de tout craindre pour la liberté ; ne s'en rapportent qu'à eux-mêmes, soupçonnent à tort et à travers, exagèrent tous les sujets de crainte et médisent journellement dans les caffés des autorités constituées dont il ne cherche guère à approfondir les opérations parce que souvent, il ne leur resteroit rien à dire.

Ces hommes, que j'ai cependant lieu de croire de bonne foi en général, sont la dupe de leur amour-propre qui trouve dans la vacillation de l'esprit public un reste de cet empire des sociétés populaires qui ne doit plus exister et auquel ils ont moins renoncé qu'ils ne pensent eux-mêmes.

Ils redoutent, disent ils, le royalisme, et en cela ils font autant injure à la Convention qu'à ceux qui le désirent et qui, dans ce pays, ne seroient dangereux que dans une commotion générale où ils auroient déjà eu l'avantage ailleurs.

Ils sont plus que fanatiques contre le fanatisme. Pour eux la liberté des cultes ne semblera qu'être une fausse conception de la philosophie et de l'espérance sans doute ; les prêtres peuvent faire beaucoup du mal dans ces contrées, mais nous ne recevons sur leur compte aucune plainte qui ne soit passionnée.

Si quelques-uns agitent le peuple sous main, ce sont en général les plus ignorans. Il en est qui se comportent bien et la tolérance de la Convention bien appliquée ramènera beaucoup de monde. Puisque la Convention nous a accordé un représentant, nous attendons que ce soit lui qui fasse l'application de cette mesure salutaire, son caractère ne pourra la rendre que plus fructueuse.

Le troisième parti aussi dont je parle s'imagine que les massacres de Lyon peuvent s'étendre jusque dans le département, mais ces hommes n'ont pu opérer que dans les villes où des étrangers abondent. Ici nous nous connaissons trop. Personne n'a la volonté, encore moins les moyens d'exécuter de pareils excès.

En attendant, tout cela produit une espèce de demy terrorisme qui entretient les anciennes démarcations et efface presque la seule qui doive exister, celle des bons et des méchans, et il résulte que des hommes prévenus ou qui oublient difficilement l'oppression qu'ils éprouvent confondent parmi des terroristes des citoyens bien intentionnés dans le fond, mais qui s'abandonnent trop à cette roideur maladroite qui fit toujours le fond de notre caractère et à laquelle la chaleur révolutionnaire encore intensive ne seroit pas plus avantageuse pour la chose publique que ceux qui prétendent avoir rendu des services à la liberté, oubliassent eux-mêmes ce qui on revient à leur variété pour se confondre avec tous ceux, indistinctement, qui sont soumis aux lois et qui les suivent.

Le Réveil du peuple a donné partout un grand élan à l'opinion publique, il a fallu ici l'horreur qu'a inspirée le passage de la Commission d'Orange pour qu'on ait été le chanter publiquement. Avant il avoit été un objet de mésintelligence, aujourd'hui il produit une lutte Pourquoi certains n'ont-ils pas voulu se mêler à ces chants ? Pourquoi les ont-ils blâmés ? Le moyen d'éviter la scission qu'il a opérée n'était-il pas qu'il fut adopté par tous ceux qui ont conçu une uste haine contre le Terrorisme ? Si ailleurs il a entraîné des abus, n'était-ce pas plus sûrement les prévenir que d'en faire le cri de ralliement de tous les citoyens. Bien loin de là, on a témoigné à cet égard une telle retenue que les terroristes eux-mêmes en ont été p'us alarmés, qu'ils se sont raprochés de ceux mêmes qui les avoient démasqués dans la Société populaire et qu'ils se sont vus au moment d'être admis par eux. Nous avons même éprouvé quelques secousses à l'occasion de cet air qui ne sont dues qu'à des alarmes mal fondées et aux fausses préventions de ceux que je viens de dépeindre et qui ne sont pas tous également pervers ; il en est même plus d'un qui, prenant une exaltation dangereuse pour l'énergie même, ont commis des actes répréhensibles. L'administration en usant de tout son pouvoir fait en sorte de ne pas aliéner des hommes qu'elle croit pouvoir être ramenées, mais qu'elle périroit s'ils alloient plus loin.

Le sujet de crainte le plus fondé pour les amis de la chose publique et qui ne laisse pas de fournir ample matière aux commentateurs des caffés vient de quelques déserteurs de la réquisition qui se sont répandus dans les montagnes limitrophes du district du Puy et de Monistrol. Ils roulent dans les campagnes et désarment les particuliers sous prétexte qu'ils sont terroristes. Ils ne se sont pas trompés toujours, mais quelquefois ils se sont portés chez ceux qui n'ont d'autre but que d'avoir cherché à les rejoindre et ils en ont grièvement maltraité plusieurs. D'ailleurs, on ne peut leur supposer de bonnes intentions puisqu'ils ont refusé constamment de servir la patrie, puisqu'ils proscrivent la cocarde nationale, qu'ils ont quelquefois fait entendre des cris de royalisme, qu'ils ont abattu des arbres de la liberté et que journellement ils enlèvent à la gendarmerie tous les déserteurs qu'elle est chargée de reconduire.

L'insubordination est le premier mobile de ces hommes stupides et grossiers qui eurent dans tous les temps un éloignement invincible pour les armes et qui s'apuyent en ce moment du prétexte de leur religion.

Il est certain qu'une impunité plus longue pourroit les induire à des excès plus majeurs. Ils sont armés. Leur nombre qui n'est pas considérable peut s'accroî tre. Déjà l'on s'aperçoit que plusieurs volontaires reviennent des frontières et il est comme impossible de les faire rejoindre parce qu'ils s'autorisent de l'exemple des autres. Je dois dire en passant que cette désorganisation des armées afflige les bons citoyens qui ne savent que penser et font jaser les exaltés.

Enfin, il n'est pas douteux que des moyens de répression doivent être employés sans retard parce qu'il est toujours à propos de craindre que dans ce moment de crise les ennemis de la République n'en tirassent avantage et une grande partie des campagnes ne seroit peut-être pas éloignée de les suivre dans un mouvement général que je ne prévois pas, mais qui est dans l'ordre des choses possibles.

Dans cette position les autorités constituées ont fait ce qu'elles ont pu. Elles ont envoyé des commissaires qui ont cherché à faire entendre dans les contrées la voix de la raison. Elles ont pris des arrêtés conciliateurs et des arrêtés sévères. Enfin, le département y a porté dernièrement un détachement pour leur entreposer, mais ces remèdes trop faibles sont très dispendieux et ne sont que palliatifs. Les municipalités des lieux sont sans force. Celle d'Yssingeaux même, composée de 6.000 âmes, a été plusieurs fois dans le cas de molir, parce que les préjugés de la majorité de ses habitants, qui furent plus particulièrement vexés sous le règne de la Terreur et qui sont attachés aux idées superstitieuses, ne sont pas contraires aux déserteurs qui dé-arment les Terroristes et qui ne sont pas les amis des prêtres constitutionnels ni de ceux qui les ont suivis.

Les administrateurs n'ont à leur disposition que la garde nationale des villes qui ne peut faire que des expéditions momentanées, trente hussards et environ cinquante gendarmes réunis au Puy qui ne peuvent pas grand chose tant à cause de leur petit nombre que des difficultés que nos montagnes présentent à la cavalerie et deux compagnies de volontaires de la réquisition qui n'ont pas encore rejoint et qui sont une très faible ressource. Nous sommes presque convaincus que la majeure partie de ces derniers se réuniroient aux déserteurs si on leur parloit de partir pour les frontières.

De tout cela il résulte que nous aurions besoin d'un bataillon bien discipliné qui, réparti dans les communes qui sont infestées de ces déserteurs, nous misse à même de faire rentrer dans le devoir ces perturbateurs de la tranquilité publique. Voilà pourquoi nous n'avons cessé de demander des troupes. Le citoyen Chazal, qu'on nous dit être sur le point d'arriver, verra par lui-même que le seul expédient pour arrêter le mal est celui que nous vous proposons.

Jusque là que pouvons-nous contre des hommes qui commettent des excès inopinés, qui se cachent devant la force armée et qui ne manqueroient pas d'immoler tels citoyens qu'ils croiroient être leurs dénonciateurs si l'on arrêtoit quelqu'un d'entre eux sans avoir sur les lieux de quoi les réprimer en cas de réaction ? On répand qu'ils sont organisés en bataillons, cependant ils ne se sont montrés qu'en peloton, tantôt dans un coin, tantôt dans un autre, lorsqu'ils ont eu quelques vexations particulières à élever contre des particuliers sans défense. Nous serions plus forts contre eux s'ils osoient paraître en masse.

Telle est la situation du département de la Haute-Loire et il est sans doute peu de départemens qui n'offrent quelques obstacles à la révolution, mais je crois que le nôtre, après les précautions indiquées, ne resisteroit pas à une bonne constitution, à un gouvernement ferme et posé sur des bases qui montent à l'espérance.

Par ce moyen ceux qui craignent le royalisme seront guéris de leur terreur pannique et ceux qui présument que hors de lui point de salut reviendront de leur antique illusion. Enfin, les méchants seront punis ou pardonnés, mais ils ne seront plus à craindre.

Les autorités pleines de confiance en la Convention restent calmes au milieu de toutes ces divisions qui produisent autour d'eux un espèce d'isolement. Preuve de leur impartialité, elles soupirent après l'arrivée d'un représentant qui les aideroit dans ce qui a jusques à présent surpassé leurs moyens et elles trouvent pour le reste assez de force dans les décrets qui sont rendus tous les jours. Elles se sentent le courage de résister à toute espèce de malveillance et elles trouveroient encore beau de succomber pour la cause qu'elles soutiennent si les circonstances le vouloient, ce qu'elles sont loin d'appréhender.

Duransson.

Le projet de constitution paraît plaire aux patriotes de bonne foi. Il a ce semble calmé beaucoup de craintes et fait disparaître beaucoup de soupçons. Tous les amis de l'ordre y trouvent des puissans motifs d'espoir.

La loi sévère rendue contre les assassinats commis à Lyon, a aussi calmé la fermentation de ceux qui s'étoient laissé gagné par la peur (1).

Ces adresses et ces comptes décadaires détruisent les attaques dirigées par les terroristes

---

(1) Archives départementales, registre 9 B.

et les partisans de Reynaud contre Pierret. Son séjour dans le département se traduit par une période d'accalmie; les citoyens honnêtes, les patriotes sincères ont repris confiance. Le départ de Pierret fit renaître les espérances des royalistes et des terroristes. C'est la meilleure preuve qu'il ne fit aux uns ou aux autres aucune concession. La devise politique qu'il mit en pratique au cours de sa mission était celle qu'avait affirmée déjà Vergniaud dans sa réponse aux accusations de Robespierre : « *on a cherché à consommer la révolution par la Terreur; j'aurais voulu la consommer par l'amour..* » Cette pensée explique tous les actes de Pierret et résume sa mission politique. Il avait donc bien raison d'écrire plus tard à Poultier : « Oui, j'ai été en mission dans le département de la Haute-Loire et le souvenir du bien que j'y ai fait vivra longtemps dans mon cœur comme dans la pensée des habitants de ce département (1). » Le représentant Chazal, qui lui succéda en messidor, trois mois après son départ, suivit d'ailleurs son exemple et continua son œuvre.

L'activité de Pierret ne se manifesta pas seulement dans l'ordre politique ; dans son action administrative nous retrouverons la même énergie, le même souci de faire aimer la Révolution, de défendre les humbles et de combattre les rebelles et les factieux par la bonté et de sages mesures de prévoyance.

(1) Cf. page 146 la protestation indignée des habitants de la Haute-Loire contre les attaques dont il était l'objet.

NOTE COMPLÉMENTAIRE (de la page 194)

La Société populaire publia un « Exposé des raisons qui ont nécessité l'exclusion du citoyen Reynaud, représentant du Peuple, du sein de la Société ». L'impression de cette brochure donna naissance, en nivôse an V, c'est à-dire près de deux ans après, à un conflit intéressant entre le Conseil général de la commune du Puy et le citoyen Lacombe, imprimeur.

Les citoyens Charre et Lavialle adressèrent au Conseil de la commune une pétition dans laquelle « ils représentent que le citoyen Lacombe, imprimeur, les a fait citer et leur demande le paiement de mille exemplaires d'une délibération prise à la Société populaire pour l'exclusion du citoyen Reynaud et imprimée par ordre des citoyens Charre et Lavialle, commissaires nommés à cet effet ».

Les citoyens Charre et Lavialle demandaient que le mobilier de la Société dont s'était emparé une précédente municipalité leur soit rendu pour que « sur la vente qui en sera faite, ils puissent satisfaire le dit Lacombe ». Ils proposaient encore à l'administration de se réserver ce mobilier parmi lequel figuraient certains lustres et « de payer au citoyen Lacombe la somme qu'il réclame pour frais d'impression ». Cette dernière proposition fut écartée jusqu'après enquête faite par le citoyen Genestet, alors commissaire de police et ancien président de la Société populaire. L'administration centrale prenait enfin un arrêté ordonnant la vente et, le 8 pluviôse an IV, le commissaire du pouvoir exécutif faisait fixer par la municipalité le jour de la vente du « mobilier de la ci-devant Société populaire pour payer l'imprimeur Lacombe » (1).

Cet Exposé des raisons est divisé en deux parties. Nous reproduisons seulement la première. La deuxième est consacrée à trois lettres adressées de sa prison par Augustin Llogier père, aux citoyens Hedde et Bousquet, députés de la Société populaire près la Convention.

EXPOSÉ DES RAISONS,

qui ont nécessité l'exclusion du Citoyen Reynaud, Représentant du peuple, du sein de la Société populaire du Puy, chef-lieu du département de la Haute-Loire.

Il importe au bien public ; il importe aux **membres**

(1) Délibérations de la municipalité. Registre D 31 3°.

composant la Société populaire du Puy, d'éclairer leurs concitoyens sur le danger des grandes réputa·tions !

Des êtres immoraux, des êtres qui tiennent plus aux hommes en place qu'aux principes, ont voulu s'étayer d'un représentant du peuple (Reynaud), et de concert avec lui ont avili le Département de la Haute-Loire, la Commune et la Société populaire du Puy. Cette Société a donc le droit de repousser la calomnie qui pèse sur elle : les membres qui la composent en ont pris l'engagement solennel dans la séance du 20 brumaire, où *Reynaud* a été exclu de cette Société à l'unanimité ; et les motifs de cette exclusion doivent être publics, parce que les citoyens qui composent cette association libre ont cru cette mesure nécessaire afin de prémunir leurs compatriotes contre les *intrigans*, les *factieux* et les *terroristes*.

ARTICLE PREMIER

En 1700 (*v. s.*) *Reynaud*, alors maire du Puy, fut le plus acharné persécuteur de la Société populaire de cette commune, dont il redoutoit l'institution ; il l'obligea par ses vexations et ses menaces de se dissoudre ; il fit incarcérer le concierge qui distribuoit un écrit patriotique, signé et autorisé par les lois. Il eut même la barbarie de retenir ce père de famille, indigent, pendant trois à quatre jours dans une prison insalubre.

II

En 1791, il fit un voyage à Paris, aux dépens de la commune pour y persécuter encore la Société et demander compte à un journaliste de quelques détails insérés dans sa feuille contre ses vexations.

III

Il n'a cessé, pendant tout le temps qu'il a resté à l'Assemblée législative, de calomnier ses collègues délégués du même Département, jaloux de la confiance que nous avions en eux, et pour accaparer l'opinion. Il n'a surtout cessé de crier haro sur *Lagrevol* qu'il a fini par sacrifier (1).

(1) *Lagrevol*, ex-législateur, juge de paix du canton de Monistrol, chef-lieu du District, à qui *Reynaud* avoit voué une haine implacable, puisqu'il n'a cessé pendant trois ans d'écrire et de faire imprimer des calomnies contre lui, fut mis en état d'arrestation par ordre de ce dernier ; Il le fit traîner malade pour comparaître devant lui, et là, avoir la barbare joie de lui annoncer sans doute son supplice prochain. *Lagrevol*, homme d'honneur, se brûla la cervelle entre les mains de ses gardes ; et se délivra ainsi de l'aspect de son ennemi trop puissant. Nous donnons l'extrait de la déclaration qu'a faite le citoyen *Rome Duplain*.

« Sous le règne de la justice et de la prpbité, qui a succédé au règne de barbarie et d'iniquité, qui a ensanglanté la République depuis près d'un an, je déclare en homme libre, que le citoyen *Lagrevol*, ex-député, poursuivi avec acharnement par *Solon Reynaud*, m'avoit dit, à l'époque où Reynaud fut envoyé par la Convention, en mission au Département de la Haute-Loire : mon ami, tu sais que Reynaud est commissaire en notre Département ; il est parvenu à ses fins, elles ne sont pas le bien-public, car il n'aime que la domination : son but est ma perte, et je présage que ma mort est certaine ; je m'y prépare en secret ; mais fort de ma conscience qui ne me reproche aucune faute contre ma patrie que j'ai servie énergiquement, j'attends le terme fatal qui va trancher le fil de mes jours.

« Alors je luis dis : qu'elle idée affreuse tu as de *Reynaud*, tu me ferois croire que c'est un tyran ! et quand il le seroit, il n'est pas despote : quoiqu'il t'aye dénigré du Puy, et

IV

Ce Représentant, qui ne craint point d'inculper les membres les plus énergiques de la Société populaire du Puy, qu'il qualifie de *Brissotins, fédéralistes, agents de Pitt et de Cobourg*, etc , appelé à la Convention par une suite d'intrigues, nous a toujours

qu'il soit venu à bout de t'enlever l'estime de grand nombre de tes concitoyens, cependant, dans le canton de Monistrol, et autres environans, où tu es particulièrement connu, tu y obtiendras facilement des bonnes attestations qui prouveront ton civisme et ton républicanisme : il faut te pourvoir. Que tu es bon me dit-il, de fonder ma défense sur des attestations et des bons, certificats, tu ne connois pas *Reynaud*, le temps t'apprendra à le connoître : c'est un scélérat qui ne respire que la vengeance, il ne pardonne jamais, son venin est toujours mortel, la justice en lui n'est qu'un nom, aujourd'hui qu'il a les moyens de se venger, les voies les plus iniques lui sont égales, il a l'autorité sur ma personne, cela suffit, ma mort est inévitable. Il me feroit assassiner ou empoisonner plutôt que de manquer [son coup], tous certificats sont inutiles et pourraient encore être funestes à leurs auteurs. Ce récit me faisoit frémir ; je tachois de le rassurer, mais en secret je tremblois pour lui.

« L'événement n'a que trop justifié les craintes fondées de *Lagrevol*. Par ordre de *Solon Reynaud*, il est mis en état d'arrestation, gardé à vue dans sa chambre. Lagrevol, qui depuis plusieurs mois était aux remèdes, parce que sa santé étoit délabrée, succombe sous le poids de la grave indisposition qui menaçoit ses jours ; et de la cruauté, quoique prévue, de *Solon Reynaud*, il obtient la permission de se jeter sur un lit qu'il fit à un petit salon ; là, il est abandonné de tout le monde, ses plus intimes amis ne peuvent lui parler sans se compromettre ; la consigne est rigoureuse ; son état de maladie s'agrave au point que chaque jour des accès réitérés le font croire moribond, et de temps en temps il perd la parole et la connoissance. Au bout d'environ huit jours, il est question de le traduire au Puy, paru accolé à toutes les factions qui ont agité la France. Il écrivit à la Société en janvier 1703, qu'il étoit l'ami de d'Orléans, *qu'il lui communiquoit nos lettres, qu'il gémissoit avec lui sur la mauvaise impression que nous avions sur son compte, mais qu'il étoit charmé de*

cet ordre lui est communiqué, c'est une nouvelle révolution qui agite son âme ; bientôt on apprend que *Lagrevol* s'est tiré sur le front un coup de pistolet. (A cette nouvelle, je me rappelai ce qu'il m'avoit dit un jour), que plutôt que de comparoitre lié devant un tyran, il aimeroit mieux s'arracher la vie). Il est reconnu que le coup n'est point mortel, l'alarme et l'indignation se répandent dans toute la ville de Monistrol, sur la barbarie exercée, contre *Lagrevol* que tout le monde chérit et estime, excepté les intrigans et les dominateurs.

« On observe une forme d'humanité, un officier de santé, homme partial et sans confiance, ennemi juré de *Lagrevol*, est choisi par la commission, à l'effet de visiter *Lagrevol* et de dire s'il est en état de faire le voyage au Puy. Le rapport est pour l'affirmative. Lagrevol, agonisant, est chargé impitoyablement sur les épaules d'un citoyen, comme un sac de blé; il est jeté sur la voiture comme un scélérat ; il parvient à Yssingeaux et il y meurt... ! » Voilà sa fin !

D'après ces faits, d'après l'estime que *Lagrevol* avoit de ses concitoyens au canton de Monistrol, et autres qui le regardoient comme une des fermes colonnes de la patrie, l'ennemi de toutes les espèces de tyrannie, l'ami de la révolution et le républicain le plus prononcé, d'après l'idée avantageuse que j'avois en particulier de *Lagrevol* ne connoissant en lui aucun crime qui lui ait mérité les traitemens barbares que *Solon Reynaud* a fait exercer contre *Lagrevol*, je déclare que jusqu'à ce que *Reynaud* édifiera et convaincra le public des crimes de *Lagrevol*, jusqu'alors je regarderai Reynaud comme le tyran et le bourreau de *Lagrevol*.

ROME DUPLAIN.

Au Puy, ce 17 Brumaire an 3 de la République Française une et indivisible.

savoir que nous désirions nous éclairer sur cet homme qui excitoit nos soupçons ; que c'étoit un bon citoyen, un vrai montagnard, qui avoit fait cession, ainsi que ses enfants, de ses droits éventuels à la couronne de France.

V

Postérieurement, il a écrit à la municipalité de notre Commune, qu'il mourroit pour les principes de *Robespierre*. Il a donc voulu avoir le droit exclusif de se tromper sur toutes les factions qui se sont nécessairement culbutées, tandis qu'il a poursuivi à outrance ceux qui s'étoient laissés égarer par des grandes réputations.

VI

Arrivé en septembre 1793, dans son Département, il se rendit dans la Société populaire, où il préluda par *dire qu'il se dépouilloit de sa qualité de Représentant, pour ne prendre que celle de frère ; mais que si l'on ne faisoit ce qu'il désiroit, il sauroit s'investir de ses pouvoirs et nous faire marcher.* C'est à cette époque que l'esp.. public commença à rétrograder par l'effet de cette compression : l'homme de bien ne pouvoit plus parler sans compasser ses mots, et si, pour opérer le bien, il tachoit de donner de la latitude à ses idées ; si ses opinions n'étoient pas uniformes avec celles de *Reynaud*, il étoit conspué et condamné au silence ; car ce Représentant, ne manquoit pas de menacer toujours de la réclusion quiconque n'étoit pas de son avis (1).

(1) Il ne cachoit pas depuis long-temps son inimitié envers quelques citoyens, qui méritoient notre confiance : chacune de ses lettres portoit l'empreinte de sa haine et de son irascibilité contre quelqu'un.

VII

Sur une pétition qui lui avoit été faite par quelques citoyens de leur accorder un curé, il dit en public, qu'il s'empressoit d'adhérer à la pétition, *qu'il étoit né dans la religion catholique, celle de ses pères, et qu'il desiroit y mourir ;* quelques jours après, il chanta la palinodie, et donna dans l'extrême contraire, en appuyant les idées d'*Hébertisme,* que dévelopoient chaque jour ses partisans.

VIII

Bossan, sa créature, garde magasin (remplaçant le citoyen *Vourzac,* qu'il avoit fait destituer), ayant apporté son certificat de civisme au comité de surveillance, qu'on ne vouloit pas viser parce que son amour pour la chose publique étoit plus qu'équivoque, *Reynaud* sollicita tant et à diverses reprises le comité, qu'il le força, pour ainsi dire, à le viser.

IX

Treveys, inspecteur des fournitures de l'armée, ayant passé un traité avec les citoyens *Fabre* (dit Fidèle), *Lazhermes* et *Constant,* pour le transport des avoines du Département, requises pour la République, du Puy à la Voûte-sur-Rhône, à raison de 6 l. 10 s. le quintal, plusieurs rouliers entre autres *Descours, Pigeron, Beaume* et *Badon,* demandèrent qu'elles fussent données au rabais, et firent même une soumission de les porter à 3 l. 10 s. *Treveys* fut au District pour demander l'anihilation de son traité, le District renvoya à *Reynaud ;* ce dernier, au lieu de maintenir les intérêts de la République, approuva le traité passé entre l'inspecteur Fabre, *ami intime de Reynaud* et de ses deux associés. Ces faits ont été attestés en public par *Treveys, Constant, Descours* et autres.

X

Pendant son séjour en cette Commune, il manifesta successivement des opinions d'*Hébertisme* et de *Robespierrisme* ; il enchaîna toutes les idées, il prêcha l'abstinence en se gorgeant lui-même de mets ; il fit reclure nombre de ceux qui avoient eu le courage de le contredire lorsqu'il s'écartoit des principes ; il donna cours à sa haine contre la majorité de ceux qui avoient été les instituteurs de la Société et qui l'avoient heurté dans ses opinions lors de sa Mairie. Il ne s'entoura en général que des gens que l'opinion avoit constamment repoussé des emplois publics. Il jeta la consternation dans toutes les âmes ; le bon citoyen n'osoit plus paroître en public crainte que sa présence ne réveillât quelque haine particulière.

XI

Reynaud a voulu avilir la représentation nationale, dans la personne des citoyens *Barthélemy* et *Lanthenas*, Représentans du peuple. Il a défendu à des canoniers de la Commune du Puy d'aller rendre visite au premier, en leur disant qu'il étoit un contre-révolutionnaire ; et dans une lettre, en date du 18 thermidor lue à la Société, il a traité le citoyen *Lanthenas* d'infidèle.

XII

La Société, pendant le séjour de *Reynaud* dans notre Commune, ayant reçu une lettre du citoyen *Barthélemy*, député de notre Département à la Convention,

où il a toujours siégé et siège encore, le premier par
une suite de la haine qu'il lui avoit vouée, et qu'il ne
cachoit pas depuis long-temps, fit lacérer et brûler
cette lettre, et lui en fit renvoyer les cendres.

XIII

Il reçut les dénonces contre les reclus par six commissaires qu'il fit nommer à la Société et il les fit procéder comme au dépouillement d'un scrutin ; six suffrages sans signature et sans motifs ou six barres
accumulées sur un citoyen suffisoient pour lui attirer
la réclusion (1). Il défendit de recevoir rien à la charge
des dénoncés : il ne leur fut pas permis de se disculper
même sur des faits avancés quoique authentiquement
reconnus faux.

XIV

A peine fut-il à Paris, où il étoit rappelé en raison
d'une lutte qui s'étoit élevée entre *Châteauneuf-Randon* et lui qu'il écrivit au comité de surveillance des
lettres terribles portant à chaque ligne le caractère et
l'empreinte d'un cœur féroce, altéré du sang de ses
concitoyens.

XV

Le comité de surveillance, l'ayant consulté pour

(1) Les membres du comité de surveillance interpellés si *Reynaud*, lors du tableau et du dépouillement des listes, n'avoit
pas dit, s'arrêtant sur quelqu'un qui ne réunissoit que cinq suffrages : et le mien fait six. Plusieurs membres présens ont
attesté que *Reynaud* avoit tenu ce propos au Comité lors de la
revision des tableaux.

achever son ouvrage que son départ précipité avoit laissé très-imparfait, *Guyardin*, Représentant se trouvant alors dans cette Commune, il répondit au Comité qu'*il pouvoit se jeter dans les bras de ce Représentant bon montagnard* ; mais quelques jours après de concert avec *Guyardin*, le comité ayant élargi quelques citoyens que des haines et des passions avoient privés de la Liberté, *Reynaud*, jaloux de son ouvrage, écrivit au-dit comité qu'il alloit le dénoncer au comité de Sûreté générale comme prévaricateur, son collègue, qu'il traitoit de muscadin n'ayant pas, selon lui le droit de toucher à ce qu'il avoit fait. Tandis qu'il prétend à présent que toutes les réclusions sont l'ouvrage de la Société et du Comité.

XVI

Ses fidèles agens ayant sollicité trois membres dudit comité de dénoncer neuf de leurs collègues, ils engagèrent la Société à exiger de *Guyardin* leur renouvellement, comme ayant sollicité la sortie de quatre reclus, tandis que *Guyardin* lui même déclara que ceux qui avoient paru les plus déterminés à les mettre en liberté, étoient les dénonciateurs eux mêmes.

C'est à époque que commencèrent les agitations dont notre Commune a été pendant trois mois la proie : les hommes les plus corrompus faisoient retentir la tribune de la Société de vociférations ; l'on n'y entendit plus ces discussions sages et lumineuses qui ont tant de fois déjoué les malveillans de nos contrées, l'on n'entendoit plus parler que de guillotine et de têtes à abattre ; tous ceux qui avoient montré de l'énergie étoient menacés ; des listes de proscriptions furent faites. Quelques hommes altérés de sang se déchaînèrent en imprécations contre les bons citoyens qui ne partageoient pas leurs opinions atroces. La Société, fatiguée de leur tyrannie, les expulsa de son sein !

XVII

Loude, commandant de notre garde nationale, créature de *Reynaud*, fut à Paris conduire *Liogier* premier atrocement dénoncé au Comité de sûreté générale, mis en liberté par ordre de ce même comité et mort à Paris à la suite des mauvais traitements et des chagrins qu'il a essuyés. Toutes les Sociétés populaires et toutes les autorités constituées de ce Département s'empressèrent de le réclamer. *Reynaud*, qui en avoit fait au Puy son plus intime confident, qui l'avoit chargé des missions les plus pénibles, s'opposa constamment à Paris à sa mise en liberté (1), il le dénonça même pour des propos qu'il prétendoit lui avoir été tenus il y avoit trois ans. L'administration de notre Département fit une adresse en faveur de ce patriote opprimé, et l'envoya à la députation chez *Reynaud*; ce dernier, qui lui seul s'était cru

(1) *Bousquet* second, commissaire, a déclaré que *Reynaud* avoit dit à la mère *Richond*, en présence de *Reynaud-Richond* son beau-fils, *Gendre* gendarme, *Hedde* commissaire et lui, dé clarant que la tête de *Liogier-de Pyerre* tomberoit ou la sienne. Ces faits ont été certifiés par les personnes présentes.

Les mêmes commissaires ont déclaré que *Delcher*, Représentant, leur avoit dit que lorsqu'ils lisoient à la barre de la Convention l'adresse de félicitation de la société à la Convention sur la chûte de *Robespierre* et consors, *Reynaud* dit à sept à huit de ses collègues, qui étoient à côté de lui, qu'il n'y avoit que quatre ou cinq patriotes dans notre Commune.

Richond premier, autre victime de *Reynaud*, a déclaré qu'un membre du comité de législation lui avoit dit que Faure et Reynaud étoient ses dénonciateurs, mais que cela ne le surprenoit pas, qu'ils étoient bien connus pour cela. Il affirme aussi, que le secrétaire de Colombelle, membre du comité de sûreté générale, lui avoit dit qu'il avoit deux cruels ennemis dans *Faure* et *Reynaud*.

depuis deux ans la députation entière, sans consulter ses collègues, écrivit à l'administration en lui renvoyant son adresse de ne plus s'intéresser pour qui que ce fut, sous peine de courir risque de se compromettre. Il avoit juré la perte de *Liogier* ; et pour l'effectuer il dicta à *Loude*, sur sa table à Paris, en présence du citoyen *Lebrasseur*, gendarme de la brigade du Puy, des dénonciations contre ce patriote, avec invitation à *Loude* de les montrer à notre Société, pour lui faire rétracter sa délibération en faveur de l'infortuné *Liogier*, et de dire qu'il les avoit extraites du comité de sûreté générale. *Loude* remplit parfaitement sa mission.

Reynaud, pour maintenir le sistème de terreur qu'il avoit établi dans nos contrées, fit écrire par *Loude* à sa femme, que beaucoup de gens qui promenoient au Puy seroient traduits à Paris (1)

XVIII

Des canonniers de notre Commune, sur l'invitation de *Reynaud*, ayant escorté deux voitures de 25 prévenus, traduits à Paris à la suite d'une insurrection, propagèrent à leur retour l'assertion de *Loude*, et assurèrent que Reynaud leur avoit dit qu'environ deux cent personnes (qui étonneroient beaucoup) et qui étoient libres, seroient traduites à Paris (2).

---

(1) Ledit *Loude*, à son retour de Paris, répéta les mêmes propos aux citoyens *Hugon*, *Martin* et *Bernard* Père.

(2) *Descours* premier a déclaré qu'ayant rencontré le citoyen *Hilaire*, correspondant de *Reynaud*, et lui ayant marqué sa surprise sur l'arrestation de *Liogier*, il lui répondit qu'il venoit de recevoir une lettre de *Reynaud*, Représentant, qui lui marquoit que puisque le Puy étoit incorrigible, il y auroit bien d'autres arrestations qui surprendoient ; sur quoi le déclarant observa

XIX

Richond, administrateur du Département que *Reynaud* avoit continué à son poste, fut traduit au tribunal révolutionnaire. Reynaud écrivit à Pissis, aussi administrateur, qu'il étoit charmé que la Société eut envoyé deux commissaires pour réclamer ce patriote ; mais se rétractant quelques jours après, il jura la

au-dit *Hilaire* qu'il risquoit donc lui-même et qu'il avoit lieu de trembler. Alors *Hilaire* lui répliqua : Va, tu ne risques rien, imbécile ; tu n'es pas dans la liste.

Au Puy le 19 Vendémiaire de l'an troisième

Signé : Descours premier, *notaire public.*

Bousquet second, dans son rapport, a déclaré qu'ayant sollicité *Delcher*, Représentant, d'être utile aux commissaires de la Société pour déjouer l'intrigue de *Reynaud*, qui entravoit leur marche au comité de Sûreté générale et s'opposoit à la mise en liberté de *Liogier* et *Richond*, patriotes, ce Représentant leur dit qu'un jour entrant dans la chambre de *Reynaud*, ce dernier dit à *Faure : Eh bien ! as-tu fait la liste ! à combien se porte-t-elle ? Faure répondit à 80. Diable, répond Reynaud tu t'es arrêté en beau chemin, moi j'en ai trouvé 140.* Ce fait fut encore confirmé aux commissaires par *Dalme* neveu de *Reynaud*, en présence de *Serres, Liogier* fils et *Duman*. A la tête de cette liste se trouvoit le comité de surveillance, la municipalité et quantité d'autres bons citoyens.

Le citoyen *Gendre*, gendarme, a déclaré que *Faure*, un jour, lui avoit dit, en se frottant les mains : je viens de faire une bonne journée, si je n'eusse pas été au tribunal révolutionnaire, cette coquine (la citoyenne Saint-Didier) auroit échappé à la guillotine, et j'ai fait passer une bonne note aux jurés. Cette citoyenne, malgré sa déclaration de grossesse de quatre mois, a été guillotinée. Ce fait a été attesté par *Reynaud-Moustache* qui étoit présent.

perte de ce citoyen et il s'est constamment opposé à sa mise en liberté (1).

XX

Il a déclaré aux deux Commissaires de la Société, que lui et Faure, feroient retirer notre affiliation des

(1) Reynaud, persécuteur de *Richond*, puisqu'il s'est opposé à sa mise en liberté, lui écrivit, quelque temps avant son arrestation, la lettre suivante (*Copie littérale*).

A Paris, le 8 Prairial, l'an second de la République française

Citoyen et Ami,

Je sais qu'en partant, je lessai l'Administration du Département de la Haute-Loire manquant un sujet. Je fis l'impossible pour la completter, mais l'égoïsme des citoyens de Brioude s'y opposa constamment. Ayant destitué un membre de ce District et de cette Commune je m'attachai à vouloir le remplacer par un citoyen qui fut aussi de cette Commune. Tu sais que deux ont refusé et que m'étant adressé au comité de surveillance pour connoitre un sujet ils me déclarèrent qu'ils étoient convaincus que dans Brioude il n'y avoit pas un sujet de propre à occuper cette place après ceux qui se trouvoient en fonction. Mon départ précipité fut la cause que je ne pus y pourvoir. Pour y remédier je ne vois qu'un seul moyen qui se trouve dans l'ordre des choses. Tout citoyen appelé à des fonctions publiques ne doivent pas refuser de les remplir sans être regardé comme suspect et traité comme tel ; alors signifiés au citoyen *Bardy* de Brioude qui fut le premier nommé, de venir remplir les fonctions que je lui ai attribuée et s'il s'y refuse dressez-en procès-verbal que vous m'enverés avec un mémoire précis. Je le communiquerai au comité de Salut public. Je ne vois que ce seul remède ou celui d'attendre *Albite* qui doit dit-on remplacer *Guyardin*. S'il est vrai qu'*Albite* aille au Puy, vous ne perdrez rien au change. Celui-ci porte avec lui un esprit et une âme vraiment révolutionnaire. Ce ne sont pas de ces âmes flaixibles comme la cire qui se prêtent à toutes les formes.

jacobins et demanderoient notre radiation comme ne suivant pas leur sistème. Le citoyen *Lauchard* a affirmé le fait à *Lasalse*, à son épouse et à *Serres*.

J'ai appris avec douleur la sortie de quelques individus des reclus. *Guyardin* n'en avoit pas plus le droit que le comité. Sans doute celui-ci l'y aura déterminé, car ils avoient déjà quelque propension pour cette espèce d'hommes. Je serois bien aise de connoître ceux qui sont sortis afin de juger de leur conduite. Il est étonnant que dans l'instant où il est nécessaire et de la politique de montrer de la sévérité contre des coupables d'attentats contre la chose publique on s'occupe d'employer de la partialité et de ménagement. Ils ignorent sans doute, ceux qui agissent ainsi, que les conspirations, les crimes et les attentats sont à l'ordre du jour, que les briguans contre-révolutionnaires agissent pour les tyrans et qu'ils sont soudoyés par le célérat *Pitt*, agent du ministère anglois.

Une nouvelle conspiration vient d'être découverte, les Représentants amis du peuple doivent être égorgés ou empoisonnés et déjà les poignards arrivoient en France, mais ils ont été découverts, déjà une nouvelle *Cordai* avoit fait des tentatives pour assassiner *Robespierre*, et un célérat soudoyé, se nommant *Lamiral*, auvergnat de naissance, avoit manqué de deux coups de pistolet *Collot-Derbois*. Est-ce donc dans des circonstances telles que celles-là qu'il faut s'appitoyer pour des hommes qui ne vous ont pas nuit parce qu'ils n'ont pu consommer leur volonté et leurs intentions. Tu vois, mon cher *Richond*, que les patriotes ont besoin de se resserrer plus que jamais. Quant à nous, le sacrifice de nos vies est fait depuis longtemps et il sera glorieux pour nous de les voir finir pour le triomphe et le rafermissement de la République. *Barrère* nous fit hier un discours admirable, je le ferai passer dès qu'il sera distribué. La Convention est actuellement absorbée par le nombre de félicitations sur l'heureux événement de *Collot* et de *Robespierre*, que le génie français a sauvé des coups mortels des tyrans coalisés. Je pense que l'administration du Département et les autorités s'empresseront de faire des adresses.

REYNAUD.

XXI

Reynaud eut la barbarie de dire à *Liogier* fils qui le prioit de s'intéresser pour *Liogier* premier : *Vous ne devriez pas vous occuper de votre oncle, mais bien de votre père, car il ne tardera pas à suivre le même sort que son frère.* Il lui rendit le paquet contenant les pièces que la Société populaire avoit envoyées en faveur de *Liogier* premier, lui disant qu'il ne vouloit pas s'intéresser pour lui et il fit dire à *Liogier* fils et à sa cousine, afin de les intimider, qu'il les feroit arrêter, attendu que les pièces dont ils étoient porteurs étoient fausses (1).

XXII

La mère de *Richond*, parente de *Reynaud*, fut le solliciter pour son fils ; elle s'attendrissoit sur son malheur. *Reynaud* et *Faure* lui dirent : *cessez de vous alarmez, vous aurez bien le temps de pleurer quand il ne sera plus.*

XXIII

Reynaud écrivit à *Borie*, qui etoit au Puy en Thermidor dernier, que la Société populaire de cette Commune n'avoit jamais marché dans la ligne, qu'elle étoit menée par des intrigans, qu'il n'y avoit au Puy que quelques patriotes et qu'il étoit faché d'y avoir pris naissance.

XXIV

Il intrigua avant le 9 Thermidor pour faire traduire au tribunal révo'utionnaire neuf membres du comité de surveillance du Puy et tous les bons citoyens qui

(1) Cet article a été fourni par *Liogier*, de la Poste.

leur rendoient justice parce qu'ils n'avoient pas secondé ses vues et celles de ses partisans en faisant,
comme il le désiroit, guillotiner tous les reclus dont il
avoit juré la perte ; et par un contraste perfide et hypocrite c'est lui et *Faure* qui, au comité de sûreté gé
nérale ont signé la mise en liberté provisoire de la
plus grande partie d'entre eux. Les citoyens *Hedde* fils
et *Bousquet* second, envoyez à Paris pour y solliciter
la mise en liberté de *Richond* et *Liogier*, ont été constamment entravés dans toutes leurs démarches par
Reynaud et *Faure* ; mais ces derniers invités par
Châteauneuf-Randon, *Barrot*, *Lanthenas* et *Barthélemy*, Représentans, de se rendre au comité de sûreté
générale, ils s'y rendirent et travaillèrent de concert ;
c'est dans cette entrevue que *Barrot* leur a reproché
de ne s'être point trouvé à leur poste dans la nuit du
9 au 10 Thermidor, qu'au contraire ils s'étoient allé
coucher. *Bousquet*, *Hedde*, *Lasalse* et son épouse at-
testent ces faits.

Tels sont, citoyens, les motifs appuyés par des pièces authentiques, qui ont déterminé la Société populaire du Puy, chef-lieu du département de la Haute-
Loire, à prononcer à l'unanimité l'exclusion du citoyen
Reynaud, Représentant du peuple.

Lecture faite du présent rapport il a été adopté et délibéré dans la séance du 18 Frimaire qu'il seroit imprimé au nombre de mille exemplaires et qu'à la suite les votans suivraient par ordre alphabétique.

Liste des citoyens
Membres de la Société populaire, qui ont voté l'exclusion

André (Jacques)
André second.
Arnaud, offic. de santé, administrateur du district.
Aurouze.
André troisième.
Astier second.
Aussepet.
Armand troisième.
Assezat second.
André, vétéran.
Assezat premier.
Alphonse Aulagnier.
Aulagnier, marchand.
Avianen second.
Améline premier.
Améline second.
Brun de St. Chély.
Bertrand-Morel.
Bresson, chirurgien.
Brion, de la Courerie.
Berlioux second.
Béral, cafetier.
Breysse, cafetier.
Boudinhon père, accusateur public.
Baudier premier.
Boyer, chez Descour.
Bay premier.
Besson Thivel.
Charre.
Calemard-Desfarges, membre du bureau de conciliation.
Chastel, grenetier.
Clet, oncle.

Blanquet, gendarme.
Bertrand, maire.
Berlioux premier, officier municipal.
Bollon second.
Brostac.
Barre, officier municipal.
Boudinhon fils premier, membre du comité de surveillance.
Badon.
Borne.
Ballard.
Bertoin premier.
Bresson ch. du B. au dist.
Baudet.
Bertoin second.
Bonnet, tailleur.
Bonnet fils.
Borie premier.
Bonnet Tailogros.
Bleu premier.
Balledent.
Bleu second.
Brun Richond.
Bureau, maréchal.
Brunel, secrétaire.
Bousquet second.
Benoit second.
Brunel, instituteur.
Chabrier, charpentier.
Duchamp, notaire.
Dubois-Exbrayat.
Delile.
Eyraud quatrième.
Espenel.

Coffy, secrétaire.
Coffy, grenetier.
Charreyre, serrurier.
Chabrier, juge du tribunal de commerce.
Chauvin.
Constant.
Chambelland, imprimeur.
Chambon, gendarme.
Chomet.
Dessimond.
Durivaux.
Dulac, imprimeur.
Descour premier.
Descour, commissionnaire.
Danse, membre du conseil de la commune.
Dubois-Robert.
David.
Dessaigne oncle juge au tribunal de commerce.
Descour second, substitut de l'agent de la commune.
Demarque.
Dussap.
Hedde père, président du tribunal de commerce.
Hedde fils.
Janet (Jacques).
Liabœuf, tailleur.
Liogier, de la poste.
Lambert premier, capitaine des canoniers.
Lambert second.
Lourdin.
Laurent, salpêtrier.
Lepage.
Limousin second.
Limousin (Vital).
Lavialle premier.
Lavialle second.
J. F. M. Liogier, agent national du district.
Laussac père.
Laussac fils, premier officier municipal.
Liandra.
Larget.

Eyraud premier, agent nat.
Fuhol fils, offic. munic.
Fabre, marchand.
Grégoire.
Goyon, receveur des domaines.
Genestet fils.
Gaubert, secrétaire général du département.
Guillaume-Roussel.
Gauquelin.
Guichard, tanneur.
Girard.
Gueffier, chef de bureau du département.
Guillaume fils.
Gendre, gendarme.
Gaigne.
Guichard.
Girard.
Gouton.
Hilaire, juge du tribunal du district.
Héritier, orfèvre.
Hurbin.
Montbel.
Molherat premier.
Masclet, marchand.
Morel, vitrier.
Mitz, officier municipal.
O'Farel, ingénieur.
Perron second.
Pinet second.
Pellissier, fils.
Paris, perruquier.
Perret, marchand.
Peyron premier.
Parrel-Montgros.
Perret, fils.
Parrel-Clet.
Plantin premier.
Perrier, notaire.
Pichot, expert.
Pebelly premier.
Pagès, secrétaire du district.
Perrret, neveu.
Pons Baptiste, officier municipal.

Lebrasseur, gendarme.
Latour Bertoin troisième.
Llogier, de Craponne, adminis-
    trateur du département.
Lazhermes, administrateur du
    district.
Malartre.
Mosnier, juge du tribunal du
    district.
Martin-Olivier.
Meyssonnier.
Martin, orfèvre.
Montellier, administrateur du
    district.
Maurin premier.
Molade, officier municipal.
Marcon, de Monmégal.
Malartic, expert.
Martin-Menut.
Maurice, officier retiré.
Mathieu, de la Courrerie.
Masclaux.
Martin, gendarme.
Morel Placide.
Marcel, greffier du juge de
    paix.
Marie, boulanger.
Reynaud-Richond.
Reymond, canonier.
Rome, chapellier.
Robert, secrétaire au district.
Robert père
Richond, premier administra-
    teur du Département.
Rome, cafetier
Séjalon, gendarme.
Seguin.
Treveyx, inspecteur des vi-
    vres.
Tholance, suppléant de juge.
Tarin.

Portal, sculpteur.
Portal, artiste.
Quinque, receveur des domai-
    nes.
Reynaud-Moustache.
Raisin.
Roqueplan, général division-
    naire retiré.
Rome-Duplain.
Rambaud, commandant du se-
    cond bataillon de la garde
    nationale.
Rodde.
Ranc
Beboul
Rome, sergent des canoniers.
Rouvière, secrétaire au dis-
    trict.
Ranchet Marcelin.
Rocher.
Robert (Charles).
Rome (Régis).
Richond, second.
Roche, marchand.
Roux père.
Romeuf.
Razon, gendarme.
Tisson, officier municipal.
Tallogros Charles, président
    du district.
Thioulouse (Sébastien)
Tholance, chirurgien.
Tourrette.
Tolhance, sculpteur.
Vachon.
Vernet, marchand.
Valiorgue
Vacheron, marchand.
Vallat-Dessaigne.
Viallatte, membre du bureau
    de conciliation.

CHAPITRE II

Rôle administratif de Pierret

§ I. — LES SUBSISTANCES ET LE MAXIMUM. — Situation économique de la ville du Puy à l'arrivée de Pierret. — Disette des grains, misère des habitants. — Pétitions de la Commune au District et à la Convention. — Inefficacité des mesures prises par l'administration municipale. — Emplacement des marchés, les mercuriales. — Mesures ordonnées par Pierret : fixation du prix du pain, distribution aux indigents, emprunt volontaire de 200.000 livres pour achat de grains. — Conséquences de ces mesures. — Situation économique après le départ de Pierret.

Le représentant Pierret ne devait pas limiter son action au seul domaine politique. Les événements l'appelèrent à remplir un rôle administratif non moins important. Si ce rôle touchait à des intérêts plus spécialement matériels, aux subsistances, à l'approvisionnement d'une cité, d'une région déterminée, pour éviter la famine, il concourrait cependant au même but : consolider l'œuvre de la Convention dans un département considéré à tort comme suspect parce que les royalistes comptaient sur les populations de sa région montagneuse pour favoriser leurs complots et leur menées contre-révolutionnaires.

Cette mission particulière de Pierret s'unit étroitement à sa mission politique et présente avec elle de nombreuses analogies et plusieurs points communs. Le Conventionnel envoyé dans le département de la Haute-Loire avait dû faire face à un état de choses nouveau créé par la chute de Robespierre : établir le régime dit de la Réaction thermidorienne, maintenir dans les limites du droit et du devoir des terroristes égarés ou des montagnards intransigeants, détruire les espérances des factieux et des ennemis de la Révolution. Malgré sa grande difficulté, il avait réussi dans cette tache politique. Sa mission administrative ou plutôt économique ne fut pas moins heureuse. Il sut veiller au salut de tous, forcer les esprits les plus dangereusement prévenus à approuver, à appliquer les décrets pris par la Convention pour réglementer les marchés dans toute la France, assurer les transactions commerciales des grains, et éviter la famine qui menaçait la nation.

C'était au lendemain des sièges de Lyon et de Toulon qui occasionnèrent « une consommation inconcevable de subsistances » (1), au lendemain de la guerre de Vendée qui avait détruit

(1) Ce sont les propres expressions employées par le Conventionnel Robert Lindet, ministre des finances, dans le compte rendu de son mandat de député qu'il adressait à la Convention. Cf. Amand Montier, *Robert Lindet*, notice biographique, pages 317-320.

toutes les ressources économiques des départe-
tements de l'Orne, de la Sarthe, de la Mayenne,
du Poitou, de l'Anjou et de la Bretagne. C'était
au moment où Pichegru, à la tête de l'armée du
Nord s'emparait de la Hollande, où Jourdan,
avec l'armée de Sambre-et-Meuse, après une
seconde conquête de la Belgique, forçait les lignes du Rhin; au moment où Dugommier et
Moncey opéraient sur la frontière pyrénéenne
et, refoulant les armées espagnoles, s'avançaient
sur l'Ebre; au moment encore où Hoche, à la
tête de l'armée de l'Ouest protégeait la Bretagne contre les descentes des Anglais et entre-
prenait la pacification de la Vendée, Carnot,
aidé par R. Lindet, organisait la victoire; la Convention sauvait la nation; nos soldats, déguenil-
lés, loqueteux, va-nu-pieds, soulevaient partout
l'admiration par leur endurance et leur bonne
humeur, par leur courage et leur générosité.

Tel était le cadre général au milieu duquel
Pierret devait accomplir sa mission administrative et économique. Elle avait un double
but : rendre la confiance aux cultivateurs, aux
producteurs de toutes catégories; dissiper les
alarmes des habitants de la ville et assurer
leurs subsistances en veillant à l'application des
decrets lancés par la Convention. Les départements favorisés par une abondante récolte
étaient l'objet de réquisitions nombreuses pour
les armées, ceux éprouvés par les intempéries
atmosphériques ne pouvaient espérer de la Convention que de faibles secours.

Les complications extérieures et intérieures,
la nécessité d'approvisionner neuf armées dont

l'effectif total était de 1.200.000 hommes (1), avaient forcé la Convention, dans l'intérêt de la nation, à prendre des mesures rigoureuses. Parce qu'elles furent successives, parfois différentes, elles n'avaient pas toujours été comprises des populations des campagnes et des producteurs, elles favorisèrent même les manœuvres déloyales des accapareurs soudoyés par les royalistes. Du 4 mai au 11 septembre 1793, ce fut le maximum décroissant, relatif, pour un temps déterminé et par département, du prix des grains ; du 11 septembre 1793 au 19 brumaire an III, ce maximum de *relatif* et *décroissant* devenait *absolu* et *uniforme* pour tous les départements ; du 19 brumaire an III au 4 nivôse de la même année, ce fut au contraire le régime du *maximum relatif* par *districts*. Le décret du 4 nivôse an III supprimait enfin toutes les lois portant fixation d'un maximum sur le prix des denrées et des marchandises. La mission de Pierret correspond plus particulièrement à cette dernière période.

Ces différents décrets avaient surpris les populations des campagnes, elles ignoraient généralement les causes, les événements qui les imposaient à la Convention. Une certaine méfiance s'était même emparée des cultivateurs ;

(2) Albert Malet, *l'Epoque Contemporaine*, tout en écrivant que ce chiffre était prodigieux pour l'époque, accuse un effectif de 750.000 hommes seulement. Nous empruntons le chiffre de 1.200.000 hommes au mémoire fourni par B. Lindet, à la Convention sur son mandat de député (2 brumaire, an VI — 23 octobre 1795). Armand Montier, *op cit.*, page 319.

la plupart préféraient livrer leurs grains à des
intermédiaires, à des agioteurs, plutôt que de
les conduire au marché du chef-lieu de district.
Ainsi jusqu'en frimaire an III, les communes
de Goudet, Privat-la-Roche avaient fait nuitamment passer leurs grains hors du département
de la Haute-Loire (1), et cependant la famine
menaçait les habitants de la ville du Puy. La
situation générale commune à la majorité des
départements se compliquait encore de l'état
particulier des récoltes dans la Haute-Loire.

En juillet et en août 1794, quatre mois avant
l'arrivée de Pierret, une chute terrible de grêle,
des rosées fraîches du matin suivies dans la
journée d'une chaleur excessive, avaient détruit,
dans les meilleurs cantons, ce qui restait des
récoltes déjà fortement éprouvées par une abondante chute de neige au mois de mai. A la
veille de la moisson, un vent violent du Midi
avait fait tomber les grains. La récolte avait
été mauvaise. A ces calamités atmosphériques
se joignait encore le fléau de l'inondation. En
vendémiaire an III (octobre 1794), une crue de la
Loire renversait les digues et dévastait tout sur
son passage. Les champs, les vignes furent
ravagés ; les eaux bourbeuses entraînèrent des
fourrages et des bestiaux. Des familles entières
se trouvaient plongées dans la plus affreuse
misère (2). Un recensement des grains opéré par
le district du Puy, le 1er vendémiaire an III

(1) Archives municipales. Registre des délibération, D. 31 [20]
séance du 5 frimaire an III.
(2) Arch. dép. reg. des délib. du District. A' Ch. Godard, *op. cit.*

(22 septembre 1794) accusait un déficit de 88.981 quintaux. On avait enregistré 253.841 quintaux, tandis que la consommation nécessaire à une population départementale de 112.300 habitants, dont 15.000 de la ville du Puy, était de 342.000 quintaux. Les approvisionnements des magasins étaient épuisés. L'année précédente, le département de la Haute-Loire avait dû fournir du grain aux départements de l'Ardèche, de la Lozère, du Cantal et de Rhône et Loire.

Aussi bien, dès octobre 1794, les membres du Conseil général de la commune du Puy, demandaient l'envoi d'un représentant et s'adressaient à la fois au district et au comité du commerce et des approvisionnements de la République en les priant instamment de leur venir en aide (1).

Au district, ils demandaient de « faciliter l'approvisionnement de la commune en faisant un prix pour le port des grains à l'effet de mieux engager le cultivateur à porter son grain au marché et le dédommager des frais du port, ou bien qu'il soit permis à la municipalité de les envoyer chercher et d'ajouter les frais du port au prix des grains, si toutefois la loy ne s'y oppose pas » (2). Au comité de commerce et des approvisionnements, ils envoyaient la pétition suivants, à la date du 5 brumaire an III :

(1) Voir le texte de cette lettre plus haut, page 191.

(2) Arch. municip. Registr. des délibérations D 31, 2ᵉ, séance du 19 brumaire an III.

Les membres composant le Conseil général de la commune du Puy, chef lieu du département de la Haute-Loire aux citoyens composant le Comité de commerce et approvisionnements de la République.

CITOYENS,

Nous taire pl s longtemps sur la situation critique et malheureuse où se trouve notre commune serait trahir la confiance dont nos concitoyens nous honnorent. Vous laisser ignorer les besoins et les dangers où ils sont, seroit un crime, puisque le moyen de tout faire cesser est dans vos mains paternelles et que vous aimez soulager des frères qui l'année dernière se sont épuizés et livrés à toutes sortes de privations pour secourir nos frères des départements de l'Ardèche, de la Lozère, du Cantal et de Rhône et Loire,

La récolte qui s'est recueillie dans le district du Puy a été si médiocre et si mauvaise que nous comptions moins sur elle que sur la quantité de grains qui nous étoient destinés sur le district de Trevoux.

Des circonstances plus pressantes sans doute nous ont enlevé cette ressource au moment de la moisson et depuis lors nous ne cessons de solliciter l'administration du district de vous peindre notre situation et d'obtenir des secours.

L'état de situation de notre récolte lui est parvenu ; les autres communes du district ont sans doute fait la même démarche ; nous sommes dans la mauvaise saison et cependant rien ne nous rassure sur nos subsistances, puisque l'administration nous répond qu'elle ne peut rien obtenir.

Cette triste perspective, citoyens, nous force de faire parvenir nos craintes jusqu'à vous ; elles sont fondées puisqu'elles résultent du reffus que les cultivateurs font d'approvisionner les marchés et de *l'impossibilité*

*où ils sont de remplir les requisitions qui pèzent sur
eux.*

L'administration du district vous a sans doute fait
part de bien d'autres que nous n'aimons pas à vous
répéter, et si des républicains ont sçu obéir l'année
dernière pour soulager leurs frères, veuillez leur accorder la même mesure dans cette circonstance et ne
pas hésiter d'y prononcer, car vous puniriés l'humanité souffrante dont vous ôtes les protecteurs insignes.

Salut, union et fraternité.

Aux administrateurs du district, ils écrivaient à la même date du 5 brumaire :

Citoyens,

L'état de scituation des ressources de cette commune
nous assemble pour solliciter une amélioration quelconque sur l'approvisionnement en grains et bois et
nous force de vous reitérer nos sollicitudes pour que
votre sagesse lui procure ce dont elle ne sauroit se
passer sans encourir des dangers Les communes environnantes n'obéissent pas à vos réquisitions. Celle
du Puy a épuisé ses ressources en doublant celle qui
la concernoit ; la mauvaise saizon se fait sentir, l'état
de scituation des grains qui sont en notre pouvoir vous
prouve que nous n'en avons pas pour demain. Cependan-
dant les marohés sont déserts et dépourvus.

Et comme les loix suivies de votre administration
sage et prudente doivent faire disparaître cette disette
factice devant un peuple de frères libres et qui doivent se secourir mutuellement, nous vous conjurons,
citoyens administrateurs, de prendre les moyens qui
sont en votre pouvoir pour faire approvisionner la

commune en bois et grains, soit en mettant des forêts
nationalles à exploitation pour les bois, soit en chan-
geant le marché des grains sur la place de la Liberté
ou tout autre local encore plus propre si celui qui
existe a pu vous présenter des inconviénients et soit
en stimulant nos frères cultiva'eurs par des invitations
vigoureuses et fraternelles.

La municipalité et le Conseil général de la commune continueront à vous seconder de tous leurs efforts. Les visites domiciliaires et les recherches que
vous jugerès nécessaires seront faites. Une surveillance exacte et rigide accompagnera l'exécution de
vos mesures, la garde nationale et les bons citoyens
partageront nos sollicitudes et le Conseil général ne
se séparera qu'après avoir reccû votre détermination
sur l'importance de l'obj-t qui nécessite la députation qui vous porte ses peines et ses craintes en vous
exhibant cette pétition.

La famine menaçant chaque jour davantage
les habitants de la commune et la Convention
ne répondant pas à sa pétition, le Conseil général décidait, deux semaines après, dans sa
séance du 24 brumaire (14 novembre), d'envoyer une députation prise dans son sein « pour
se rendre auprès des représentants du peuple
qui sont à la commune de Lyon, pour leur représenter l'état de situation et les besoins de la
commune et district du Puy, les engager à les
faire cesser par leur présence s'ils en ont le
pouvoir, ou bien d'appuyer la réclamation que
le Conseil général a déjà faite au Comité du
Salut public et de Sûreté générale de la Convention ». Sur le champ, les citoyens Filhiol,
Tisson, officiers municipaux; Billoer et Liogier,

notables, se rendiront auprès du District pour
lui faire part de cette détermination. Le District s'étant opposé à l'envoi d'une députation,
« la loi défendant la réunion des corporations »,
le Conseil général de la commune prit séance
tenante la résolution d'adresser la lettre suivante
aux représentants du peuple à Lyon (1) :

21 brumaire an 3.

Liberté, Fraternité, Egalité

Les membres composant le Conseil général de la commune du
Puy, chef-lieu du district et du département de la Haute-
Loire, aux Citoyens Représentants du Peuple envoyés par la
Convention nationale dans les départements de Rhône et Loire
et autres.

Représentants,

La position où se trouvent notre commune et le
District, nous fait désirer depuis longtemps la présence d'un Représentant du Peuple. Nous en avons
fait la demande aux comités de Salut public et de Sureté générale de la Convention nationale, et comme
les circonstances rendent chaque instant ce besoin
plus impérieux, nous osons vous faire parvenir nos

(1) Cette lettre confirme encore l'opinion que nous soute-
nons page 196, à savoir que, contrairement à ce que dit Ch. Godard, *le Conseil général de la Haute-Loire*, la mission de Pierret
ne devait pas se borner à l'examen des mines et des armes.

sollicitudes, espérant que l'amour que vous avez pour le bon ordre, le bien public que vous ne cessez de faire, vous détermineront à nous honorer de votre présence si vous en avez le pouvoir ou d'appuyer nos réclamations auprès de la Convention nationale.

Le salut du peuple et des autorités constituées le commande et nous ne doutons pas que vous ne soyez empressés de joindre à vos glorieux et pénibles travaux la tranquillité de notre commune et du district du Puy.

Nous sommes avec les sentiments de reconnaissance et d'attachements les plus distingués,

Vos frères et amis.

Le Conseil général de la commune ne se bornait pas à envoyer des appels pressants à la Convention. De concert avec le district il avait pris toutes les mesures préventives nécessaires pour essayer de conjurer la disette.

En août 1794, il interdisait le piquage de l'orge dans tous les moulins de la commune « par le motif que le dépiquement de l'orge fournit divers prétextes d'égoïsme qui ne tendent à rien moins qu'à diminuer les ressources et que les pois, fèves et lentilles, peuvent suffire pour alimenter les citoyens sans recourir à l'orge mondé ». Les propriétaires étaient mis dans l'obligation de faire battre sans retard les grains de la récolte et de les porter au grenier commun, les citoyens ne doivent avoir chez eux que trois cartons de grains, le surplus doit être porté au grenier d'abondance. Des visites domiciliaires, des perquisitions avaient été ordonnées pour veiller à l'exécution de ces pres-

criptions. Sur ses instances et « pour épargner
aux habitants du Puy les horreurs d'une famine », le district, au mois d'octobre prenait, un
arrêté d'après lequel un gendarme et quatre gardes nationaux seraient envoyés dans les communes qui n'avaient pas obéi aux réquisitions pour
assurer le prélèvement du contingent qui leur
avait été assigné. Etaient déclarés suspects les
cultivateurs qui ne fournissaient pas ce contingent. Il engageait encore les cultivateurs à
apporter leurs grains aux marchés du Puy :
« les citoyens de cette ville seroient pour eux
des frères qui ne négligeront rien pour leur
procurer sûreté et protection dans la vente des
denrées » (1). Le Conseil général de la commune,
afin d'augmenter cette confiance, ordonnait le
transfert du marché des grains, qui se tenait
place de la Liberté (2), « dans la maison et

(1) Nous empruntons ces renseignements sur les mesures
prises pour assurer l'approvisionnement de la ville aux registres
des Délibérations du district (Regist. A 3 et C 3) et du Conseil
général de la commune (D 31 2°).

(2) Avant la période révolutionnaire, le marché aux grains se
tenait rue Pannessac. Cette rue fut d'ailleurs toujours le principal centre de la vente du blé. Nos chroniques constatent ce
marché en 1574 et en 1630. Arnaud dit que ce marché fut transporté temporairement place Cadelade. La vieille rue de la
Grange, la rue des Tables, la rue Chèvrerie furent successivement et, à des époques différentes, le centre principal des transactions en grains. Le 29 frimaire an VI (19 décembre 1797), les
habitants et les voisins de la rue Pannessac présentèrent au
Conseil général de la commune une pétition « tendant à demander que la Grenette établie à Saint-Haon soit supprimée et qu'elle
soit renvoyée dans la rue Pannessac où elle existoit avant la

20

basse-cour cy-devant Saint-Haond qui sera regardée comme une halle provisoire à laquelle
on construira une porte pour la sortie avec

Révolution ; sur quoi il a été délibéré qu'il seroit pris des informations pour savoir si l'intérêt public ne souffriroit pas dans un
pareil changement » (Registre des délibérations de la municipalité, D 31 3°). Lorsque la ville, en 1817, étudia le projet de
percer une nouvelle rue, la rue Saint-Pierre actuelle, à travers
les dépendances du Prieuré de Saint-Pierre-le-Monastier qui
lui appartenait, afin de mettre en commun'cation les deux places du Martouret et du Plot, et décida d'installer une halle aux
grains sur l'ancien emplacement du jardin du prieuré, les
habitants de la rue Pannessac et des rues voisines adressèrent
une pétition au conseil municipal. Ils se plaignaient » que
le changement projeté des marchés aux grains a'lait leur
enlever une industrie qu'ils possèdent depuis un temps immémorial et par des privilèges accordés à cette rue par
lettres patentes concédées par Philippe de Valois en 1346 et
en 1571. Ils rappelaient qu'ils avaient déjà triomphé par lettres
patentes du 26 avril 1575 de toutes les demandes qui leur avaient
été opposées ». Ils combattaient l'établissement projeté du marché aux grains sur le terrain dépendant de l'église Saint-Pierre
et offraient au grenier d'abondance 20.000 mesures de grains
pour assurer l'approvisionnement du marché dans les moments
difficiles (Archives municipales, Dossier I 1°). Leurs réclamations ne furent pas prises en considération et, depuis cette époque, le marché aux grains se tient sous la halle, mais les principales transactions se font toujours rue Pannessac, où sont
installés les magasins des grainetiers. La maison et basse-cour
ci-devant Saint-Haond, qui furent transformées en halle aux
grains par le Conseil général de la commune en décembre 1794,
faisaient partie des immeubles Larodde, devenus propriétés de
la ville, et se trouvaient dans la rue qui porte actuellement encore le nom de Saint-Haon, du côté Sud.

toutes les réparations convenables ». Les sentiments qui animaient alors les membres du
Conseil général de la commune apparaissent
clairement dans le compte rendu de leur délibération tenue le 23 brumaire (14 novembre):

L'agent national a invité le Conseil général à faire
choix d'un local absolument propre à faciliter l'exécution des loix, des arrettés ; prévenir tous les abus,
en garantir la surveillance dont la municipalité est
chargée, et de ne plus laisser les acheteurs et les
vendeurs sur la place de la Liberté, puisqu'il est démontré qu'elle ne leur offre aucun asile pour la sûreté
de leurs grains et que les uns et les autres sont forcés
de rester sous l'injure de la mauvaise saison.
Sur quoy il a été délibéré que les citoyens Pons, officier municipal, Masolet, Lepage et Dance, notables,
sont nommés commissaires pour déclarer demain à
l'administration du District que le marché aux grains
ne pouvant plus être continué sur la place de la Liberté, le Conseil général a fait choix de la basse-cour
ci devant Saint-Haond pour servir de hale provisoire
y ayant entrée, sortie, et toute la sûreté pour carac-
téri-er un marché ouvert libre et propre à être surveillé en la forme présente par les loix. La municipalité est autorisée, sous l'autorisation du District, à faire
jeter un toit à ladite basse cour de la maison ci-devant
Saint-Haond pour ladite hale.

Ces arrêtés et ces mesures ne produisaient
pas les effets attendus ; la situation restait toujours critique. Le 5 frimaire (26 novembre), les
membres du Conseil général de la commune
invitaient leurs collègues du district à prendre
les dernières mesures pour empêcher les re-

tards dans les réquisitions des grains. « Le Conseil général et les bons citoyens vous en offrent les moyens par la disposition où ils sont de se rendre dans les communes aux dépens de la municipalité du Puy, pour forcer les cultivateurs et notamment les maires et les officiers municipaux, à faire batre leurs grains, à metre des bateurs en réquisition, à ne pas désemparer que les grains ne soient envoyés au marché et à exécuter toutes les autres mesures que votre sagesse et l'amour du bien public, vous inspireront ; même d'envoyer des commissaires auprès du Comité des approvisionnements de la République, pour que la commune et le District ne soient pas en danger à désigner nominativement les citoyens en état d'approvisionner le marché. » Quant aux communes qui, comme Goudet et Privat-la-Roche, font nuitamment passer leur grain hors du département, la force armée sera au besoin employée pour les forcer à porter de suite les grains qu'elles doivent fournir à la commune du Puy.

Bientôt les deux bureaux affectés à la distribution du pain deviennent insuffisants. Le Conseil décide d'en établir un à chaque section (1). Le 16 frimaire (6 décembre), il prenait encore un arrêté ordonnant l'égorgement des cochons (2).

(1) La ville était divisée en cinq sections : Pannossac, Martouret, Saint-Gilles, les Farges, Verdun.
(2) Registre des Délibérations de la municipalité, D 31 2°.

Lecture ayant été faite de divers procès-verbaux qui constatent l'immense consommation des grains qui se fait dans les commune et district par des cochons que des particuliers égoïstes se plaisent à allimenter au préjudice du peuple qui manque de sa subsistance la plus nécessaire, vu et lu les pétitions envoyées à l'administration du District pour l'engager à prendre des mesures promptes et salutaires contre la voracité de ces animaux qui dévorent la substance des familles ; vu aussy la lettre écrite à la municipalité par l'agent national du District le 13 du courant suivant laquelle les maires et officiers municipaux sont invités à prendre des mesures pour faire diminuer le nombre des cochons,

Après avoir ouy l'agent national et considérant qu'il importe de sauver le peuple du danger où l'avidité les jetteroit par une trop grande consommation des grains que des égoïstes et des mal intentionnés prodiguent à la voracité des cochons, le Conseil général délibère.

Article premier

Les cochons gras ou maigres âgés d'un an et au-dessus seront égorgés d'icy au premier nivôse prochain à l'exception de femelles susceptibles de reproduction.

Article 2

Les cochons qui seront trouvés après ce dellay ou qui seront dénoncés *(sic)*, seront vendus sur la place, au prix du maximum ; en cas de dénonce, le dénonciateur aura la liberté de les garder au même prix.

Art. 3.

Il est deffendu à touls particuliers de nourrir des

cochons sans une permission expresse de la municipalité qui en déterminera le nombre.

Art. 4.

L'administration du district sera invitée d'autorizer
la présente délibération et de la rendre commune aux
autres municipalités de son ressort.

Art. 5

Après cette autorisation, la présente délibération
sera lue, publiée, imprimée et affichée dans l'étendue
de la commune du Puy pour être exécutée suivant sa
forme et teneur.

Ces mesures ne devaient pas encore être
suffisantes pour assurer l'approvisionnement
de la commune. Les commissaires envoyés
dans les communes environnantes apprenaient
que les grains « recueillis à l'extrémité du
district passent ailleurs et que l'approvisionnement qui résulte des recensements pourra
nous manquer si l'on ne prend des mesures
rigoureuses ». La consommation de la commune était alors de 3,000 cartons par décade ;
ce chiffre semblait encore insuffisant si l'on
tenait compte de ce fait que « plusieurs
propriétaires n'ont pas recueilli de grains
pour arriver jusques à la récolte et si l'on
ajoutait à la commune du Puy celles d'Es-
paly, Saint-Marcel, Vals, Brives et d'autres qui
ne cessent de nous fatiguer ». Le froment,
en outre, ne parvenait pas dans la commune.

« L'égoïsme des habitants mérite d'être réprimé puisqu'ils privent le peuple souffrant de cette ressource. » Aussi les membres du Conseil général de la commune demandaient-ils au district (1) :

1° Que des mesures vigoureuses seront déployées dans les communes et cantons qui sont à l'extrémité du district pour que le battage des grains s'y oppère le plus promptement possible et pour que les grains ne soient pas vendus nuitament, clandestinement et à tout prix, à des émissaires qui les parcourent pour servir l'égoï-me et la malveillance ;

2° Que la force armée sera à la disposition des commissaires lorsqu'ils s'appercevront de la résistance et des accaparements qui s'y commettent ;

3° Que tout le froment qui s'est recueilli dans les communes de Mont-Danise, canton de Rozières, Velaune, Solignac, Coubon et autres où il s'en recueillit, sera mis en réquisition pour le mélanger avec l'orge qui est en réserve au marché ;

4° Que les municipalités les moins éloignées de la commune, celles où vous ne jugerez pas à propos d'envoyer des commissaires, seront tenues de faire des soumissions à une quantité de grains fixe aux trois marchés de chaque décade en les divisant d'après les besoins de la commune et les ressources que le recensement donne à chacune de ces municipalités ;

5° Que les maires et officiers municipaux de ces communes prendront également des soumissions de leurs concitoyens et seront tenus de les faire parvenir de suite à l'administration ;

(1) Séance du 16 frimaire an III (7 déc, 1791). Pétition adressée par les membres composant le Conseil général de la commune aux citoyens administrateurs du District (Reg. D. 31 2°).

6° Qu'après ces diverses soumissions, les soumissionnaires seront tenus d'exécuter les conventions à peine d'être déclarés ennemis de la République et d'être poursuivis par la force armée s'ils opposent la négligence et la résistance;

7° Que vous arretterés et opérerés le départ de la députation vers la commission d'approvisionnement de la République pour obtenir les secours que notre cruelle situation exige, et faire cesser toute espèce de crainte ;

Enfin que vous prendrés toutes les mesures que votre zèle infatigable vous dictera pour le bonheur de vos concitoyens.

Quelques jours après, la Convention publiait son décret du 4 nivôse (24 décembre) levant le maximum sur le prix des denrées et des marchandises. La circulation des grains devenait entièrement libre dans l'intérieur de la République. Cette mesure, loin d'amener une diminution du prix des grains, occasionna au contraire une sensible augmentation.

Sous le régime du *maximum absolu, uniforme pour tous les départements*, la moyenne du prix du froment atteignait sur les marchés du Puy : en assignats 4 livres 13 sols, en numéraire 2 livres 6 deniers par carton de six boisseaux ; sous le régime du *maximum relatif par districts*, cette moyenne s'élevait : en assignats à 8 livres 5 sols et en numéraire à 2 livres, 3 sols, 3 deniers. La *levée du maximum* faisait subitement monter ce prix à 5, 6, 8, 9, 10 livres (1). Les difficultés pour assu-

(1) Voir à la fin du chapitre le tableau des mercuriales des grains et marchés de la ville du Puy depuis septembre 1793 jus-

rer l'approvisionnement des habitants de la ville, et particulièrement de ses 4.000 indigents, étaient donc encore plus grandes au moment de l'arrivée de Pierret.

Dans les premiers jours de janvier 1795 la municipalité fait partir dix-huit commissaires, ils doivent porter aux différentes municipalités une invitation pour approvisionner la commune du Puy, « observant qu'indépendamment de l'approvisionnement des marchés, il convient d'en avoir pour les indigents à un plus bas prix afin de le leur distribuer gratuitement ». Le pain est distribué aux indigents au prix le plus modéré et, dans sa séance du 20 nivôse an 4 (10 janvier 1795), sur les réquisitions du commissaire du directoire exécutif d'après le prix des grains de trois mercuriales consécutives et sur les renseignements donnés par « des citoyens connaisseurs dans cette partie », elle fixe provisoirement et au poids ordinaire le prix du pain en numéraire :

1º La livre (2) de pain pur froment, vulgairement

qu'en janvier 1796. Ces chiffres sont empruntés au Dossier F 103, 8º des Archives municipales. Le prix du carton en assignats et en numéraires permet par une comparaison d'établir la dépréciation des assignats. Bien que la mission de Pierret ne s'étende pas sur une aussi longue période, nous avons voulu publier ces diverses mercuriales pour répondre au désir formulé par la Commission de recherche et de publication des documents relatifs à la vie économique de la Révolution, dans son *Bulletin trimestriel*, nºˢ 2-3 de l'année 1900, page 112.

(2) La livre équivalait alors au poids de 400 grammes soulement.

pain blanc, sera vendue par les boulangers à *cinq sols trois deniers ;*

2° Le pain de froment'ade, vulgairement s*jallas, se vendra *quatre sols six deniers* la livre ;

3° Le pain bis se vendra *deux sols six deniers* la livre.

La hausse brusque survenue dans les prix des grains modifiait bientôt ce tarif. Le pain était distribué aux indigents à raison de 10 sols la livre. La municipalité décide d' « épurer les indigents et de connaître ceux qui le sont véri tablement », la distribution de pain ne pouvant plus être assurée que pendant une décade. La misère et la disette menaçaient la ville.

Le représentant Pierret prend, à la date du 3 février 1795, un arrêté munissant de pleins pouvoirs le citoyen Vacheron et l'envoyant dans les départements maritimes pour y acheter des grains, « à l'effet d'alimenter cette commune et le district ». La municipalité invite le citoyen Vacheron « à chercher à échanger cent vingt balles de légumes qu'elle avoit envoyées à La-voûte sur Rhône d'abord avec des grains, à deffaut des grains avec du riz, et s'il ne trouve pas de riz ni des grains, en partie avec des hui-les et savons, le Conseil général s'en rapportant à la sagesse, à l'activité et au civisme du citoyen Vacheron pour l'exercice de cette importante mission, priant les authorités constituées de luy pretter recours et assistance et tous les bons citoyens de le traiter fraternellement » (1).

(1) Arch. mun. Reg. des délibérations D 31 2°, séance du 14 pluviôse **an III.**

De son côté, le district, «considérant que jamais la subsistance des pauvres humains n'a été plus trafiquée qu'aujourd'hui, que les faibles ressources qui restent à ce district sont à la veille de lui être totalement enlevées par les exportations clandestines, considérant que c'est le comble de l'indignité et de l'infamie de voir les citoyens refuser à leurs voisins une faible subsistance qu'ils offrent de bien payer, pour les livrer à de vils trafiquants de loin », prenait le 26 février 1795 (7 ventôse an III) un arrêté prohibant toutes ventes de grains ailleurs que sur les places publiques et dans les marchés et ordonnant la saisie de tous les grains vendus hors de ces lieux (1).

Mais les plaintes loin de cesser devenaient chaque jour plus vives et plus violentes. Les horreurs de la faim commencent à se faire sentir sur toute la classe des malheureux, les marchés restent toujours déserts. Pour répondre aux désirs des citoyens qui accusaient la municipalité d'impéritie et d'imprévoyance dans l'approvisionnement de la ville, Pierret destituait les membres du Conseil général de la commune et les remplaçait le 11 mars, après une réunion des citoyens en assemblée générale. Il proposait une souscription volontaire pour venir au secours des indigents de la commune. Cette

(1) Arch. dép. Registre des délibérations et arrêtés des administrateurs du Directoire du District du Puy, A. III, séance du 7 ventôse an III. Ch. Godard, *le Conseil général de la Haute-Loire*, date cet arrêté du 26 mars.

mesure avait été accueillie avec joie par tous les bons citoyens. Le lendemain, il présidait la réunion du Conseil général de la commune et invitait l'assemblée à délibérer sur l'ouverture d'un registre pour recevoir les souscriptions déjà commencées et pour décider de l'emploi de ces fonds.

Sur quoy il a été unanimement arrelté :

1° Qu'il seroit ouvert un registre pour recevoir les souscriptions déjà faites et à faire ;

2° Que la liste des souscripteurs avec la note de ce qui seroit par chacun donné, seroit rendue publique par l'impression et affiche ;

3° Que les fonds provenant de ladite souscription seroient employés au secours des malheureux indigents de cette commune ;

4° Qu'il seroit laissé à la prudence de la municipalité de faire la distribution desdits secours de la manière qu'elle jugeoit la plus convenable et suivant les besoins de chaque individu.

Ledit citoyen Pierret a parlé ensuite des subsistances dont la disette paroit menacer cette commune et après une discussion très prolongée dans laquelle il a déployé toute l'énergie du sentiment et de l'humanité, de son amour brûlant pour la chose publique, il a été d'une voix unanime arrelté :

1° Qu'il seroit ouvert un emprunt volontaire de deux cens mille livres sans intérêt ;

2° Que le produit de cet emprunt seroit versé entre les mains d'un trésorier nommé à cet effet par la municipalité et le conseil de la commune sous sa responsabilité individuelle et solidaire des membres qui les composent ;

3° Que l'employ de cette somme seroit fait en achapt de grains pour en être fabriqué du pain et ce pain être distribué aux indigents à un prix qui n'excéderoit pas dix sols la livre ;

4° Que le remboursement de cette somme seroit fait aux pretteurs des premiers deniers qui proviendraient de la vente dudit pain ainsy que des autres fonds libres qui peuvent être entre les mains de la municipalité et subsidiairement par les voyes de l'imposition s'il y a lieu ;

5° Que l'administration du département seroit invitée à réclamer de la nation les justes indemnités qui sont dues à ce département et particulièrement à cette commune à raison de la médiocrité de la dernière récolte et des réquisitions forcées qui lui ont été faites pour l'envoy au maximum, au département du Cantal, d'une quantité considérable de grains qui n'a point été remplacée, et que le résultat de cette indemnité, s'il en est accordé pour la portion qui concernera cette commune, servira à remplacer la perte qui doit résulter de la distribution dudit pain.

Sur l'observation d'un membre que le local peu commode servant au marché actuel des grains est une des causes qui en éloigne le cultivateur et contribue à la disette des grains dans ledit marché, la municipalité a été autorisée d'y faire telles augmentations et réparations qui seront par elle jugées convenables pour le rendre plus commode.

Sur l'observation d'un autre membre que ce qui contribuoit encore à la disette du pays c'était l'envoy dans plusieurs communes environnantes de la première qualité du pain vulgairement appellé pain blanc, dans la fabrication duquel les boulangers font une extraction de son du double de celle qui est permise par la loi.

Les officiers municipaux ont été invités à tenir la main à l'exécution de la dite Loi et à faire publier des deffenses aux dits boulangers d'extraire dans la fabrication d'aucune sorte de pain plus de 25 livres de son.

Signé PIERRET, représentant du peuple (1).

Cet emprunt volontaire de 200.000 livres pour l'achat de grains permit à la municipalité installée par Pierret de continuer la distribution du pain aux indigents malgré la hausse constante du prix des céréales. La perte que la commune éprouvait chaque jour du fait de cette fourniture aux indigents l'obligea cependant à recourir à d'autres mesures et notamment à augmenter le prix du pain. Dans sa séance du 4 germinal an III (24 mars 1795), elle décida que le prix du pain délivré aux indigents serait fixé « à la moitié de ce qu'il reviendrait à la commune et qu'il serait provisoirement fixé à quinze sols la livre ». La famine était conjurée, mais momentanément seulement. Les besoins devenaient chaque jour plus pressants, l'emprunt de 200.000 livres n'avait pas produit tous les résultats attendus, le prix des grains atteignait un chiffre excessif, la disette et la misère sévissaient encore dans la ville et atteignaient surtout les quatre mille indigents qu'elle comptait parmi sa population.

Aussi le 20 germinal (11 avril), le Conseil général de la commune adressait-il cette pétition aux administrateurs du district, qui expose la situation particulière de la ville à ce mo-

(1). Arch. municp. Rég. des Délib. D. 31 2º, séance du 22 ventôse an III.

ment et renferme un nouvel hommage à l'adresse de Pierret :

Citoyens,

Vous êtes les amis du peuple, les pères des malheureux, voilà les motifs de notre confiance. En vous exposant la douloureuse situation d'un grand nombre de nos frères, vous partagerez sans doute nos sollicitudes et nos peines et vous nous prodiguerez tous les secours qui sont en votre pouvoir.

La commune du Puy renferme en ce moment quatre mille individus réduits à la plus déplorable indigence. Ce sont, ou des artizans dont les salaires sont fort en dessous du prix excessif des grains et des autres denrées de première nécessité, ou des vieillards et des infirmes sans fortune qui peuvent encore moins y atteindre.

La municipalité est obligée de leur fournir chaque jour pour quinze sols une livre de pain qui lui coûte à présent plus de quarante ; la perte s'élève donc au moins à cinq mille livres par jours. La récolte est tardive dans nos climats ; nous ne pouvons donc jouir des fruits de la prochaine avant quatre mois. Ainsi, en supposant contre toutes les probabilités que le prix des grains soit toujours le même jusques à cette époque, la perte s'élèvera à la somme de six cents mille livres. Ne nous faisons pas sur la diminution des denrées une illusion dont les conséquences seraient trop funestes ; plus le calcul est effrayant, plus le mal est grand, plus nous devons mettre d'activité et de courage à en chercher le remède.

Les discours attendrissants, l'exemple plus puissant encore du Représentant du peuple Pierret, ont stimulé les citoyens aizés de cette commune. Des dons ont été offerts à l'humanité souffrante ; nous avons ouvert un emprunt sans intérêt. Cependant notre zèle pour la cauze des malheureux nous a fait murmurer contre l'égoïsme. Les dons n'ont pas été si considérables que nous l'aurions cru. L'emprunt se remplit avec une lenteur désespérante : enfin, les fonds qui sont parvenus à ces deux sources ont à peine suffy à la subsistance journalière des indigents depuis moins d'un mois que leurs intérêts nous sont confiés.

Il faut l'avouer, notre commune quoique peuplée ne renferme point de grands propriétaires, de riches capitalistes ; parmy ses habitants un grand nombre ont à peine le nécessaire ; très peu ont du superflu.

Dans cette perplexité, c'est vers la Convention nationalle seule que doivent se tourner nos regards et nos espérances. Douter de sa bienfaisance, ce seroit l'outrager et méconnoître ses vertus ; nous lui présenterons le tableau déchirant de notre détresse ; vous appuyerez nos réclamations ; les indigents seront secourus, leurs magistrats consolés.

Quelle commune mérite mieux que celle du Puy d'attirer sur elle les bienfaits des Représentants du Peuple ; dans toutes les époques de la Révolution, elle a marché à grands pas vers la Liberté ; aux premiers dangers de la Patrie, des nombreux essaims de guerriers sortirent de son sein pour voler à sa deffense, et la commune du Puy déjoua tous les complots liberticides tramés autour d'elle ; cependant la terreur y a exercé plus qu'ailleurs ses ravages.

D'immenses acquisitions de blé avoient été exigées des cantons qui l'avoisinent soit pour les armées, soit pour les départements voisins. Tous ses moyens de subsistance étoient épuizés avant la dernière récolte. Elle étoit à peine faite que des ordres du Comité de Salut public et de sa commission des approvisionnements, firent exporter dans le département du Cantal, six mille quintaux de bled : cette dernière réquisition peza en entier sur ses propriétaires des fonds qui touchent à la commune du Puy. Sans doute, la facilité

des transports et la nécessité d'obéir promptement à
des ordres rigoureux déterminèrent cette mezure : la
restitution de ces grains fut promize alors et n'a jamais
été effectuée ! Cep·ndant ils furent payés au maximum
et leur valeur actuelle est au moins vingt-cinq fois
plus forte. Un grand nombre de ceux quy fournirent
à cette réquisition tout le produit de leurs récoltes sont
obligés aujourd'huy de recourir à la distribution du
pain des indigents.

Citoyens, une somme de six cens mille livres est
absolument nécessaire à nos besoins permanents. Vous
êtes persuadés comme nous que la Convention nationalle y pourvoira d'une manière proportionnée à leur
étendue et à sa générosité. Nous vous conjurons de
nous fournir les moyens d'alimenter nos frères jusqu'au moment où nos réclamations auront été enten-
dues et accueillies, en nous pretant toutes les sommes
qui sont à votre disposition. Vous serez loué par la
Convention d'avoir prévenu ses intentions, d'avoir
réalizé d'avance ses bienfaits, enfin d'avoir consulté
votre chœur (sic) qui vous dit que le Salut du peuple
est la suprême loi.

Le citoyen Aulagnier fut désigné par le Conseil de la commune pour soutenir devant le
District les intérêts de la ville du Puy. A la suite
de cette pétition, le District envoyait le citoyen
Armand auprès de la Convention pour solliciter
des secours en faveur de la ville et votait une
avance de 100.000 livres à la commune pour
lui permettre de fournir du pain aux indigents.

Enfin, bientôt les marchés étaient assez gar-
nis, les grains diminuaient et, le 7 floréal, la
femme du représentant Barthélemy lui écrivai‘
du Puy pour lui annoncer cette bonne nouvelle

« Elle m'a fait le plus grand plaisir, répondait Barthélemy. Je désire bien que cela se soutienne et j'ai la plus grande confiance en votre administration et en vos soins paternels envers les indigents » (1).

Tels furent les heureux effets de l'administration de Pierret. Les royalistes et les terroristes qui « commençaient à relever la tête », ne purent exploiter contre la Convention les mécontentements suscités par la misère. Lorsque Pierret quittait le département, le 26 mars, les esprits étaient rassurés. Paris, au contraire, était alors le théâtre d'une émeute provoquée par la disette du grain et par la misère. Le 1er avril, des femmes envahissaient la Convention, réclamant du pain et le retour à la Constitution de 1793. Un mois et demi après, le 18 prairial, le redoublement de la misère provoquait une nouvelle insurrection, prélude avant-coureur de la Terreur Blanche.

Au Puy et dans le département, ces mouvements insurrectionnels n'eurent aucune répercussion : grâce aux prévoyantes dispositions arrêtées par Pierret et continuées par les hommes qu'il avait appelés au pouvoir, le peuple ne put pas, comme à Paris, accuser la Convention de vouloir faire mourir de faim les patriotes pour détruire la République.

(1) Lettre de Barthélemy. Arch. mun. Dossier N. 8-14.

NOTE COMPLÉMENTAIRE

Mercuriales des grains des marchés de la commune du Puy tenues par l'administration municipale depuis 1793 (1).

MAXIMUM DEPUIS LE MOIS DE SEPTEMBRE 1793 JUSQU'AU 30 BRUMAIRE (20 NOVEMBRE 1794)

	en assignats.		en numéraire.		
froment.	4 l.	13 s.	2 l.	0 s.	6 d.
fromentade.	4		1	15	9
soiglo.	3	4	1	8	6
orge.	2	12	1	3	
avoine.	2	13	1	3	6

NOUVEAU MAXIMUM DEPUIS LE 1er FRIMAIRE AN III (21 OCTOBRE 1794) JUSQU'AU 10 NIVÔSE DE LA DITE ANNÉE (8 JANVIER 1795)

	en assignats		en numéraire.		
froment.	8 l.	5 s.	2 l.	3 s.	3 d.
fromentade.	7	10	1	18	6
soiglo.	6	10	1	13	
orge.	5	5	1	7	3
pois blanc.	5	10			
fèves.	9		2	8	
misture.	4	5	1	1	9
avoine	2	10	»	11	9
fèves blanches.	11		2	18	9
lentilles.	11		2	11	9
foin.	5		1	6	9
paille.	2	10	»	11	9

(1) Arch mun. Dossier F. 103, 8º. — Mercuriales des grains de la ville du Puy depuis 1793 par carton ancienne mesure et par double décalitre, de mois en mois Voir aussi Bibliothèque de la ville, ms. 25 (55 feuillets), nº 8088 du catalogue : Extrait des évaluations des grains tenues et signées par messieurs les consuls, maire et communauté du Puy-en-Velay, du 4 octobre 1727 au 21 mars 1803.

DEPUIS LA LEVÉE DU MAXIMUM, 10 NIVÔSE AN III (8 JANVIER 1705) JUSQU'AU 18 DUDIT

	en assignats.			en numéraire.		
froment.	20 l.			4 l.	13 s.	3 d.
fromentade.	17	10 s.		4	1	6
soigle,	13	10		3	4	9
orge.	11	10		2	15	8
fèves noires.	17			4	1	6
pois blanc,	20			4	16	
misture.	9			2	2	8
lentilles.	24			5	17	8

PLUVIÔSE AN III (22 JANVIER) AU 17 FÉVRIER 1705

	en assignats.		en numéraire.		
froment,	27 l.	13 s.	6 l.	1 s.	
fromentade.	24	26	5	11	
soigle	24	2	4	17	
orge.	17	2	3	15	
fèves	24		4	12	
pois blanc.	31	5	6	18	
misture.	16	17	3	19	
lentilles,	33	10	7	6	
avoine.	11		2	14	6 d.

VENTÔSE AN III (21 FÉVRIER AU 10 MARS 1705).

	en assignats.		en numéraire		
froment.	47 l.		8 l.	15 s.	
fromentade.	42		7	15	
soigle.	36		6	12	6 d.
orge.	32	2 s.	6	1	
fèves	32		5	15	
pois blanc.	35	2	6	11	
misture.	26	11	5		
lentilles.	41	12	8	5	

GERMINAL AN III ET DEPUIS LE 23 MARS JUSQU'AU
18 AVRIL 1705

	en assignats.			en numéraire.		
froment.	81 l.	2 s.		10 l.	16 s.	
fromentado.	72	6		9	12	9 d.
soigle.	62	12		3	7	
orge.	51	14		7	2	3
fèves.	47	14		6	8	9
pois blanc.	51	10		6	18	3
misture.	53	7		6	18	
lentilles.	64	6		7	4	
avoine.	37	5		4	17	3

FLORÉAL AN III ET DEPUIS LE 22 AVRIL JUSQU'AU
18 MAI 1705.

	en assignats		en numéraire .	
froment.	95 s.	5 l.	9 l.	
fromentado.	82	11	7	16 s.
soigle.	72	13	6	16
orge.	58	18	5	11
fèves.	53	12	4	14
pois blanc.	47	10	5	2
misture.	60	11	5	16
lentilles.	50		5	17
avoine.	41		4	11

PRAIRIAL AN III ET DEPUIS LE 23 MAY JUSQU'AU
17 JUIN 1705.

	en assignats.			en numéraire.		
froment	182 s.	5 l.		9 l.	17 s.	
fromentada.	165	10		8	10	6 d.
soigle.	160	7		8	9	
orge.	133			7	3	
misture.	139	5		7	6	
fèves.	95			5	12	
pois.	108			5	16	6
lentilles.	97			5	8	9
avoine.	46			2	6	

MESSIDOR AN III ET DEPUIS LE 20 JUIN JUSQU'AU 17 JUILLET 1705.

	en assignats.		en numéraire.		
froment.	235 s.	11 l.	10 l.	6 s	
fromentade.	212	3	8	13	
soigle.	193	9	8	6	3
orge.	161	6	7	2	
misture.	169		7	9	
fèves.	133		6	3	
pois.	129		5	4	6
lentilles	108		4	10	9
avoino	51	7	2	5	

THERMIDOR AN III ET DEPUIS LE 25 JUILLET JUSQU'AU 17 AOUT 1705

	en assignats.		en numéraire.		
froment.	225 s. 11 l.		8 l.	15 s.	6 d.
fromentade.	208		8	1	6
soigle.	188		7	2	6
orge.	143	8	5	11	
misture.	146	11	5	13	6
fèves.	128		4	18	6
pois.	125		4	19	

FRUCTIDOR AN III ET DEPUIS LE 22 AOUT JUSQU'AU 19 SEPTEMBRE 1705.

	en assignats.		en numéraire.		
froment.	249 s. 11 l.		7 l, 12 s.	9 d.	
fromentade	230		7	2	
soigle.	220		6	16	
orge.	137		4	4	6
misture.	175	8	5	16	9
fèves.	147		4	9	9
poids.	173		5	3	
lentilles.	123		6	10	
avoino	05	8	1	19	

4ᵉ ANNÉE RÉPUBLICAINE. 1705. VENDÉMIAIRE AN IV ET DEPUIS LE 23 SEPTEMBRE JUSQU'AU 21 OCTOBRE 1705

	en assignats.		en numéraire.		
froment.	410 l.		10 l.	16 s.	6 d.
fromentade	415	10 s.	0	12	6
soiglo.	382		2	8	
orge	246		5	17	
misturer.	400		0	12	
fèves	272		6	10	
pois.	330		7	10	
lentilles.	370		8	12	
avoino.	95	10	2	6	

BRUMAIRE AN IV ET DEPUIS LE 24 OCTOBRE JUSQU'AU 20 NOVEMBRE 1705

	en assignats.		en numéraire.		
froment.	616 l.		7 l.	10 s.	6 d.
fromentade,	600		6	19	
soiglo.	560		6	9	
orgo.	392	10 s.	4	10	
misture,	473		5	15	
fèves.	419		4	16	
pois.	418		5	6	6
lentilles.	480		6	7	
avoino.	128		1	11	

FRIMAIRE AN IV ET DEPUIS LE 25 NOVEMBRE JUSQU'AU 21 DÉCEMBRE 1705

	en asssignats.		en numéraire.		
froment	1382 l.		10 l.	7 s.	6 d.
fromentade.	1225	15 s.	0	7	
soigle	1092	5	8	8	
orge.	920		6	18	
misture.	1038		7	15	
fèves.	820		6	8	
pois	752		6	3	
lentilles.	1025		8	12	6
avoine.	266	5	2		

NIVÔSE AN IV ET DEPUIS LE 23 DÉCEMBRE 1705
JUSQU'AU 10 JANVIER 1706

	en assignats.	en numéraire.		
froment.	1191 l.	7 l.	18 s.	
fromentade.	1106	7	5	6 d.
soigle.	1015	6	15	6
orge.	851	5	13	
misture.	900	5	10	
fèves.	827	5	16	
avoine.	315	1	17	

Rôle administratif de Pierret

Au cours de sa mission, le Conventionnel Pierret devait donner aux habitants de la ville du Puy une preuve éclatante de son dévouement à la cause commune. Il ne s'isola pas, en effet, dans ses seules attributions politiques et administratives, il se mêla étroitement aux affaires de la Cité, vivant sa vie de chaque jour, partageant ses espérances, défendant ses intérêts lorsqu'ils étaient menacés. Une occasion unique s'offrit à lui, il la saisit avec empressement. Dans son règlement, il se conduisit, non comme un étranger au pays, mais comme un véritable enfant de la ville; il sut apporter dans sa solution le même souci de la justice, le même esprit de décision qui caractérisent ses actes et ses arrêtés.

Au lendemain du décret de la Convention du 24 août 1793 édictant que tous les biens communaux, exception faite pour les biens affectés aux établissements publics, appartiendraient désormais à la nation, le Comité d'aliénation près la Convention classa la vaste prairie ou communal du Breuil parmi les biens aliénables. Le receveur des droits d'enregistrement fit un rapport dans le même sens. Le terrain formant cette prairie, écrivait-il, contient 60 arpents; la commune peut l'affermer 8.000 livres, elle possède d'autres places pour la manœuvre des militaires; les places réservées aux foires sont assez spacieuses pour répondre à tous les besoins. Il concluait à la mise en vente (1). Les citoyens du Puy, leurs représentants au Conseil de la commune, au District, à la Convention, la Société populaire s'émurent de cette situation.

(1) Voir la motion déposée par Solon Reynaud à la Convention le 10 ventôse an III au nom des représentants de la Haute-Loire. — Ces quelques renseignements suffiront pour définir le litige qui se posait devant la Convention et le Conseil général de la commune. Notre intention n'est pas, à propos du rôle joué par Pierret dans cette affaire, de tracer un historique même succinct de cette place du Breuil qui occupe une place importante dans l'histoire présente et passée de notre ville. Dans le journal *La Haute Loire*, décembre 1906, nous avons déjà commencé cette étude. Nous limitons l'exposé actuel aux démarches de Pierret et à l'arrêté qu'il prit en attendant la décision définitive du Comité des finances de la Convention.

La ville du Puy jouissait de cette prairie pendant les deux tiers de l'année ; la coupe de la première herbe avait appartenu à l'évêque, et, au moment de la vente des biens du clergé déclarés biens nationaux, elle avait acheté au directoire du district ce droit et cette jouissance, afin d'avoir la possession entière et indiscutable de ce vaste terrain. Allait-elle être dépossédée par le décret du 24 août 1793? Elle provoqua des protestations contre la décision du Comité des revenus nationaux, elle combattit les conclusions du rapport du receveur de l'enregistrement.

En novembre 1794, le 9 brumaire an III, les citoyens composant le Conseil général de la commune adressaient cette pétition aux administrateurs du district (1) :

La loi qui réunit aux domaines nationaux les propriétés des communes nous oblige de faire des réclamations pour l'utilité générale auprès de la Convention nationale qui en est l'insigne protectrice. Nous osons espérer que vous ne balancerés pas d'y donner votre appuy et à faire jouir le département de la Haute-Loire et la République d'un établissement que la commune du Puy a depuis long temps ex'imé et conservé.

Vous connoissez la position de cette commune et vous scavès qu'elle n'a d'autre local que la commune du Breuil pour l'exercice, manœuvres et les évolutions militaires ; vous scavés que la petl'e place de la Répu·

<hr>

(1) Arch. mun. Délibérations du Conseil général de la commune, D. 31 2°.

blique (1) qui joint ce communal, et qui est cependant
la plus vaste place de cette commune, n'a jamais suffy
pour un service aussy nécessaire, puisque le même
communal l'a toujours fait, et vous scavès que sous le
régime féodal et sacerdotal les troupes qui étoient en
garnizon dans la commune languissoient d'en voir
couper la première herbe qui appartenoit au cy devant
évêque du Puy pour s'y instruire avec plus de mé-
thode et de facilité.

Vous scavès que lorsque cette espèce de prairie est
devenue nationale, la municipalité du Puy, touchée de
la nécessité de la conserver, en a acheté la première
herbe au directoire du district et que par cet arrangement l'instruction militaire qui devenait chaque jour
plus nécessaire, n'a souffert aucun préjudice.

Vous scavés enfin que le communal entouré des
faubourgs de la commune et des ouvroirs des cuirs,
nuiroit essentiellement au public et à cette précieuze
fabrique s'il étoit revendu à des particuliers parce
qu'ils tacheroient d'en jouïr exclusivement et occa-
sionneroient des disputes et que les marchands tanneurs ne pourroient p'us y faire sécher leurs cuirs et
auroient de la peine à trouver un autre local même
avec toutes les incommodités dont notre situation est
susceptible.

La municipalité ayant pris des mesures pour la
construction d'un édifice propre à un grenier d'abondance, à une société populaire et à une remise des canons dans le local appellé le Clauzel qui joint la
place de la Liberté, se proposoit d'en faire plus com-
modément conduire les déblais au milieu dudit communal du Breuil pour y élever un autel de la Patrie,
mais ce projet échoue par la loi qui attribue la pro-

(1) Aujourd'hui la place dite place aux laines, qui empruntait
alors la route actuelle du Puy à Vals et une partie ouest de la
place du Breuil.

priété de la première herbe de ce terrain à la nation
qui toujours bienfaisante la ceddera à l'utilité générale si vous daignés appuyer la demande du Conseil
général et de tous les citoyens de la commune qui
tend à ce que la Convention nationale soit invitée à
prendre en considération les puissants motifs qui nous
animent en je'ant un coup d'œil favorable sur les
présentes observations, les vérités et le bien public
qui en résulte, et sur le plan raisonné qui les accompagne, pour que ne calculant pas l'intérêt national
lorsqu'il s'agit de le balancer avec l'intérêt général,
elle fasse jouir la commune du Puy, son district, le
département de la Haute-Loire et la République même
d'un local dont ils ne sçauroient se passer sans nuire
à la chose publique et au service qui leur est deub.

Les raisons que faisaient valoir les administrateurs de la commune étaient encore développées plus amplement dans la pétition que 216 citoyens envoyaient, après l'avoir signée, à la
Commission des revenus nationaux et à la Convention nationale (1) :

Liberté.   Justice.   Egalité.

> *Les citoyens de la commune du Puy, chef lieu du
> district de ce nom et du département de la Haute-
> Loire,*
>
> *Aux citoyens composant la Commission des revenus
> nationaux de la République,*
> *Et à la Convention Nationale.*

L'inexactitude des renseignements fournis à la

(1) Arch. mun. Dossier N. 8-14.

Commission des Domaines nationaux nous force de réclamer sa justice et celle de la Convention nationale. Nous espérons qu'elle sera rendue à une commune qui, fidelle aux sages décrets de ses Législateurs, a constamment combattu les ennemis de notre heureuse révolution.

Cette commune qui forme le lieu central du Département de la Haute-Loire et qui par sa position convenue en est le chef-lieu, ne possède d'aut·e local propre aux manœuvres et aux évolutions militaires qu'une place appellée le Breuil ! Il est de fait que sous le règne des Rois et du despotisme le plus enraciné, les troupes que nous avons eu en infanterie et en cavalerie n'ont pu manœuvrer ailleurs que dans ce terrain.

Cette place consiste en une espace de terrain propre à tenir le Marché des Bestiaux, il est certain qu'il faudra en prendre du surplus pour l'agrandir, à cause de son insuffisance, et ce surplus consiste en un gazon traversé par deux chemins dont les propriétaires voisins réclament le service.

Le ci-devant évêque du Puy s'étant approprié la première herbe de ce gazon, la commune a toujours réduit sa jouissance à trois mois de l'année, il est constant que les citoyens qui l'habittent et ceux des autres communes environnantes en ont jouy pendant le surplus de l'année, soit pour y faire pacager leurs bestiaux, soit pour y lever une grande partie du marché et soit enfin pour leurs autres besoins, il est de fait que ce gazon forme non seulement le patrimoine de la commune du Puy, mais encore celui de son district et du département de la Haute Loire, puisque c'est la seule place à remarquer dans cette commune et que les militaires n'ont d'autre local pour se livrer aux évolutions militaires. En un mot, ce terrain est ici ce qu'ést à Toulouse le jardin national, à Nisme la fontaine, à Montpellier Leperon, et dans toutes les principales communes de la République, les places que la Convention s'est toujours fait un devoir de lui consacrer.

Ce Local est si nécessaire à la commune du Puy qu'après la chute du clergé, et lorsque la première herbe fut mise en vente, la municipalité, loin de la disputér à la Nation, s'empressa de l'acquérir et conserver par ce moyen une aisance que le sacerdoce lui disputait depuis long temps.

La loi bienfaisante qui en s'emparant de l'actif des communes semble ravir à celle du Puy l'utilité de cette acquisition, ont donné lieu à des réc'amations. Ces réclamations a été sommairement établies sur les motifs généraux que l'on vient de rammener dans une délibération du 5 brumaire dernier. Ces motifs ont été décla és sincères et uti'es à la chose publique par l'administration du district et celle du département. Tous les citoyens qui connoissent la commune du Puy, s'accordent à luy conserver cette p'ace pour des besoins généraux et pour le service de la république, mais ces renseignements que nous combattons on les lui disputte, et c'est pour éclairer la religion de la commission et de la Convention nationale que cette pétition leur est adressée.

MOYENS,

En premier lieu, les renseignements donnent mal à propos au local en question le nom de prairie, car un lieu traversé par divers chemins. servitudes, par des canaux des fontaines, et qui a toujours servi de place publique et paturage pendant neuf mois de l'année n'est pas une prairie, mais plutôt une place ou communal et ce sont ces vérités que les renseignements n'auroient pas dû laisser à l'écart.

En second lieu, cette place au lieu de contenir les

soixante journaux que lui donnent les renseignements n'en contient que trente un, d'après un mesurage non suspect joint aux présentes, et l'on est assuré qu'il y en manque du depuis plus de deux journaux parce qu'ils ont été forcément pris pour l'agrandissement d'une partie des chemins qui l'entourent.

En troisième lieu son revenu n'est pas dans les circonstances actuelles de 7 à 8,000 livres, puisque les anciens baux ni l'actuel n'ont pas dépassé 2,000.

L'on convient que si ce terrain étoit susceptible de clôture et que la servitude qu'il doit au public pût lui être ravie, son revenu pourroit doubler. Mais la Convention nationale qui cherche toujours le salut et le bonheur du peuple n'entend pas le priver de ce qui lui est le plus utile, et si cela arrivoit à la commune du Puy, elle seroit privée :

1° d'agrandir le marché des bestiaux qui est si peu suffisant, que les routes qui lui aboutissent sont obstruées lorsqu'il se tient trois fois par décade, ce qui la priveroit encore de l'espoir de vivifier son commerce dans le temps que le gouvernement prend toute sorte de mesure pour l'encourager.

2° elle seroit également privée de sa principale fontaine puisque les tuyaux qui la conduisent à son entrée traversent le Breuil, et que si l'on y faisoit des constructions la fontaine se jetteroit dans la propriété des acquéreurs et dans leurs intérêts particuliers.

3° elle perdroit l'espoir d'établir un abreuvoir commode dans le Breuil et la cessation de l'incommodité où les citoyens sont en faisant abreuver leurs bestiaux dans les rivières qui sont très éloignées.

4° la classe indigente des citoyens n'auroit plus ce droit sacré d'y faire paître une vache, une brebis et un mauvais cheval pendant l'été et l'automne.

5° les chemins de servitude ne se perdroient pas parce qu'il s'y établiroit sans doute des maisons qui en auroient besoin, mais la commune du Puy, chef-lieu du département seroit la seule qui n'eut pas une place propre à la distinguer des plus petites communes.

6° enfin, elle ne verroit plus la cavalerie s'exercer sur le Breuil en manœuvres militaires, elle n'y verroit plus les belles évolutions de l'infanterie et les troupes qui séjournent sans cesse au Puy seroient forcées de s'instruire dans la caserne ou dans les chemins.

En troisième lieu, les citoyens qui ont fourni les renseignements à la commission ont trop peu senti l'importance que la commune du Puy donne au service militaire pour croire qu'elle se soit borné à celui de sa garde nationale ! Sans doute qu'elle ne compte pas peu sur son zèle infatiguable à maintenir le bon ordre, et qu'en ce sens elle a cherché à lui conserver un local propre à son instruction. Cette raison fondée sur la justice et la reconnaissance n'est pas bornée aux citoyens de la commune du Puy, elle s'étend sur tous les militaires de la République et particulièrement sur la cavalerie qui, à cause de l'abondance des foins, séjourne toute l'année dans la commune, et c'est bien peu calculer sur le passé et l'avenir que de calquer des renseignements sur la garde nationale isolément tandis que le district et le département ont par leur avis protégé le service et l'instruction de tous les soldats de la République. Au demeurant, le plan de la commune rédigé depuis long temps et qui n'est pas suspect, puisqu'il l'étoit avant les constestations, ne présente aucune place qui soit propre aux évolutions militaires. Il faira suitte à cette pétition.

En quatrième lieu, si les préposés à l'agence nationale eussent eu connoissance des mesures que l'expérience a nécessité ils auroient seu que la municipalité, obligée de sévir contre les tanneurs qui faisoient secher leurs cuirs sur la voye publique et qui en obstruoient le passage, connoissant d'un autre cotté l'utilité de cette fabrique qui est la seule des départements environnants a été nécessité de leur désigner un local dans le Breuil pour y établir des piquets à faire sécher les peaux et par ainsi protéger une branche de commerce dont le gouvernement a toujours eu le plus grand besoin.

D'ailleurs, on auroit dû convenir que la position ne permettant pas que les ouvroirs des tanneries fussent établis ailleurs qu'aux environs du Breuil et par cette observation on auroit avoué qu'ils ne pouvaient sécher ailleurs que dans cette place, cela sans parler de l'herbe, parce qu'elle ne reste pas toute l'année et que le gazon n'en a pas pendant neuf mois.

A ces observations bien simples, mais que l'on défie de constacter [contester] sans s'écarter de la vérité, nous ajoutons d'une part que l'arbre de la liberté a été planté et a pris racine dans ce moment depuis 1791. La municipalité a acquis les trois mois de jouissance qui manquoient au peuple pour le posséder librement et qu'une vente à différents particuliers seroit impraticable, tant le peuple aime à se maintenir dans un droit acquis et dans un usage dont il ne peut se passer.

Nous observons d'un autre côté qu'il résulte du plan remis par le citoyen Grand Jean, ingénieur, que le Breuil doit supporter l'embranchement des grandes routes, et qu'il étoit possible de le vendre, les acquéreurs obtiendroient une indemnité qui s'accroîtroit lorsqu'ils y auroient établi des édifices.

Enfin, les citoyens de la commune du Puy espèrent que par toutes ces considérations, les préposés à l'agence nationale voudront bien rectifier leurs renseignements et que la commission des revenus nationaux, et la Convention nationale les maintiendront dans une possession qui leur appartient aux trois quarts, dont ils n'ont pu se passer depuis un temps immémorial, et dont ils ne pourroient être privés sans blesser l'intérêt public. Tout cela résulte du plan général qui a été dressé et qui justifis pleinement que les établissemen's qui en dépendent sont de la première urgence et de la dernière nécessité.

(Suivent 215 signatures.)

Enfin, le District, dans sa séance du 13 ventôse an III, s'occupait à son tour de cette question et, après discussion du rapport que lui avait adressé le Conseil général de la commune, prenait cette délibération qui devait amener l'intervention de Pierret (1) :

L'administration du District, après avoir lu attantivement le rapport à elle présentée par la municipalité du Puy pour en obtenir l'approbation ou le rejet,

Considérant que les motifs exprimés dans ledit rapport pour conserver à la commune la propriété du lieu appelé le Breuil, par elle acquis à l'appui des Lois qui l'y autorisoient à l'époque de l'acquisition, sont de toute vérité,

Considérant que l'avantage que pouvoit en retirer la nation en le soumettant à la vente partielle qu'elle a le droit d'en faire par le rapport de la Loi qui en avoit autorisé l'acquisition, n'en compenseroit jamais l'utilité en tout genre et même le besoin indispensable dont il est pour nombre d'opérations générales,

Considérant que les renseignements consignés dans le présent mémoire, donnés aux citoyens composant la

(1) Arch. dép. Registre des délibérations du Directoire du District du Puy, séance du 13 ventôs) an 3. Présens les citoyens Dauthier, président ; Lashermes, vice-président ; Oiron et Borne, administrateurs ; J.-M. Liogler, suppléant de l'agent national, et Digonnet, secrétaire. Copie de cette délibération se trouve Arch. mun. Dossier N. 8-11.

Commission des revenus nationaux, ont été réellement exagérés, tant à l'égard du produit qu'à celui de l'étendue, puisque le prix de ferme le plus élevé ne s'est jamais porté qu'à la somme de 2.000 livres et que l'étendue n'est en ce moment que d'environ trente journeaux, ce que peut attester le citoyen Lasbermes, administrateur du District, qui en a été le fermier longtemps à 1200 livres de ferme et qui en a fait mesurer lui-même la contenance, tandis que par une erreur reconnue elle est portée à 60 journeaux,

Considérant que la propriété dudit Patural à la commune conservant au public le droit qu'il a eu d'un tems immémorial de faire paccager la seconde herbe ferme la porte à toutes les difficultés qui pourroient naître par la suppression de ce droit indispensable pour la vente partielle,

Rappelant enfin toutes les autres considérations exprimées dans le présent mémoire,

Le Directoire, l'agent national entendu, est d'avis que ce local soit réservé à la commune du Puy, sous condition qu'il ne sera point dénaturé, qu'elle n'aura la faculté d'y former que quelques embellissemens les moins onéreux au produit, tels que d'orner les chemins de communications qui y sont établis, d'arbres les moins nuisibles à la récolte ainsi que les entourer.

Invitant les membres composant la commission des revenus nationaux à qui le mémoire doit être présenté d'approuver le présent avis qui tend ensemble au bien du peuple et réunit l'utilité à l'agrément.

Invitant aussi le citoyen Pierret, représentant du peuple, en mission dans le département de la Haute-Loire, qui a renvoyé à l'administration la pétition à lui présentée à ce sujet par le conseil général de la commune, tendant à demander d'être autorisé à faire provisoirement les plantations cy-dessus énoncées, d'approuver le présent avis, vu que les plantations ne souffrent aucun retard, attendu que la saison seule

propre à cette opération est déjà avancée et que les
arbres qui ne pourront être employés dans d'autres
temps sont déjà arrivés sous l'offre que la municipalité fait de mettre les choses dans l'état ou elles
étoient ci-devant en cas de reffus de la part de la
Commission des revenus nationaux.

Deux jours après, le 15 ventôse, Pierret prenait l'arrêté suivant qu'il écrivait de sa main
sur la copie de cette libération que le District
avait transmise au Conseil de la commune (1) :

*Vu l'avis ci dessus, considérant que les motifs
qui l'ont dicté sont de la plus exacte vérité, que
rien n'est si juste que de prendre toutes les précautions nécessaires pour que le terrain en question appartienne à la commune du Puy, converty
le dit avis en arrêté, ordonne qu'il sera exécuté
selon sa forme et teneur.*

*Au Puy, le 15 ventôse an 3° de la République
française, une et indivisible.*

PIERRET.

L'importance de cet arrêté n'échappa pas
aux administrateurs et aux habitants de la
commune. Sans doute il ne solutionnait pas
définitivement le litige. Mais parce qu'il suspendait l'effet des mesures édictées par la Convention et des conclusions du rapport du receveur d'enregistrement, il donnait aux représentants de la ville le temps nécessaire pour por-

(1) Arch, mun. N. 8-11.

ter cette cause devant la Convention, pour la défendre et enfin la faire triompher. Aussi cet arrêté provoqua-t-il une joie générale dans la ville. Il donna même naissance à une manifestation de sympathie en l'honneur du représentant Pierret dont les registres des délibérations du Conseil général de la commune contiennent une courte relation.

Séance du 15 ventôse an III (1). — Lecture faite de l'arrêté que la municipalité a obtenu auprès du citoyen Pierret, représentant du peuple, relativement à la conservation de la place et communal du Breuil, l'agent national ouy, le Conseil a délibéré :

1° que ledit arrêté sera transcrit à la suite de la présente délibération ;

2° qu'une commission sera prise dans le sein du Conseil pour se rendre auprès du Représentant du peuple, lui voter des remerciements au nom de la commune, l'inviter à venir assister à la plantation du premier des arbres qui doit croître dans l'établissement dont les citoyens de cette commune lui seront à jamais redevables et y jeter la première pelée de terre ;

3° que la municipalité est autorisée à faire toutes les dépenses nécessaires et relatives à ladite plantation et à l'embellissement de la place du Breuil ;

4° enfin que le Conseil général se transportera en masse sur les lieux pour signaler d'une manière toute particulière les bienfaits résultant de l'arrêté pris par le Représentant du Peuple.

Les commissaires qui se rendront sur le champ auprès de lui sont les citoyens Barre, Entler, officiers municipaux, Reynaud et Lieglers, notables.

(1) La réunion eut lieu à 3 heures de l'après-midi, le même jour de la publication de l'arrêté de Pierret.

... Les commissaires envoyes auprès du repré-sentant du peuple de retour, l'un d'eux a dit que malgré qu'il eut des occupations majeures, il se rendrait volontiers sur la place du Breuil pour partager la joye des citoyens de cette commune.

Surquoy et sans désemparer les membres du Conseil se sont rendus, tambour battant, chez le citoyen Pierrel, lequel prenant part à la satisfaction de la commune a quitté ses opérations précieuzes et s'est rendu sur les lieux au milieu des plus vifs applaudissements et lorsque le premier arbre a été préparé pour recevoir la plantation, ce digne législateur a pris la pioche et la pele pour consolider son existance. Les spectateurs ont réitéré leurs applaudissements et, après avoir considéré long temps les résultats heureux de son arrellé, il s'est retiré accompagné du Conseil général en lui promettant de faire confirmer son arrellé par un Décret de la Convention nationale.

Le Conseil rentu à la dite maison commune, la séance a été levée par ues chants patriotiques.

Pierret ne borna pas là son rôle. Rentré à la Convention, il n'abandonna pas les intérêts de la ville du Puy. Il se joignit à ses représentants pour obtenir et hâter une solution favorable. En compagnie de Barthélemy, de Lemoine, de Bonnet, il se rendit auprès du ministre de l'intérieur pour triompher des résistances opposées par le Comité des finances dont l'avis ne paraissait pas devoir être favorable à la commune. Enfin, le 20 floréal, grâce à ces efforts combinés, le Comité des finances de la Convention, section des domaines et des contributions, prenait l'arrêté suivant :

Sur le compte rendu par un membre du raport fait par la commission des revenus nationaux au sujet de la demande en maintenue, formée par la commune du Puy département de la Haute-Loire, d'une prairie nécessaire à plusieurs usages réclamée par ladite commune.

Le Comité arrête que la vente de la prairie du Breuil située dans la commune du Puy département de la Haute-Loire sera provisoirement suspendue et que *la commune du Puy continuera d'en jouir comme par le passé*, le droit de la na'ien conservé jusqu'à ce qu'il ait été définitivement statué sur le fond de l'objet.

De ces protestations émanant de la commune ou du district, de ces démarches et de ces divers incidents, sans vouloir diminuer le rôle joué par les représentants de la ville, sans prétendre leur enlever le mérite de leur intervention ou de leurs efforts, sans avoir l'intention de nuire à leur mémoire, on peut conclure : c'est surtout à Pierret que la ville du Puy doit la conservation de la place du Breuil. Son arrêté du 15 ventôse, auquel, en qualité de représentant muni des pleins pouvoirs de la Convention, il donna immédiatement force de loi provisoire, arrêta la mise en vente de cette vaste prairie et son accaparement par le comité des domaines nationaux. Cette mesure a non seulement fixé et maintenu les droits de possession de la ville, elle a assuré aussi pour l'avenir son extension et son embellissement.

Les Ponots d'aujourd'hui, mieux encore peut-être que les citoyens qui, au mois de février 1795, acclamaient Pierret jetant la première pelletée de terre sur le premier arbre de la nouvelle plantation, comprennent et apprécient la sagesse et l'opportunité de la décision du Représentant du Peuple dont ils ont le droit de vénérer la mémoire. En effet, que serait aujourd'hui la ville du Puy sans la place du Breuil ? Une cité commune, sans charme et sans grandeur; une ville moyenâgeuse sans aucun attrait moderne. Les Américains l'ont cependant qualifiée, le plus pittoresque endroit du monde. Vendue par le comité des domaines nationaux, la ville n'aurait peut-être pu acquérir cette place. Morcelée en plusieurs lots par l'adjudication, elle serait devenue propriété privée; des immeubles vulgaires construits sans aucun souci de l'hygiène auraient recouvert ce terrain alors humide et malsain que seules les améliorations modernes ont pu assainir. Des rues étroites et sombres auraient sillonné son emplacement. L'aspect de la cité eut été complètement transformé et modifié.

Aujourd'hui, au contraire, cette ancienne prairie forme la plus belle place de la ville. Sur elle se sont successivement élevés ses monuments publics les plus admirables : l'hôtel de la Préfecture, le Tribunal civil, le jardin du Fer-à-Cheval avec ses larges allées si délicieusement ombragées, le Musée Crozatier, la Fontaine Crozatier, le Théâtre, le Lycée de jeunes filles, le monument commémoratif élevé aux Enfants de la Haute-Loire morts pour la Patrie. Sa partie Est est devenue le centre de nos transactions commerciales, de nos importants marchés de bêtes à cornes et de l'espèce chevaline; l'autre, est le rendez-vous préféré des promeneurs et des citadins. Elle est un lieu de promenade que tous les visiteurs admirent, que d'autres villes plus importantes nous envient. Elle est comme l'âme, le cœur même de la ville d'aujourd'hui (1).

Sans doute, il serait téméraire de prétendre que Pierret, en voulant conserver à la ville du Puy la possession de cette prairie, envisageait, prévoyait le rôle important qu'elle était appelée à jouer plus tard dans son existence. Le conventionnel travaillait pour le présent. Par cette mesure, dont les bienfaits se font ressentir à notre époque, par celles qu'il prit pour assurer les subsistances de ses habitants, Pierret voulait surtout fortifier, consolider son œuvre politique, gagner les derniers hésitants à la cause de la Révolution.

(1) Dans sa séance du 26 mars 1908, le Conseil municipal du Puy, sur la proposition de M. Julin Peyriller, conseiller municipal, décida de donner le nom du Conventionnel à une artère de la ville livrant accès sur la place du Breuil, M. le docteur Coiffier, maire de la ville, s'associant à cette demande, proposa d'appeler rue du Conventionnel Pierret la voie qui du Pont Saint-Barthélemy conduit à la place Michelet qui fait partie de l'ancienne prairie du Breuil. Le Conseil municipal à l'unanimité adopta cette proposition.

CONCLUSION

L'étude de la mission de Pierret dans ses détails ne nuit pas à l'impression laissée par un aperçu d'ensemble. En nous faisant connaître le Conventionnel sous un jour nouveau, elle grandit le rôle qu'il a joué pendant ses trois mois de séjour dans le département de la Haute-Loire ou la ville du Puy ; elle donne à ses actes leur véritable portée ; elle permet de mieux apprécier son caractère et son œuvre.

Pierret, dans son rôle politique ou administratif, sut toujours s'élever au-dessus des questions de partis et des passions locales pour ne voir que l'intérêt général. Le but qu'il poursuivit et qu'il atteignit, en même temps que de faire oublier, pardonner même, les exactions et les erreurs des terroristes, fut de rendre confiance aux citoyens honnêtes et patriotes, de faire aimer la Révolution en défendant la liberté de tous, en plaçant la justice et l'équité au-dessus de toutes les haines et de toutes les influences, en prêchant la concorde et l'amour entre tous les citoyens.

Ses discours, ses proclamations, ses appels au peuple, trahissent des sentiments analogues à ceux qu'affirmait le représentant Boissy d'Anglas dans son discours du 1er thermidor an III, à la Convention nationale, en pleine Terreur Blanche, au lendemain de la proclamation du comte de Provence : « Nous voulons les uns et les autres travailler sans relâche à effacer jusqu'aux vestiges des fers que nous avons brisés, et si nous ne pouvons pas tout à la fois réparer toutes les injustices accumulées par Robespierre, nous voulons que chacune de nos journées soit marquée par le redressement de quelqu'une d'entre elles. Nous vouons une éternelle haine, nous apprêtons un châtiment certain aux hommes de sang dont le 9 thermidor a préparé la défaite. Mais aussi nous ne voulons pas que la liberté périsse sous les coups d'un autre parti ; nous n'anéantissons pas les hommes de sang pour laisser le royalisme impur nous préparer de nouvelles chaînes (1). »

Ce langage n'est pas différent, en effet, de celui que Pierret, avec moins de rigueur peut-être, tenait six mois auparavant aux habitants de la ville du Puy et du département de la Haute-Loire. Ce rapprochement contribue à laver encore la mémoire de Pierret de cette ridicule accusation de vouloir organiser une nouvelle Vendée, que Solon Reynaud, Faure et surtout Poultier lancèrent contre lui (2). En condamnant la dic-

(1) Arch. mun. B-I. Tome des Lois, V, 2e partie. Arrêtés, discours et rapports.

(2) Voir Annexe, page 351.

tature de Robespierre, et particulièrement la tyrannie de ses satellites dans la Haute-Loire, il ne fut même pas aussi sévère que le citoyen Daunou, président de la Convention nationale, dans le discours qu'il prononça le 23 thermidor an III pour fêter l'anniversaire du 10 août. Daunou, lui aussi, se rencontrait avec Pierret ; les mêmes pensées l'animaient quand il disait : « Que cette fête de la Liberté soit le prélude de la concorde de tous les Français ! Que les flambeaux de la vengeance viennent s'y éteindre, et que l'impartiale équité, poursuivant le crime et pardonnant à l'erreur, enchaînent à jamais les passions farouches que l'on voit mugir autour d'elle pour éterniser les révolutions et pour retrouver la royauté au sein des désordres. Citoyens, la première pierre de l'autel de la Clémence doit être posée en ce jour, et ce n'est pas le seul serment d'être justes, c'est encore celui d'être humains et frères, que nous devons prononcer aujourd'hui. Ne voyons désormais d'autre toute-puissance que celle de la vertu, d'autre sceptre que celui des lois (1). »

Ces idées furent bien celles qui dirigèrent Pierret dans sa mission et que nous retrouvons dans sa proclamation aux citoyens du département et dans ses discours. « Je vais faire tout ce qui dépendra de moi, écrivait-il le 15 nivôse an III à son collègue Garnier de l'Aube, membre du Comité de sûreté générale, pour anéantir le règne de la terreur qui a eu lieu ici avec beaucoup d'activité. Une guillotine a été per-

<hr>

(1) Arch. mun. B-I. *Ibid.*

manente pendant huit mois. Juge, d'après cela, des vexations qui ont pu y avoir lieu. Je tâcherai de les faire oublier par des actes que la justice nationale veut que l'on exerce aujourd'hui en son nom, et dont malheureusement on s'est trop écarté jusqu'à ce moment (1). » La vengeance, en effet, ne lui dicta aucun acte ; il fut conciliant mais ferme et sans faiblesse ; il sut encore pratiquer l'oubli des injures et des offenses. Dans le département de la Haute-Loire, il posa « la première pierre de l'autel de la Clémence ».

Rentré à la Convention, il donna une preuve manifeste de ses sentiments élevés de justice et d'impartialité, dans cette fameuse séance, où, après la journée du 1er prairial, la Convention demandait l'arrestation de ceux de « ses membres qui par leurs motions avaient secondé les séditieux ». Des montagnards sont arrêtés. L'abominable Tallien, puis Defermon, crient vengeance contre ceux qu'ils appellent « les assassins de la représentation du peuple et les assassins de la Patrie ». On demandait leur arrestation, parce qu'ils étaient montagnards. Pierret, lui qui n'avait pas voté la mort du roi, que des montagnards même avaient diffamé, injurié, menacé dans son existence, s'éleva

---

(1) Dans sa séance du 20 nivôse an III, la Convention nationale décréta la mention honorable de la lettre et l'insertion au *Bulletin*. A la même date Pierret avait adressé une lettre analogue, conçue à peu près dans les mêmes termes, au Comité de sûreté générale. *Réimpression de l'Ancien Moniteur*, tome XXIII, page 317.

courageusement contre cette odieuse manœuvre. « Comme la Convention, s'écria-t-il, ne fait pas la guerre aux opinions, je demande qu'on passe à l'ordre du jour (1). » Quelques montagnards échappèrent ainsi à leurs ennemis. La Convention, en effet écouta Pierret et passa à l'ordre du jour. Déjà, quelques instants auparavant, il avait condamné l'attitude de ces montagnards qui au moment de l'envahissement de la salle « les pieds dans le sang de leur collègue (Féraud), convertissaient en motions les propositions des assassins » (2).

Cette fière conduite, ce mâle langage honorèrent Pierret et dévoilent sa grandeur d'âme. Lui du moins ne suivit pas l'exemple de quelques-uns de ses adversaires, farouches terroristes, qui du Premier Consul ou des Bourbons acceptèrent dans la suite des fonctions administratives ou des faveurs. Notaire au moment où ses compatriotes de l'Aube l'avaient envoyé à la Convention, il reprit son ancienne charge et mourut tabellion. Cette fin exemplaire consacre l'unité de toute sa vie. Si Pierret ne joua pas au sein de la Convention un rôle de premier ordre, par les qualités politiques et administratives qu'il déploya, à une époque difficile et troublée, au cours de sa mission dans le département de la Haute-Loire, il mérite de prendre place à côté de ces citoyens dont toute petite patrie, le pays d'origine, peut glorifier la mémoire;

(1) *Réimpression de l'Ancien Moniteur*, tome XXIV, page 511.
(2) Voir annexe III.

il a droit à un rang honorable parmi la vaillante phalange de ces représentants du peuple qui, souvent au péril de leur vie, défendirent, dans l'intérieur de la France, l'œuvre de la Convention et affermirent, par leurs vertus privées et leur dévouement, les idées de justice, de liberté et de fraternité proclamées par la Révolution.

ANNEXE I

BIBLIOTHÈQUE NATIONALE · DON · [library stamp]

Lettre de Pierret, représentant du peuple près le département de la Haute-Loire, à la Convention nationale.

CITOYENS COLLÈGUES,

Dès les premiers pas que j'ai faits dans le département de la Haute-Loire, j'ai aperçu l'empreinte du terrorisme, par les traces de ses cruels ravages, combien il était temps qu'on y fît entendre la voix de la justice avec tout l'appareil de la représentation nationale ; amendes arbitraires, pillages, vexations, dilapidation des biens nationaux, guillotine permanente, incendies, assassinats publics, tout a été commis par des forcenés se disant patriotes. Je me suis empressé, à mon arrivée, d'annoncer les principes régénérateurs du 9 thermidor, par une proclamation qui a été reçue avec la reconnaissance qui signale le passage de l'oppression à la liberté.

Quelques jours après, j'ai convoqué une assemblée générale de la commune du Puy, chef-lieu du département, et j'y ai développé, d'une manière plus étendue et plus adaptée aux localités, les vues de la Convention pour réparer et faire oublier les maux causés par l'affreuse tyrannie.

Je n'ai point dissimulé aux autorités constituées et aux citoyens que leur trop de faiblesse avait mis en péril la chose publique et paralysé la Convention elle-même. Les vrais patriotes ont entendu ce langage. Tous ont promis de ne faire qu'un seul faisceau autour de la Convention, d'être fermement attachés aux principes, et de ne pas souffrir qu'ils soient méconnus désormais. Ce serment a été prononcé avec le plus pur enthousiasme.

Les terroristes, ceux qui se jouaient impunément de la liberté individuelle, les hommes qui voulaient la transfusion des propriétés, les dilapidateurs et les égorgeurs n'auraient pas eu lieu d'être contents de mes tableaux. Cette espèce d'hommes a juré de ne jamais se repentir, mais j'ai juré de les démasquer et de les comprimer par tous les moyens qui sont en mon pouvoir; je ferai le bien avec la même audace qu'ils ont fait le mal.

Ils s'étaient arrogé par leurs excès un tel empire sur l'esprit du peuple franc et facile de ces contrées, qu'à peine il ose croire que l'humanité et la justice peuvent s'allier avec le patriotisme : les convulsions qu'ils ont excitées auraient infailliblement amené un relâchement dangereux, s'ils eussent fait leurs expériences sur un corps moins robuste et moins sain; mais le civisme de la Haute-Loire est à l'épreuve; c'est à elle que la république doit l'extinction d'une seconde Vendée; sa conduite dans les diverses insurrections de la Lozère et de Rhône et Loire n'est pas assez connue; elle est digne du plus grand éloge.

Les hommes qui l'avaient asservi voudraient bien que les inconséquences de l'aristocratie et le délire du fanatisme vinssent à leur secours pour faire croire que leur barbarie fut utile, et pour renouveler les prétextes d'une domination absurde et tyrannique ; mais la vigilance des bons citoyens suffit pour des hommes impuissants par eux-mêmes et déjà vaincus par l'effet salutaire d'une exacte justice : les fêtes décadaires achèveront d'éteindre des préjugés que l'énergie républicaine peut aisément contenir dans de justes bornes.

Les prisons de cette commune que j'ai visitées, sont dans le plus pitoyable état : il est instant que la Convention nationale tourne ses regards sur elles ; j'y ai trouvé des cultivateurs ignorants et chargés d'enfants qui gémissaient depuis longtemps pour des fautes légères : je les ai sortis de l'oubli cruel où ils étaient plongés, et leur ai rendu la liberté. J'ai aussi confié, à des parents qui m'en répondent, trois prêtres octogénaires, infirmes, sourds et aveugles.

Les dominateurs cherchent peut-être à jeter la défaveur sur ces actes de l'indulgence nationale ; mais aucune sourde menée, aucune agitation ne m'empêchera d'aller au but. Comme notre collègue Guyardin, qui, envoyé dans le département avant la mort du dernier tyran, fut arrêté dans le bien que son cœur et les circonstances exigeaient de lui, je ne me laisserai point intimider par les cris affectés de modérantisme et de royalisme dont la Convention n'est pas la dupe, et qu'elle sait si bien réduire à leur juste valeur ; j'appesantirai une main de fer sur les méchants de toutes les castes en même temps que je consolerai les bons citoyens par le rétablissement de l'ordre, et que j'élèverai aux emplois les hommes probes et éclairés dont le républicanisme me sera attesté par le peuple lui-même ; enfin, j'ai l'espoir qu'en retournant à mon poste je porterai à la Convention les vœux et les bénédictions de tout un département accoutumé à l'aimer, mais dont la terreur avait comprimé toutes les âmes et aliéné tous les cœurs. Vive la République !

Signé : PIERRET.

Cette lettre publiée, sans date, dans le numéro 130 du *Moniteur universel* (decadi 10 pluviôse an 3-21 janvier 1795), dut précéder de quelques jours seulement la proclamation que Pierret lançait aux citoyens de la Haute-Loire le 12 nivôse an 3 et le discours qu'il prononçait dans l'assemblée générale des citoyens. Elle contient en substance le programme que Pierret devait développer dans ce discours, elle interprète les mêmes idées que l'on trouve dans sa proclamation ; elle va au devant des attaques injustes dont Pierret sera l'objet dans la suite de la part de Solon Reynaud et de ses adversaires politiques.

ANNEXE II

Lettre du représentant du peuple Pierret, en mission dans le département de la Haute-Loire, sur l'épuration des autorités constituées.

J'ai pris toutes les mesures que j'ai crues propres à faire faire le bien ; j'ai donné accès à tous ceux qui ont voulu y contribuer, et le résultat de mon travail a été soumis à un examen sérieux et approfondi ; il a été

également subordonné à toutes les épreuves qui constatent la véritable opinion populaire, en sorte que je
suis prêt à donner à ceux qui auront à se plaindre de
leur remplacement des raisons solides et incontestables.
Je suis parfaitement imbu de ce qu'on peut dire pour
ou contre les épurés et leurs successeurs; mais ce qui
me rassure bien davantage est la sanction du peuple,
que j'ai provoquée au Puy, dans une assemblée générale et très nombreuse, à qui j'ai donné toute la latitude
possible.

« Après avoir terminé l'épuration des autorités du
chef-lieu du département, je me suis rendu à Brioude,
chef-lieu du district, où j'ai suivi une marche à peu
près semblable, en cherchant même à la rectifier. J'ai
trouvé dans ce district, et principalement dans cette
commune, des hommes éclairés et une population plus
civilisée que ne le sont en général les habitants de ces
montagnes : il n'y a point de fanatisme proprement dit ;
on y sait subordonner ses opinions et même sa faim à
la tranquillité publique. L'on ne voit de mécontents que
quelques hommes jaloux du bonheur d'autrui, qui
avaient tout sacrifié à leur ambition, et cette horde peu
nombreuse de fainéants dont ils flattaient les vices et la
cupidité, pour en faire les instruments de leurs cruautés
et de leur domination.

C'est sans doute dans cette caste d'hommes réprou-
vés que Chasles trouve des partisans, et, si j'en juge
par ses abonnés, je n'ai pas de peine à découvrir ceux
qu'il cherche à dagorner. J'ai eu une occasion unique
de voir un échantillon de son indignation contre la
révolution du 9 thermidor dans son numéro 27 de son
journal, qu'il devrait intituler l'*Ami des Ennemis du
Peuple;* il dit que j'ai rendu la justice aux Vendéens,
que je leur ai proclamé la justice du jour, etc. Oui, la

justice que je proclame au nom de la Convention vaut bien celle que l'on proclamait dans le département, il y a quelques mois. Que Chasles et ses adhérents apprennent que le résultat de mes opérations ne sera pas le meurtre, le pillage, l'incendie, le vol, les dilapidations, les vexations qui se sont commis dans toutes les communes du département où je suis, et dont je rendrai, à mon retour, un compte exact, les pièces à la main. Chasles et ses amis y verront combien les habitants de la Haute-Loire ont eu à gémir sous le règne de la tyrannie. Ce n'est pas l'assentiment de tous les Chasles de l'Univers que je cherche, mais bien celui de la Convention, et la masse des citoyens du département que je parcours aujourd'hui le réclame pour moi. En attendant j'atteste que la Haute-Loire est entièrement dévouée à la Convention, et qu'elle veut ne se régler que par elle : ses habitants font des vœux sincères pour qu'elle ne soit plus en butte aux divisions qui ont fait tant de victimes; ils chantent, avec un égal enthousiasme, les victoires de nos armées et la chute des hommes de sang.

« PIERRET. »

Cette lettre, publiée par le *Moniteur universel*, n° 167 (septidi 17 ventôse, l'an 3 — samedi 7 mars 1795), fut renvoyée au Comité de sûreté générale et la Convention en décréta l'insertion au *Bulletin*. Cette lettre, non datée, peut être reportée au mois du pluviôse an III, après le renouvellement des autorités du Puy et à Brioude, au moment où les adversaires de Pierret commençaient à l'attaquer.

ANNEXE III

Intervention de Pierret dans la séance du 1er prairial.

L'Ancien *Moniteur*, réimpression de 1812, enregistre ainsi cette intervention de Pierret, page 511 du tome XXIV :

Pierret : Je demande à ceux qui, il y a une demi-heure, faisaient des décrets impromptus, si la Convention était libre alors? Auront-ils le front de l'affirmer?

On demande que les provocateurs soient signalés; eh bien, ceux-là qui, quand la Convention n'existait plus, faisaient encore des motions applaudies par les séditieux ; ceux-là qui provoquaient les horribles décrets que votait la multitude; ceux-là qui, dans les missions, se promenaient avec des guillotines...

Duroy : Ce n'est pas moi.

Pierret : Ceux-là qui ne mangeaient pas un poulet sans l'avoir fait guillotiner...

Duroy : Ce n'est pas moi.

Pierret : Les petites guillotines sont au Comité de sûreté générale; ceux-là, dis-je, qui, à cette place (il montre la tribune), les pieds dans le sang de leur malheureux collègue, disaient que la Convention était libre et convertissaient en motions les propositions des assassins; ceux-là ont voulu dissoudre la Convention nationale, ont conspiré contre la République, ont causé tous les malheurs de cette journée. (On crie : qu'on l'écrit-on unanimement.)

TABLE DES MATIÈRES

PREMIÈRE PARTIE

MISSION DE PIERRET DANS LA HAUTE-LOIRE

DEUXIÈME PARTIE

—

PIERRET AU PUY

—

BIBLIOTHÈQUE NATIONALE — IMPRIMÉS

www.ingramcontent.com/pod-product-compliance
Ingram Content Group UK Ltd.
Pitfield, Milton Keynes, MK11 3LW, UK
UKHW022006170726
13837UKWH00001B/8